わが家の宗教を知るシリーズ

うちのお寺は
曹洞宗
SOTOSHU

道元禅師

双葉社

わが家の宗教を知るシリーズ

うちのお寺は 曹洞宗

SOTOSHU

もくじ

第1章

ここを見ればすべてわかる

「曹洞宗早わかり」

◎本書は『うちのお寺は曹洞宗』(1997年初版)を加筆・修正した新装版です。お寺の写真等は災害、改修などにより現状と異なる場合があります。

第3章 両祖はこんな人 「太祖瑩山禅師」

第4章 経典・著書にみる教義 「曹洞宗の教え」

第5章 宗門史に名を残す「曹洞宗の名僧たち」

第6章

ぜひ訪ねたい「曹洞宗ゆかりの名刹」

第7章
知っておきたい
「曹洞宗の仏事作法・行事」

第1章

ここを見ればすべてわかる

「曹洞宗早わかり」

民衆仏教の開花
曹洞宗の特徴
日本の禅三宗
お釈迦さまと禅
中国で開花した禅の教え
日本曹洞宗の歴史

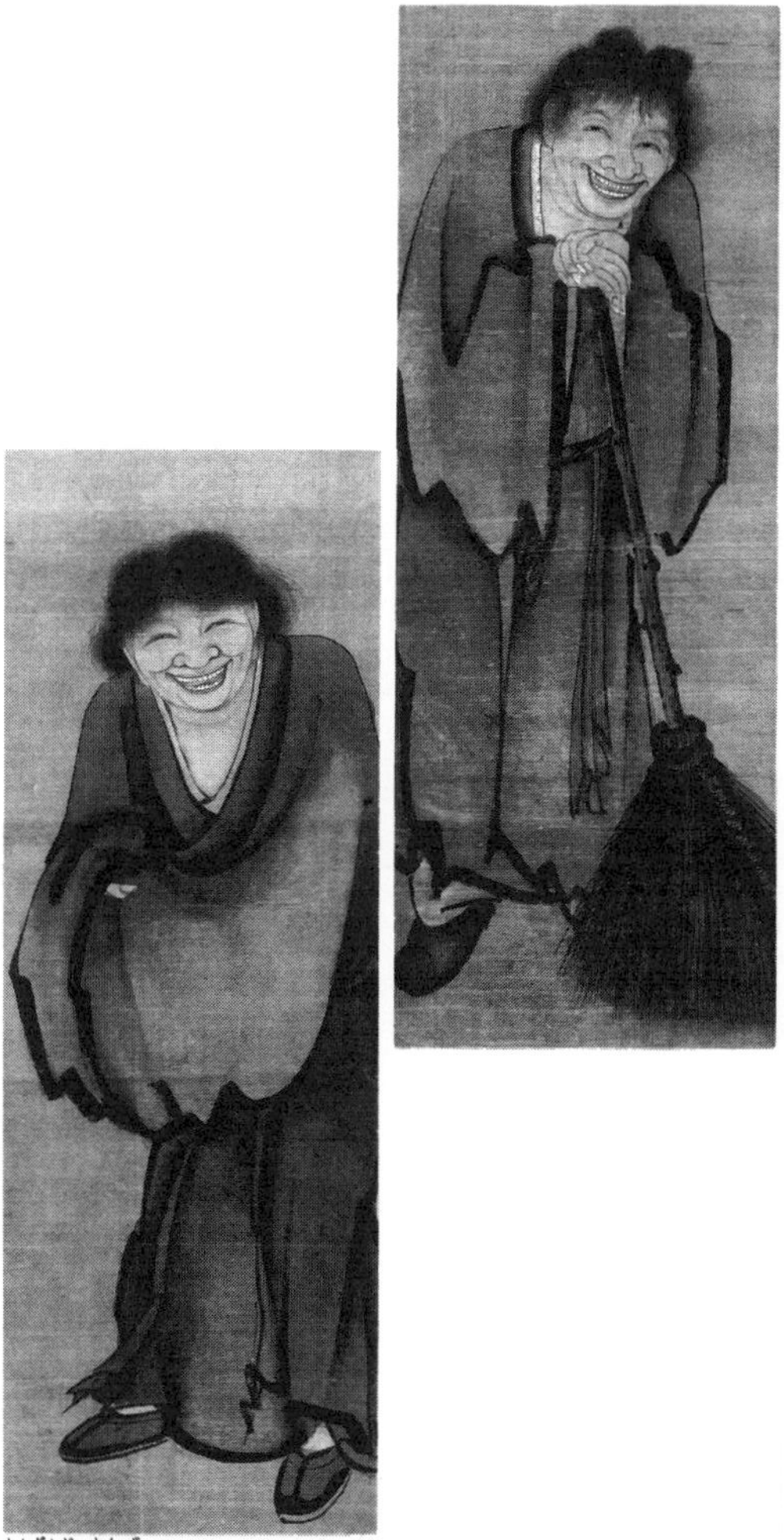

寒山拾得図《かんざんじっとくず》　顔輝筆　重文／東京国立博物館蔵

民衆仏教の開花

平安中期以降、戦乱・天災・疫病が続き世は乱れ、民衆は末法《まっぽう》の世におびえていた。そんななか天台宗《てんだいしゅう》・真言宗《しんごんしゅう》は国家権力からの自立をはかり、栄西《えいさい》や道元《どうげん》が宋《そう》から禅《ぜん》を伝え、浄土教の隆盛、法華《ほっけ》信仰もひろまって、新仏教が相次いで出現した。

平安時代
794〜
1185年

最澄《さいちょう》 766-822
805年（40歳）唐《とう》より帰国、
翌年、天台宗を開く

天台宗《てんだいしゅう》

空海《くうかい》 774-835
806年（33歳）唐《とう》より帰国、
真言宗を開く

真言宗《しんごんしゅう》

末法とは

お釈迦《しゃか》さまの死後を正法《しょうぼう》・像法《ぞうほう》・末法《まっぽう》の３つの時代に分ける仏教思想。お釈迦さまの教えが正しく行われている時代が正法で、やがて形だけの像法の時代となり、末法になると仏道修行をしても効果がないとされる。最澄《さいちょう》が書いた『末法灯明記《まっぽうとうみょうき》』には、1052（永承《えいしょう》７）年に末法に入るとあり、戦乱や災害が続く毎日に、貴族も僧も民衆もいよいよ危機感を抱いた。

最澄・空海の平安仏教

七九四（延暦《えんりゃく》一三）年、桓武《かんむ》天皇は腐敗した仏教界に毒された奈良時代の律令体制《りつりょうたいせい》の立て直しをはかり、都を平安京《へいあんきょう》（京都）に移す。

平城京《へいじょうきょう》（奈良）遷都《せんと》では有力寺院も新都に移されたが、平安京に移るときは寺院は奈良に残された。だが、宮廷貴族のあいだにはすでに呪術としての仏教が浸透していたため、南都（奈良）仏教に代わる新しい仏教が切望されていた。

そこへ登場したのが、唐《とう》から帰った最澄《さいちょう》と空海《くうかい》の二人の留学僧だ。

最澄が開いた天台宗《てんだいしゅう》と空海が開いた真言宗《しんごんしゅう》はともに鎮護《ちんご》国家の仏教としての役割を果たしたが、それだけではなく、得度《とくど》・授戒《じゅかい》の権限を国家から取り戻し、民衆救済の実践仏教の基盤となった。それは現代につながる日本仏教の源である。

鎌倉時代
1185～1333年
南無阿弥陀仏
専修念仏
浄土宗《じょうどしゅう》
法然《ほうねん》 1133～1212
1175年(43歳)
専修念仏《せんじゅねんぶつ》による往生を説く
臨済宗《りんざいしゅう》
栄西《えいさい》 1141～1215
1191年(51歳)宋《そう》より帰国、
臨済宗を伝える
浄土真宗《じょうどしんしゅう》
親鸞《しんらん》 1173～1262
1224年(52歳)
本願念仏による往生を説く
曹洞宗《そうとうしゅう》
道元《どうげん》 1200～1253
1227年(28歳)宋《そう》より帰国、
曹洞宗を伝える
只管打坐
専修禅
日蓮宗《にちれんしゅう》
日蓮《にちれん》 1222～1282
1253年(32歳)唱題目《しょうだいもく》による永遠の救いを説く
南無妙法蓮華経
専修題目

鎌倉新仏教の登場

鎌倉時代になると、浄土宗《じょうどしゅう》、臨済《りんざい》宗《しゅう》、曹洞宗《そうとうしゅう》、浄土真宗《じょうどしんしゅう》、日蓮宗《にちれんしゅう》など、わが国独自の仏教宗派が成立する。

念仏か禅か題目かどれか一つの行《ぎょう》を選んで行うこれらの仏教の教えはわかりやすく、だれにでもできることから民衆の心をつかんでいった。

万民を救済の対象としており、平安時代までの国家や貴族中心の「旧仏教」に対して「鎌倉新仏教」と呼ばれる。

また、開祖がいずれも天台宗比叡《ひえい》山《ざん》で修学し、そこから離脱して新しい教えを創立したのは興味深い。

鎌倉新仏教の特徴は、次の三つにまとめられる。

①みだりに時の政権に近づかなかったこと。②南都や比叡山など既成教学の権威によらなかったこと。③他行との兼修を否定したこと。

曹洞宗の特徴

悟ろうとする気持ちすら捨てて、ただひたすら坐禅に打ちこむ〝只管打坐《しかんたざ》〟。これが曹洞宗の特徴だ。禅問答や公案は重視されず、ただ無心に坐禅し修行する姿そのものが〝即心是仏《そくしんぜぶつ》〟、悟りの姿だとされる。

Q 曹洞宗の宗祖は?

A 曹洞宗《そうとうしゅう》では、他宗で宗祖にあたる祖師を「両祖《りょうそ》」といって二人たてている。ひとりは、高祖《こうそ》の承陽大師《じょうようだいし》・道元《どうげん》、もうひとりは、太祖《たいそ》の常済大師《じょうさいだいし》・瑩山紹瑾《けいざんじょうきん》。高祖は父、太祖は母にたとえられている。

高祖道元は入宋《にっそう》して天童山《てんどうざん》の如浄《にょじょう》に師事し、印可《いんか》を得て帰国すると、当時、建仁寺《けんにんじ》(京都市)で行われていた天台・真言との兼修禅を否定して、ひたすら坐禅に打ちこむ純粋禅を『普勧坐禅儀《ふかんざぜんぎ》』『正法眼蔵《しょうぼうげんぞう》』などによってとなえ、禅の専修道場として興《こう》聖寺《しょうじ》(京都府)や永平寺《えいへいじ》(福井県)を建て、厳しく教えた。そのため「法統《ほうとう》(宗旨)の祖」といわれる。

太祖瑩山は、道元から四代目にあたるが、能登(石川県)の永光寺《ようこうじ》や總《そう》持寺《じじ》を中心に教団としての曹洞宗を確立し、『伝光録《でんこうろく》』『瑩山清規《けいざんしんぎ》』などによって下級武士や商人、農民の教《きょう》化《か》につとめ、密教や修験道、民間信仰を吸収しながら飛躍的に教勢を伸ばして、一万五〇〇〇カ寺といわれる今日の教団の礎を築いた。そのため「寺統《じとう》(教団)の祖」といわれる。

Q 曹洞宗の宗名の由来は?

A 道元は曹洞宗という宗派名をたてることも禅宗という呼称も嫌った。自分が入宋して如浄《にょじょう》から直接伝授されたものは〝釈尊正伝《しょうでん》の仏法〟で、一宗派の教えなどではないとの主張からだ。当時、中国禅宗は雲門《うんもん》・法眼《ほうげん》・潙仰《いぎょう》・臨済《りんざい》・曹洞の各宗が〈五家〉と呼ばれ、如浄も曹洞宗の禅師だったが、道元は名利や権勢を嫌う傑出した如浄に、宗派を超えた教えの真髄を見ていた。

曹洞宗という宗名を用いるようになったのは、四代目の瑩山あたりからである。これは、全国的に寺院が建立され、教団が急速に庶民大衆のあいだに拡大されるに従い、他宗と区別する必要があったからだ。

「曹洞」の二文字は、どちらも中国の禅者の頭文字からとられている。「曹」は中国禅宗の六祖曹渓山大鑑慧《そうけいざんだいかんえ》能《のう》の頭文字。五家はすべて慧能の門下より生まれている。「洞」は中国曹洞宗の祖師、洞山良价《とうざんりょうかい》の頭文字。両者の宗風を敬慕した道元の宗旨を表している。

Q 曹洞宗の本尊は？

A 釈迦牟尼仏《しゃかむにぶつ》をまつることが多い。これは教えの根源を、菩提樹の下で悟りを開いたお釈迦さまの瞑想体験そのものに求めるため。

釈迦如来坐像《しゃかにょらいざぞう》　大本山總持寺《そうじじ》蔵

また、両祖である道元と瑩山をお釈迦さまとともに尊崇し「一仏両祖《いちぶつりょうそ》」として尊んでいる。

しかし、他の禅宗同様、本尊にこだわりはない。永平寺の仏殿には、三世仏として釈迦牟尼仏《しゃかむにぶつ》と弥勒仏《みろくぶつ》・阿弥陀仏《あみだぶつ》がまつられ、總持寺の仏殿には、釈迦牟尼仏と迦葉尊者《かしょうそんじゃ》・阿難《あなん》尊者《そんじゃ》がまつられている。大乗寺《だいじょうじ》（石川県）では釈迦牟尼仏と文殊《もんじゅ》・普賢《ふげん》の両菩薩、永光寺《ようこうじ》では釈迦牟尼仏と観音・虚空蔵《こくうぞう》の両菩薩である。

曹洞宗が全国にひろまり、多くの既成仏教の寺院が曹洞宗に改宗したとき、すでにその寺でまつられていた諸仏はそのまま本尊とし、諸神もそのまままつられたのである。

Q よりどころとする経典は？

A 曹洞宗の宗典は『修証義《しゅしょうぎ》』である。道元の著書『正法眼《しょうぼうげん》蔵《ぞう》』から抜粋して明治時代につくられた。仏事法要などでもっとも多く読誦《どくじゅ》される。また『法華経《ほけきょう》』『大悲心《だいひしん》陀羅尼《だらに》』『般若心経《はんにゃしんぎょう》』などが日常よく読まれる。

『法華経』は各宗派で尊崇される〝諸経の王〟だが、道元も比叡山《ひえいざん》での修学中『法華経』を学び、『正法眼蔵《しょうぼうげんぞう》』のなかでも随所に引用して自らの宗旨を述べている。『大悲心陀羅尼』は「大悲呪《だいひしゅう》」ともいわれ、一切衆生を救い、病を治し、悪鬼を除く功徳がある。『般若心経』は唐の時代から用いられ、〝すべては空《くう》なり〟と悟るまでの要旨が二六二文字のなかに示されている。

曹洞宗の本山は？

大本山も二つあるのが特徴。ひとつは、雪深い福井県の吉《きち》祥山《じょうざん》永平寺《えいへいじ》。もうひとつは、現在、横浜市鶴見区にある諸嶽山《しょがくさん》總持寺《そうじじ》。

そのほかには、曹洞宗に本山はない。この両大本山の下に約一万五〇〇〇カ寺の末寺が連なり、全体が一宗にまとまって、分派されていないのも特徴のひとつ。

永平寺は宗門の発祥地である。開山は道元。開基は波多野義重《はたのよししげ》。一二四四（寛元《かんげん》二）年に大仏寺《だいぶつじ》を建て、二年後、永平寺と改名している。「永平」の寺名は、中国にはじめて仏教が伝来した後漢の時代、永平一一年からとったとされ、正伝《しょうでん》仏教の根本道場にするのだという道元の自負が感ぜられる。

總持寺は、もとは能登にあった。開山は瑩山紹瑾《けいざんじょうきん》。一三二一（元亨《げんこう》元）年、諸嶽寺観音堂《しょがくじかんのんどう》を寄進され、寺名を總持寺と改めて禅院にしたのが最初。「總持」とは仏法が満ち保たれた総府という意味。教勢拡大の拠点だったが、一八九八（明治三一）年に炎上し、現在地に移転した。能登の旧跡は再建されて、現在は總持寺祖院《そいん》となっている。

伽藍配置はどうなっているの？

曹洞宗でいう七堂伽藍《がらん》は、山門・仏殿・法堂《はっとう》・庫院《くいん》（庫裡《くり》）・僧堂・浴司《よくす》・東司《とうす》をさす。これが基本の建物だが、一般のお寺では小型化して、山門もなく、本堂・開山堂・位牌堂・庫裡・坐禅堂・鐘楼などに変容していたりする。

山門　三門ともいう。曹洞宗は楼門や二重門の形式が多い。正面の左右に仁王が、二階に諸仏・諸菩薩がまつられ、梵鐘がつられている。

仏殿　大雄宝殿《だいゆうほうでん》・大殿《だいでん》ともいう。改まった儀式を行う場。正面の須弥壇《しゅみだん》

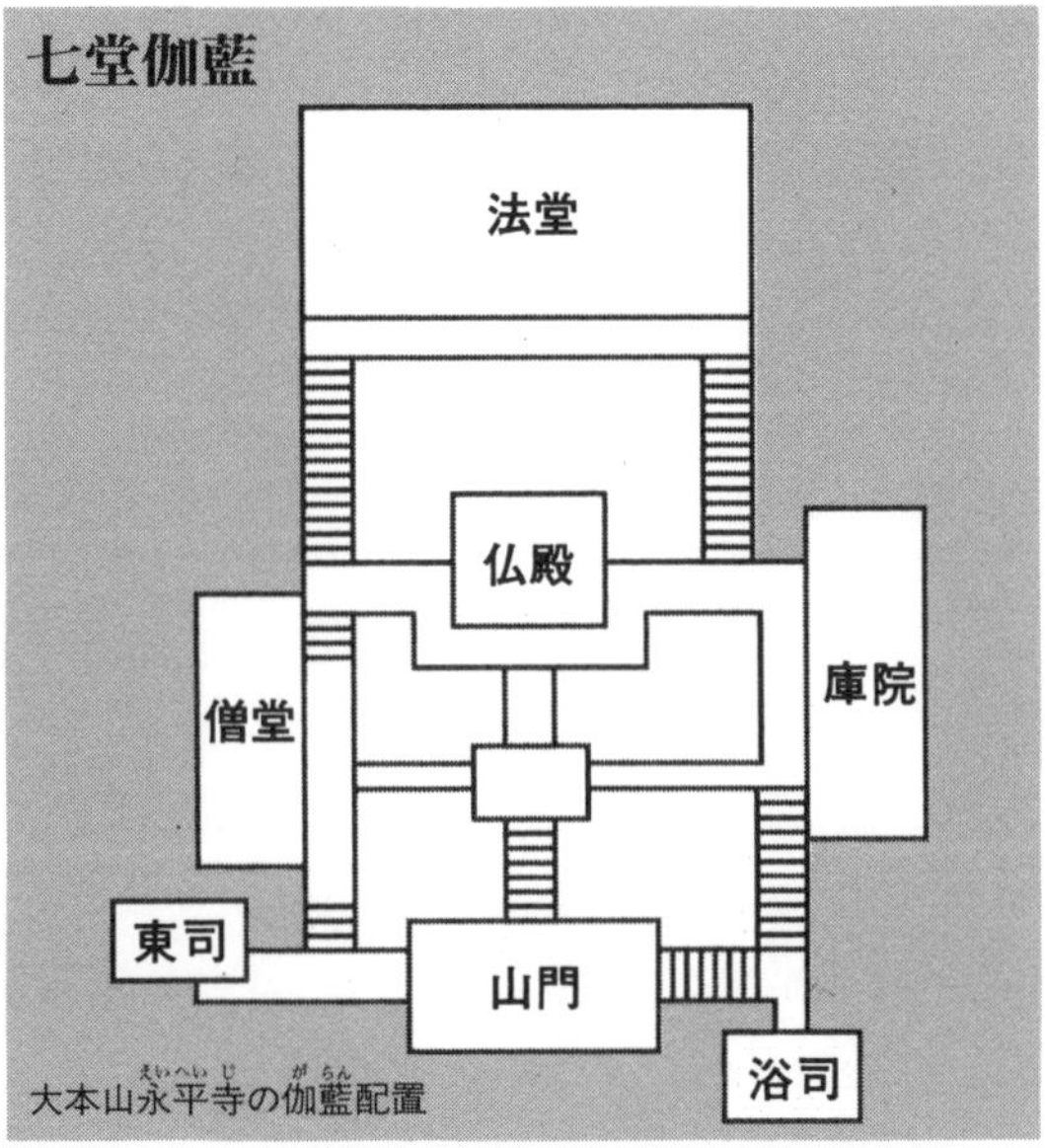

大本山永平寺《えいへいじ》の伽藍《がらん》配置

に本尊（釈迦牟尼仏と脇侍《わきじ》の三尊仏など）をまつる。東側は土地壇《どじだん》といい招宝七郎大権修理菩薩《しょうほうしちろうだいげんしゅりぼさつ》を、西側は祖師壇で、達磨大師をまつっている。

法堂　住職が修行僧に説法する場。永平寺《えいへいじ》には聖観音菩薩《しょうかんのんぼさつ》が、總持寺《そうじじ》には瑩山《けいざん》ら祖師像がまつられている。

庫院《くいん》　庫裡《くり》・香積台《こうしゃくだい》ともいう。修行僧らの食事をつくる所。韋駄天《いだてん》や大《だい》黒天《こくてん》がまつられている。

僧堂　雲堂《うんどう》・選仏場《せんぶつじょう》ともいう。修行僧が坐禅し、食事、睡眠をとる所。曹洞宗の伽藍のなかでもっとも神聖な建物で、聖僧《しょうそう》（文殊菩薩か観音菩薩、あるいは陳如尊者《ちんにょそんじゃ》）がまつられている。

浴司　跋陀婆羅菩薩《ばっだばらぼさつ》がまつられている。

東司　便所のこと。西浄《せいちん》ともいう。雪隠《せっちん》はこの語が転訛《てんか》したものだといわれる。烏蒭沙摩明王《うすさまみょうおう》がまつられている。

Q　曹洞宗独特の僧の役割分担って？

A　曹洞宗の道場で修行する僧侶たちは、共同生活が円滑に進むよう、必ず何かの役割を分担しており、無役の人は一人もいない。

住職《じゅうしょく》　お寺の最高責任者。

貫首《かんしゅ》　両大本山の住職のこと。

副貫首　貫首の次位。

西堂《せいどう》　他のお寺を引退し、指導を依頼された高僧。住職の次位。隠居したそのお寺の前住職は東堂《とうどう》という。

都寺《つうす》　住職に代わり、寺務一切を取り仕切る。寺務総長。

監院《かんにん》**（監寺**《かんす》**）**　寺務を監督する。

副寺《ふうす》　お寺の財産、会計をつかさどる。補佐役を知庫《ちこ》という。

典座《てんぞ》　僧や客人の食事をつかさどる。

直歳《しっすい》　伽藍の修理、什物《じゅうもつ》の整理、道路など諸工事をつかさどる。

維那《いの》**（紀綱**《きこう》**）**　後堂や単頭を補佐して修行僧を指導し、僧堂を管理する。補佐役を副悦《ふくえつ》、その下を堂行《どうあん》という。

侍局長《じきょくちょう》　住職の世話をする侍者《じしゃ》たち（焼香侍者・書状侍者・請客《しょうきゃ》侍者・衣鉢《えはつ》侍者・湯薬侍者）の責任者。

後堂《ごどう》**（後僧堂・後堂首座**《しゅそ》**）**　安居《あんご》・結《けっ》制《せい》の際、西堂に代わって修行僧たちを直接指導する。教育部長。

単頭《たんとう》　後堂の次位。修行僧たちを直接指導する。

侍真《じしん》　宗祖の開山堂に侍する。補佐役を供真《くしん》（伝供《でんぐ》）という。

知客《しか》　賓客の接待や檀信徒の応接役。

知殿《ちでん》　仏殿や法堂《はっとう》を管理する。補佐役を殿行《でんなん》という。

知浴《ちよく》**（浴主**《よくす》**）**　浴場を管理する。

浄頭《じんじゅう》　東司《とうす》（便所）を管理する。

首座《しゅそ》**（上座**《じょうざ》**）**　修行僧の第一座。

住職は別格として、六知事と呼ばれるお寺の重役は、都寺・監院・副寺・典座・直歳・維那をさす。

このほか、寺院の歴史・規模などによって、役割分担は増減する。

曹洞宗の僧侶の服装

通常服
環《かん》
絡子《らくす》（掛絡《かから》）
改良服

法要の際の正装
立帽子《たてもうす》
払子《ほっす》
直綴《じきとつ》（道具衣《どうぐえ》）
九条袈裟《くじょうげさ》
白衣《はくえ》
襪子《べっす》

Q 僧侶の服装や持ちものは？

A 僧侶の服装（法衣《ほうえ》）は衣《ころも》と袈裟《けさ》である。

衣は直綴《じきとつ》といって、上半身用の編《へん》衫《さん》と下半身用の裙子《くんす》に分かれていた中国の衣を、綴《つづ》って一枚にしたのが現在の直綴。

袈裟は五条・七条・九条の三種類（三衣《さんえ》）がある。五条袈裟は労働や旅行などで用いられたが、いまは略されて絡子《らくす》となった。七条袈裟は食事・坐禅・説法などのとき、九条袈裟は戒師になったり、改まって外出するときに用いる。

儀式のときに必ず袈裟と一緒に用いるのが坐具。袈裟と同じ色の長方形の敷き布で、たたんで衣の下の左手首に掛けてある。そして左手に数珠《じゅず》を掛ける。白足袋は襪子《べっす》という指が二股に割れていないもの。大和尚《だいおしょう》以上は立帽子《たてもうす》をかぶり、手に払子《ほっす》か如意《にょい》か笏《こつ》を持つ。

衣と袈裟の色は、法階《ほうかい》や僧階《そうかい》によって異なり、三種類（黒衣《こくえ》・色衣《しきえ》・資格衣《しかくえ》）ある。法階でいうと、黒衣・黒袈裟はまだ修行中の僧。黒衣・壊《え》色《じき》（中間色）の袈裟は和尚。色衣・斑色や純色袈裟は大和尚。

大和尚は僧階でいうと二等教師。

二等教師以上の袈裟色は変わらないが、衣の色が違う。正《せい》教師は緋衣《ひえ》、権《ごん》大教師は黄衣《こうえ》、大教師は赤紫衣《せきしえ》、権大教正《ごんだいきょうせい》は紫紺衣《しこんえ》が許され、この緋・黄・赤紫・紫紺を資格衣という。大教正（両大本山貫首《かんしゅ》・前貫首）は別格で紫衣《しえ》。

Q　禅宗独特の仏具は？

A　**拝敷**《はいしき》　仏殿の石畳の中央に置かれた、長方形の木製座。導師が、本尊に拝礼するときに使用する。

鼓鈸《くはつ》　太鼓と鐃鈸《にょうはち》のこと。鐃鈸は、ドラとシンバルのような打楽器。葬儀や施食会《せじきえ》（施餓鬼会《せがきえ》）などで使用。

曲彔《きょくろく》　朱塗りの中国風の椅子《いす》。改まった儀式で導師が座る。

五鈷鈴《ごこれい》　金属製の五鈷の鈴。托鉢《たくはつ》や祈禱《きとう》で使用する。

錫杖《しゃくじょう》　杖の上部に数条の金属の環がつき、振れば鳴る。行脚《あんぎゃ》・托鉢のとき、動物や虫を驚かせて逃がし、殺生を防ぐ。また、相手に来訪を知らせる。

坐蒲《ざふ》　坐禅時、尻の下に敷いて姿勢を安定させる。

応量器《おうりょうき》　漆《うるし》塗り木製、五つ重ねで一組の僧侶の食器。

袈裟文庫《けさぶんこ》　行脚のとき、袈裟や経文《きょうもん》を入れて、首から胸の前に下げる小さな行李《こうり》。

Q　お坊さんをなんと呼べばいいの？

A　曹洞宗の場合、修行僧は「お坊さん」「雲水《うんすい》さん」。住職はふつう「和尚《おしょう》さん」「方丈《ほうじょう》さん」「堂《どう》頭《ちょう》さん」と呼ばれ、法事の席などでは「ご住職」「ご老師」。大きなお寺などでは「山主《さんしゅ》」と自称したり、改まった席では「堂頭和尚」と呼んだりする。ちなみに天台宗や真言宗でも和尚と書くが、それぞれ「かしょう」「わじょう」と読む。

Q　戒名の特徴は？

A　本来、戒名は仏弟子になった証《あかし》で、曹洞宗では生前に戒師から授かるのがよいとしている。

院殿号は現在はほとんどない。院号は教団や菩提寺、社会に貢献した人につけられる。

道号は生前の徳を表し、戒名は仏弟子としての受戒名、この二つは経典などを参考に対句でまとめられる。

位号は信士《しんじ》・信女《しんにょ》がいちばん多い。大居士《だいこじ》・大姉《だいし》は院殿号に、居士・大姉は院号につけられる。

童子《どうじ》・童女《どうにょ》は一五歳以下の子供に、孩子《がいじ》・孩女《がいにょ》・嬰子《えいじ》・嬰女《えいにょ》は乳幼児につけられる。禅定門《ぜんじょうもん》・禅定尼《ぜんじょうに》という位号は、参禅して高い境地に達した在家につけられる。

日本の禅三宗

禅は白鳳《はくおう》時代に伝来し、平安時代は天台教学のひとつにもなっているが、独立した宗派として花開くのは鎌倉時代。栄西《えいさい》の臨済宗《りんざいしゅう》、道元《どうげん》の曹洞宗《そうとうしゅう》が興り、ついで江戸時代、明《みん》僧隠元《いんげん》により黄檗宗《おうばくしゅう》が開かれた。

Q 禅がはじめて日本に伝えられたのは？

A 六五三（白雉《はくち》四）年に入唐《にっとう》し、法相宗《ほっそうしゅう》を伝えた道昭《どうしょう》が、玄奘《げんじょう》三蔵《さんぞう》のすすめで達磨《だるま》の弟子慧満《えまん》について禅を学び、帰国して飛鳥《あすか》（奈良県）の元興寺《がんごうじ》に禅院を建て終日坐禅をしていたと『続日本紀《しょくにほんぎ》』にある。

次に七三六（天平《てんぴょう》八）年に来日した唐僧道璿《どうせん》が律宗《りっしゅう》・華厳宗《けごんしゅう》とともに禅を伝えた。

その後、天台宗の開祖最澄《さいちょう》や円仁《えんにん》らが入唐し、円（法華《ほっけ》）・密・戒とともに禅を天台教学のひとつにとりいれたが、それらはまだ独立した一宗としてではなかった。

また能忍《のうにん》も禅をひろめ、日本達磨《にほんだるま》宗《しゅう》と称した。

Q 能忍の日本達磨宗って？

A 日本達磨宗《にほんだるましゅう》の宗祖大日能忍《だいにちのうにん》の正確な生没年は不詳。比叡山《ひえいざん》で天台教学を学ぶうち、禅の文献を通じて独学で坐禅実習し、摂津《せっつ》（大阪府）吹田《すいた》に三宝寺《さんぼうじ》を開創した。しかし禅の伝法は、悟りの宗教的体験を師から弟子へ直接面授《めんじゅ》する師資相承《ししそうじょう》。能忍の無師独悟の宗教活動は非難された。

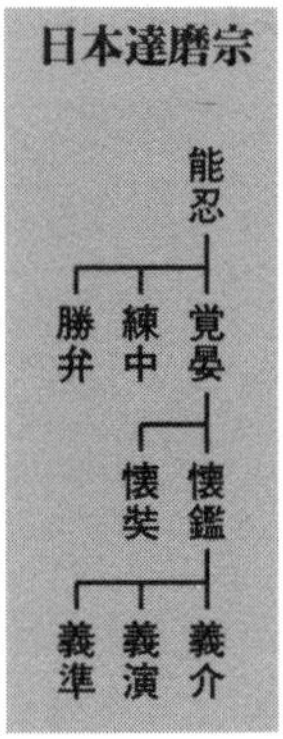

そのため能忍は一一八九（文治《ぶんじ》五）年、練中《れんちゅう》と勝弁《かっぺん》の二人の弟子を中国、阿育王山広利寺《あいくおうざんこうりじ》の拙庵徳光《せったんとくこう》のもとに派遣。自身の悟りを文書で徳光に披瀝《ひれき》させた。〝異域《いいき》の信種《しんしゅ》〟を哀れんだ徳光は印可を授けたので、能忍の名声は一気に上がった。

しかし天台宗衆徒の反対運動で一一九四（建久《けんきゅう》五）年、臨済宗とともに布教を禁止される。

能忍の高弟覚晏《かくあん》は、弟子の懐奘《えじょう》らと大和《やまと》（奈良県）多武峯《とうのみね》に難を避けたが、一二二八（安貞《あんてい》二）年、興福寺《こうふくじ》衆徒の多武峯焼き討ちで覚晏教団が解体したとき、覚晏の弟子の懐鑑《えかん》は、弟子たちと越前《えちぜん》（福井県）の波著寺《はじゃくじ》に避難した。

道元が深草《ふかくさ》の興聖寺《こうしょうじ》で布教につとめていた一二三四（文暦《ぶんりゃく》元）年に懐奘が、その七年後に懐鑑・義介《ぎかい》・義演《ぎえん》・義準《ぎじゅん》らが参入。のちに日本達磨宗

臨済宗＝看話禅・公案禅

修行して、
本来の自己(仏心)に目覚めることが悟り

曹洞宗＝黙照禅・生活禅

修行の結果、仏になるのではなく、
修行することが仏の行

「本来、人間は仏性をもっているというが、本当？」
「自覚がなくても、本来、人間は仏性をもっている」

公案って何？ 師家《しけ》が修行者に授けて工夫させ、その見解《けんげ》を点検する臨済宗独特の教育課題。もとの意味は役所（公府）が発する法令（案どく）のこと。法は絶対で私情を挟むことができない。それと同じく、大悟した中国の禅匠たちの言行は、後世の修行者が分別や知識で解釈しようとしても意味をなさない。ゆえに〈公案〉といわれる。

日本臨済宗の開祖栄西

栄西《えいさい》は、28歳で宋に渡り、47歳で再入宋。臨済宗黄龍派《おうりょうは》の虚庵懐敞《きあんえしょう》に師事し、5年目に印可を得て帰国。わが国最初の禅寺聖福寺《しょうふくじ》（福岡県）を開くが、天台宗僧徒の激しい批難をあび、朝廷から禅停止《ちょうじ》の命《めい》を受ける。『興禅護国論《こうぜんごこくろん》』を書いて反論。鎌倉で開花した。臨済宗では「栄西《ようさい》」と読むのが正式。

系の懐奘は曹洞宗の二祖、義介は三祖となった。

Q 臨済宗と曹洞宗の違いは？

A 道元が興した曹洞宗も修行の方法は坐禅である。しかし坐禅に対する心構えがまったく違う。

臨済宗は坐禅を悟りに達する手段と考え、その最中、公案《こうあん》を思索し工夫する〈公案禅〉だが、曹洞宗は坐禅に目的も意味も求めずただ黙々と壁に向かって坐禅をする〈只管打坐《しかんたざ》〉。修行する坐禅の姿そのものが悟りの姿だと〝即心是仏《そくしんぜぶつ》〟をとなえた。臨済宗の「看話禅《かんなぜん》」に対して、曹洞宗は「黙照禅《もくしょうぜん》」という。

また、曹洞宗は権威に近づかず下級武士や一般民衆のあいだに、臨済宗は鎌倉幕府の庇護のもと上級武士層にひろまったため「臨済将軍、曹洞土民」といわれた。

Q 道元が臨済宗に学んだって本当？

A 曹洞宗の高祖道元は一三歳、延暦寺《えんりゃくじ》で出家したが、修行が進むにつれ天台宗《てんだいしゅう》の教えに疑問をもち、一二一四（建保《けんぽう》二年）、一五歳で山をおりた。園城寺《おんじょうじ》の公胤《こういん》のすすめで、栄西が伝えた大陸禅を学ぶため、建仁寺へ入った。下山の年を建保五年とする説もあり、建保三年に示寂した栄西との相見《しょうけん》は定かではないが、当時の建仁寺には栄西の教えが充満。出家の破戒をいましめ、厳密な行儀が行われていた。それは求道に燃える道元に強烈な影響を与えた。

道元の臨済宗での師は、栄西の高弟明全《みょうぜん》だ。道元は、建仁寺で七年間、入宋《にっそう》を目標にして顕密《けんみつ》・律蔵《りつぞう》・臨済の風を学び、中国語の勉強もした。そして明全とともに一二二三（貞応《じょうおう》二）年入宋。明全が二年後に天童山で客死《かくし》するまで、合計九年間随侍している。明全の人格的感化は大きく、道元は明全を「先師《せんし》」と呼び敬《うやま》っている。

Q その後の臨済宗との関係は？

A 入宋《にっそう》した道元は天童山《てんどうざん》の無《む》際了派《さいりょうは》、径山《きんざん》の浙翁如琰《せっおうにょえん》など、いずれも臨済宗大慧宗杲《だいえしゅうこう》の法孫拙庵《せったん》徳光《とくこう》の弟子たちに参禅する。

中国曹洞宗の如浄《にょじょう》から印可《いんか》を得て帰国したのちも、再び建仁寺《けんにんじ》に寓居している。そして、深草の興聖寺《こうしょうじ》に移ってからは、のちに臨済宗法灯派《ほっとう》の祖となる無本覚心《むほんかくしん》に菩薩戒《ぼさつかい》を授け、臨済宗大慧派につらなる日本達磨宗の集団参入を受け入れている。

道元は越前下向以降、臨済宗批判を強め自らの理想を深めていくのだが、瑩山《けいざん》や峨山《がさん》においても臨済宗法灯派との交渉が伝えられている。

当時の禅宗という意識、あるいは道元のいう〝正伝《しょうでん》の仏法〟の立場からいえば当然のことであり、宗派意識にとらわれない切瑳琢磨により、曹洞宗の歴史は綴《つづ》られてきたともいえる。

Q 黄檗宗って、どんな宗派？

A 黄檗宗《おうばくしゅう》は、一六五四（承応《じょうおう》三）年、明《みん》僧隠元《いんげん》隆琦《りゅうき》によって伝えられた。

隠元は中国臨済宗楊岐派《ようぎは》を継承する臨済正伝《しょうでん》の禅匠である。明代に制定された仏教儀礼を日本に伝え、停滞していた禅界に新風を吹きこんだ。日本の禅界へ戒律思想と授戒法を伝え『黄檗清規《おうばくしんぎ》』の刊行により、叢林《そうりん》の規制を一変させた。

大本山は京都宇治の黄檗山萬福寺《おうばくさんまんぷくじ》。中国の黄檗山萬福寺の名をそのままつけて開創された。建物や仏具・仏像・所作等が中国風で、お経も唐音《とういん》

萬福寺大雄宝殿《まんぷくじだいゆうほうでん》　重文／京都府

隠元隆琦頂相《いんげんりゅうきちんそう》
京都府・萬福寺蔵

による黄檗宗独特の節回しである。天皇家や将軍家、諸大名の帰依《きえ》を受けて、最盛期には末寺三五〇〇を数えた。

隠元は一六七三（寛文《かんぶん》一三）年に八二歳で示寂《じじゃく》。後水尾《ごみずのお》法皇より「大光《だいこう》普照国師《ふしょうこくし》」の号を特賜された。

弟子に、版木六万枚の一切経《いっさいきょう》（『黄檗版大蔵経』）を彫った鉄眼《てつげん》、わが国ではじめて種痘《しゅとう》を行い、岩国《いわくに》（山口県）の錦帯橋《きんたいきょう》の架橋を指導した独立《どくりゅう》、煎茶道《せんちゃどう》をひろめた〝売茶翁《ばいさおう》〟月海《げっかい》、下総《しもうさ》（千葉県）で新田《しんでん》八万石《ごく》を開拓した鉄牛《てつぎゅう》などがいる。

一八七六（明治九）年以来、黄檗宗と称し、禅宗の教えを伝えている。

隠元が伝えた明文化

江戸時代は儒学の最盛期で、漢詩文をはじめ、中国趣味が流行した。隠元《いんげん》は詩をよくし、宋風の書を伝え、弟子の木庵《もくあん》・即非《そくひ》とともに黄檗の三筆とうたわれた。また、隠元豆を伝えたともいわれる。
ほかにも、中国から渡来した専門職人の手による寺院建築・仏像彫刻、洋画の手法を取り入れた頂相《ちんそう》（師の肖像画）、普茶《ふちゃ》料理、煎茶道《せんちゃどう》など、日本文化に与えた影響は大きい。

Q 曹洞宗は、黄檗宗にどんな影響を受けたの？

A 江戸時代、新鮮で厳正な黄檗禅は大流行し、曹洞宗僧侶も多数、黄檗宗に参じた。「道元に還れ」と宗統復古・古規復古の改革に奮起した月舟宗胡《げっしゅうそうこ》・卍山道白《まんざんどうはく》らは『黄檗清規《おうばくしんぎ》』をもとにして、『雲堂常規《うんどうじょうき》』（月舟）、『椙樹林清規《しょうじゅりんしんぎ》』（卍山）をつくった。だが、かつて卍山に学んだ損翁宗益《そんのうしゅうえき》・面山瑞方《めんざんずいほう》らが、その黄檗風な面を批判するなど、宗学研究が盛んになる。これは黄檗禅の伝来が新鮮な刺激を与えたためといえよう。

お釈迦さまと禅

道元は、自分が伝えた仏法こそ〝正伝《しょうでん》〟——すなわち、お釈迦さまがブッダガヤの菩提樹《ぼだいじゅ》の下で坐禅を組んで悟りを開いた真実の仏法であり、それは坐禅を根本とするものでなければならないと考えた。

お釈迦さまも坐禅で悟りを開いた

釈迦《しゃか》族の太子シッダールタは出家《しゅっけ》すると、2人のヨーガ行者《ぎょうじゃ》を訪ねた。アーラーラ・カーラーマは無執着の境地を教え、ウッダカ・ラーマプッタは無念無想の境地を教えた。お釈迦さまはすぐにそれらに到達したが苦悩は去らない。

ついで42日間の断食など過酷をきわめた苦行に入る。それでも解脱《げだつ》は得られない。極端な偏《かたよ》りはなんの真理も生みださないことに気づいたお釈迦さまは苦行を捨て、静かな菩提樹の下で坐禅を組むと深い瞑想《めいそう》に入り、迷いと闘いながら悟りを開くまで坐りつづけたのだ。

Q お釈迦《しゃか》さまは、何を悟ったの?

A 坐禅の最中、迷いが富・権勢・美女などの幻覚となってお釈迦さまを苦しめるが、それらを突き抜けた先に絶対清浄、無我の境地〝空《くう》〟があると気づく。

つまり、私たちの心は欲望に汚れ、人生は苦悩に満ちているが、そのなかにあって本来の自己は絶対清浄なのだという自覚に達したのである。

Q お釈迦さまの教えとは何?

A 私たちが本来清浄の仏性をもつとしても、現実の生活のなかでは迷いや欲望に翻弄《ほんろう》され、あるがままの仏心で生きることはむずかしい。また、欲望のままに生きれば苦悩となる。苦悩を取り除き、清浄な自己に到達するためには、正しい生き方「八正道《はっしょうどう》」を修行しなけれ

お釈迦さまが示す正しい生き方

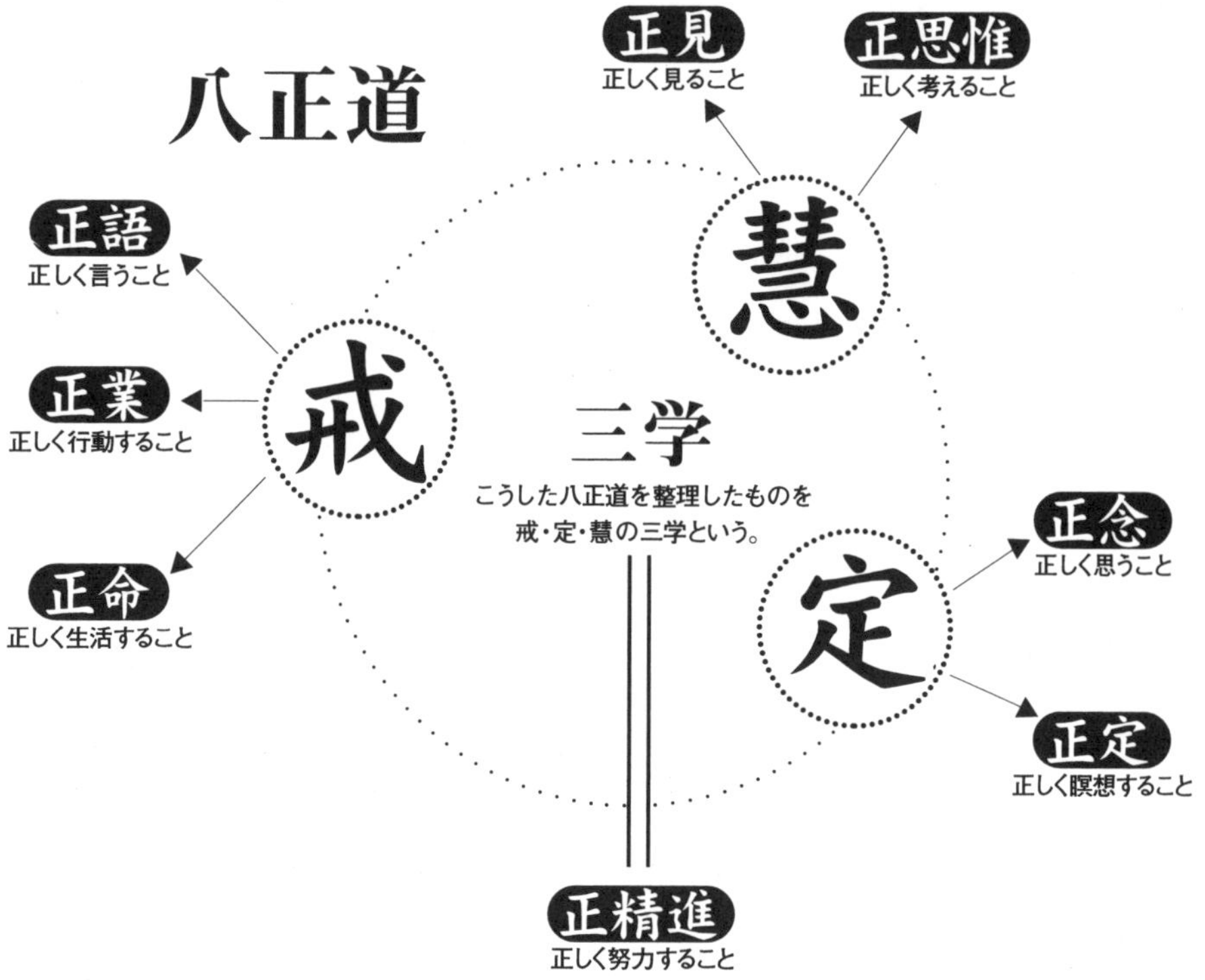
八正道
正見
正しく見ること
正思惟
正しく考えること
慧
正語
正しく言うこと
正業
正しく行動すること
戒
三学
こうした八正道を整理したものを
戒・定・慧の三学という。
正命
正しく生活すること
正念
正しく思うこと
定
正定
正しく瞑想すること
正精進
正しく努力すること

ばならないと説いた。

バラモン教の教えは、一般庶民には難解で、結局この世の苦しみは終わらないというあきらめにつながるものだったが、お釈迦さまの教えは、積極的で希望のある実践道だった。

Q 坐禅とヨーガは同じもの?

A ヨーガとは「抑制」「心の統一」といった意味で、何らかの目標をめざして心と体を調整することをいう。坐禅はそうした幅広いヨーガの方法のなかのひとつ。静かな場所に姿勢正しく坐って呼吸を整え、身心の安定・集中・統一をはかり瞑想すること。禅境が進み、良師の指導のもとに〝三昧《さんまい》〟の境地に入れば、やがて大悟にいたるという。なお三昧とは、梵語《ぼんご》のサマーディの音訳で、心をある対象に集中し、不動の境地にいたることをいう。

達磨図《だるまず》　重文／東京国立博物館蔵

中国で開花した禅の教え

お釈迦《しゃか》さまから二八代目の菩提達磨《ぼだいだるま》によって中国に伝えられた禅の実践的な教え。坐禅を通して得られる何物にもとらわれない〝空《くう》〟の境地は、中国の老荘《ろうそう》思想「無為自然《むいしぜん》」に通じるところがあった。

Q　中国禅の始祖達磨ってどんな人？

A　南インド香至国《こうしこく》の第三王子だった達磨《だるま》は、五二〇年ごろ海路北魏《ほくぎ》に入り、嵩山少林寺《すうざんしょうりんじ》の石窟で壁に向かって九年間坐禅をし、坐禅の入門書『楞伽経《りょうがきょう》』四巻を伝えたという。

しかし、今世紀初めに敦煌《とんこう》で発見された文書には、達磨が西域からやって来たペルシャ人だと書かれ、その来歴はハッキリしない。

Q　達磨の教えはどんなもの？

A　達磨《だるま》が坐禅の最中、のちに二祖となる神光慧可《じんこうえか》が訪ねてきて教えを請うが、達磨は無言。

慧可は雪の降る庭先に幾日も立ちつづけている。「何を求めているのか」と、達磨がはじめて声をかける。慧可は自分の左臂《ひじ》を切り落として熱

インドの二八祖

釈迦牟尼仏《しゃかむにぶつ》—摩訶迦葉《まかかしょう》—阿難陀《あなんだ》—商那和修《しょうなわしゅ》
優波毱多《うばきくた》—提多迦《だいたか》—弥遮迦《みしゃか》—婆須蜜多《ばしゅみった》
佛陀難提《ぶつだなんだい》—伏駄蜜多《ふだみった》—婆栗湿縛《ばりしば》—富那夜奢《ふなやしゃ》
馬鳴《めみょう》—迦毘摩羅《かびもら》—龍樹《りゅうじゅ》—迦那提婆《かなだいば》
羅睺羅多《らごらた》—僧迦難提《そうぎゃなんだい》—迦耶舎多《がやしゃた》—鳩摩羅多《くもらた》
闍夜多《しゃやた》—婆修盤頭《ばしゅばんず》—摩拏羅《まぬら》—鶴勒那《かくろくな》
師子菩提《ししぼだい》—婆舎斯多《ばしゃした》—不如蜜多《ふにょみった》—般若多羅《はんにゃたら》

中国の五家七宗

始祖 菩提達磨《ぼだいだるま》
二祖 神光慧可《じんこうえか》
三祖 鑑智僧璨《かんちそうさん》
四祖 大医道信《だいいどうしん》
五祖 大満弘忍《だいまんこうにん》
六祖 大鑑慧能《だいかんえのう》（南宗禅）／大通神秀《だいつうじんしゅう》（北宗禅）

大鑑慧能—青原行思《せいげんぎょうし》—石頭希遷《せきとうきせん》—薬山惟儼《やくさんいげん》—雲巌曇晟《うんがんどんじょう》—洞山良价《とうざんりょうかい》（曹洞宗）—曹山本寂《そうざんほんじゃく》／雲居道膺《うんごどうよう》—芙蓉道楷《ふようどうかい》
石頭希遷—天皇道悟《てんのうどうご》—（2代）—雪峰義存《せっぽうぎそん》—雲門文偃《うんもんぶんえん》（雲門宗）／（2代）—法眼文益《ほうげんぶんえき》（法眼宗）
大鑑慧能—南嶽懐譲《なんがくえじょう》—馬祖道一《ばそどういつ》—百丈懐海《ひゃくじょうえかい》—黄檗希運《おうばくきうん》—臨済義玄《りんざいぎげん》（臨済宗）—（6代）—黄竜慧南《おうりょうえなん》（黄竜派）／楊岐方会《ようぎほうえ》（楊岐派）
百丈懐海—潙山霊祐《いさんれいゆう》—仰山慧寂《ぎょうざんえじゃく》（潙仰宗）

意を示し「私の心に安らぎを与えてください」と懇願。達磨はいった「よし、お前の心をもってこい。安らかにしてあげよう」。

しかし、どうして心をもちだすことができるのか。

慧可は身悶《みもだ》えし「心を求めましたが、どうしても得られません」

と絶叫する。

そのとき達磨が断言する。

「汝《なんじ》の心を安んじおわんぬ」。

このひと言が、懊悩《おうのう》しつづける慧可の闇を切り開いた。慧可の心を開眼させたのだ。

達磨の教えは文字や知識ではなく、このように常に宗教的体験を基にし、実践的だった。

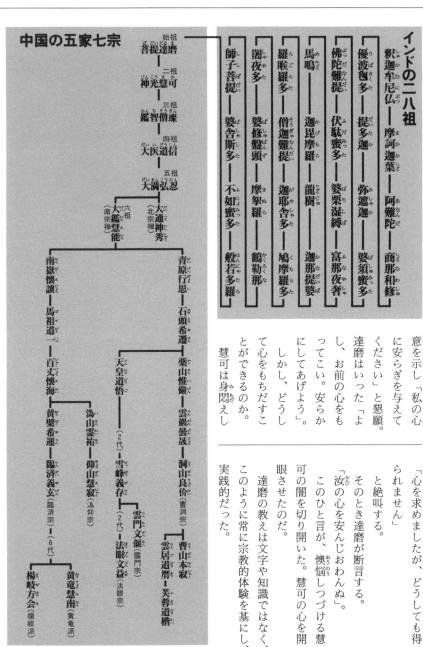

弘忍送慧能「六祖図」より部分　狩野元信《かのうもとのぶ》筆
重文／東京国立博物館蔵
弘忍《こうにん》はトップの神秀《じんしゅう》ではなく、慧能《えのう》に衣鉢を譲る。そして争いを恐れ、自ら舟をこいで慧能を逃がした

Q 中国禅を確立したのは？

A 達磨《だるま》から慧可《えか》、そして『信心銘《しんじんめい》』を書いた三祖僧璨《そうさん》、四祖道信《どうしん》、五祖弘忍《こうにん》へと、達磨の教えは少しの間違いもなく伝えられた。

弘忍の門下からは、神秀《じんしゅう》と慧能《えのう》という傑出した弟子が出た。

道場最高位の神秀が洛陽《らくよう》・長安《ちょうあん》の二都を中心とする北宗禅《ほくしゅうぜん》を、僧院の米つきをしていた慧能が江西・湖南の山岳を中心とする南宗禅《なんしゅうぜん》を開いた。

北宗禅は順を追って修行をし、段階的に悟りに達する漸修《ぜんしゅう》主義、南宗禅は迷いの真っ只なかに直《じか》に悟りを見いだそうとする頓悟《とんご》主義をとった。

その後、北宗禅は人材に恵まれず衰退し、南宗禅の慧能が五祖弘忍の正統を継いで六祖となり栄えた。以降、中国禅に七祖はなく、五家七宗はすべて慧能の禅から発している。

なお、律《りつ》とともに禅を日本へ伝えた唐《とう》僧道璿《どうせん》は、神秀の孫弟子のひとりであった。

Q 五家七宗って何？

A 六祖慧能《えのう》からは、南嶽懐譲《なんがくえじょう》と青原行思《せいげんぎょうし》が出た。そして、南嶽派からは臨済宗《りんざいしゅう》と潙仰宗《いぎょうしゅう》が、青原派からは曹洞宗《そうとうしゅう》・法眼宗《ほうげんしゅう》・雲門宗《うんもんしゅう》の三宗が興り、これらを〈五家〉という。

しかしのちに、雲門宗は法系が絶え、潙仰・法眼の二宗が臨済宗に統合したので、現在残る曹洞宗と臨済宗の二宗となった。やがて臨済宗は、黄竜派《おうりょうは》と楊岐派《ようぎは》に分かれたので、これらを加えて〈七宗〉といわれる。

Q 中国の曹洞宗と臨済宗を興した人々は？

A 唐代には、六祖《ろくそ》の曹渓山大《そうけいざんだい》鑑《かん》慧能《えのう》から分かれた南嶽懐譲《なんがくえじょう》の法系に臨済宗が、青原行思《せいげんぎょうし》の法系に曹洞宗が、それぞれ宗派を確立している。

南嶽派は馬祖道一《ばそどういつ》─百丈懐海《ひゃくじょうえかい》と続き、生活に即した中国独特の禅の修行方法がつくられ、懐海から黄檗希《おうばくき》運《うん》をへて臨済義玄《りんざいぎげん》が臨済宗を確立させた。

一方、曹洞宗は、青原派の青原行思から石頭希遷《せきとうきせん》─薬山惟儼《やくさんいげん》─雲巌曇《うんがんどん》晟《じょう》─洞山良价《とうざんりょうかい》へと続く法系だが、個性的な禅匠がそろっている。石頭は晩年の慧能に参じ、慧能没後は青原に師事する。学者が集まった青原派にあっても、石頭の碩学《せきがく》ぶりは際立っていた。衡山《こうざん》の南台寺に庵《いおり》を構え、一帯が石の台だったので「石頭和尚」と呼ばれた。

禅問答が盛んになる傾向が、この石頭のころにある。ある僧が「如何《いか》なるか是《こ》れ解脱《げだつ》、如何なるか是れ浄《じょう》土《ど》、如何なるか是れ涅槃《ねはん》」と問うと「誰《だれ》か汝《なんじ》を縛《ばく》する、誰か汝を垢《く》す、誰か生死を将《も》って汝に与うる」と答えたという。即心即仏の教えだ。

石頭の法系を嗣《つ》いだ薬山《やくさん》もまた厳しい。菜園を管理する園頭《えんじゅう》が野菜を植えているのを見て「お前が野菜を植えるのはいいが、根を生じさせてはいけない」といった。園頭が「それでは野菜が育ちません。修行僧たちは何を食べたらいいのですか」と問うと、「汝にまた口ありや?」。修行は食べることが目的であってはならないといったのである。

日本の道元に印可《いんか》を与えた如浄《にょじょう》は、洞山《とうざん》から雲居道膺《うんごどうよう》─芙蓉道楷《ふようどうかい》へと続く法系にいる。風狂の禅僧硯子《けんす》も洞山の弟子のひとりだ。江に入っては蝦《えび》や蜆《しじみ》を採って食べ、夜は白馬廟の紙銭《しせん》にもぐって眠ったという。

また、曹洞宗とは別系統になるが、同じ青原派の流れに、「臨済の喝、徳山の棒」と並び称された徳山宣鑑《とくさんせんかん》がいる。臨済は臨済義玄《りんざいぎげん》のこと。その喝をくらえば一〇〇雷《らい》に打たれたごとく、徳山の棒は修行僧に質問されると必ず三〇棒をくらわして導いたことから、こういわれた。

禅と老荘思想 〝無為自然〟

お釈迦さまの教え〝空《くう》〟と老荘思想〝無為自然〟とはよく似ている。お釈迦さまは、欲望や迷い、執着を捨てた絶対的な〝空〟の境地こそ、人間が本来もっている清浄な仏の世界だと教えた。道家《どうか》の祖老子《ろうし》は「上善《じょうぜん》は水の如《ごと》し」といい、人間も水と同じように自然に逆らわず行動してこそ道をきわめられるとした。儒家《じゅか》の孔子《こうし》が「孝・忠・仁・義・礼・智」といった道徳をとなえたのとは逆だ。

荘子《そうし》も善悪・是非などにこだわらなければ、対立のない万物斉同《ばんぶつせいどう》の境地にいたれるとし、その境地を「真人《しんにん》」と呼んだ。臨済宗の祖義玄《ぎげん》は仏心《ぶっしん》を分かりやすくするために「一無位《いちむい》の真《しん》人《にん》」といった。中国に入った仏教は、老荘思想のおかげで大衆に理解されやすかった。老荘的に解釈した仏教を「格義仏教」という。

日本曹洞宗の歴史

思想者道元《どうげん》が礎を築いて、組織者瑩山《けいざん》が教勢を発展させた。その両祖を助けた弟子たちがいる。江戸時代初期には、日本最大規模の教団となるが、名利におぼれ、宗統復古の改革運動が起こり、近代化へと進んだ。

Q 道元の弟子にはどんな人がいたの?

A 積極的に在家に布教した深草時代、また他宗の圧力から同志的な出家主義に変わった越前《えちぜん》時代、帰依《きえ》した僧俗は多かったが、門下は約八〇名。正師如浄《しょうしにょじょう》から「深山幽谷に住み、一箇半箇《いっこはんこ》(一人か半人)の接得(教育)に努めよ」と訓戒されたためもあって嗣法《しほう》の弟子は少ない。懐奘《えじょう》(日本達磨《だるま》宗出身)・詮慧《せんね》(天台宗出身)・寂円《じゃくえん》(中国禅出身)の三人が知られるところである。

この三人のうち永平寺《えいへいじ》二世となったのは懐奘。三世義介《ぎかい》・四世義演《ぎえん》も日本達磨宗の出身だ。詮慧は京都に永興寺《ようこうじ》を開き、寂円は永平寺よりもさらに奥に宝慶寺《ほうきょうじ》を開いた。

Q 懐奘ってどんな人?

A 道元より二歳年上でありながら、一二三四(文暦《ぶんりゃく》元)年に道元に入門してから、一二五三(建長《けんちょう》五)年に道元が示寂《じじゃく》するまで約二〇年間、献身的に仕えつづけた。

幼少のころなら素直に師に侍することもできるだろうが、道元が三五歳、懐奘が三七歳のときからの献身。並々ならぬ愛情と努力が感じられる。

しかも、師が遷化《せんげ》して、自らが永平寺二世となってからもその姿勢は変わらなかった。方丈《ほうじょう》に師の頂相《ちんそう》を掲げて、生前と同じように朝夕の礼を毎日欠かさず行っていたという。それが一八年間も続いた。

日常の世話をしていただけではない。執権北条時頼《ほうじょうときより》の懇請で、道元がやむなく鎌倉へ下向《げこう》したおりにも従い、門下への講話・儀式・行事のあいだも、常に師に侍して助けた。

そしてこれが、懐奘がもっとも高く評価されるゆえんだが、道元の百

詮慧《せんね》ゆかりの永興寺《ようこうじ》・京都市

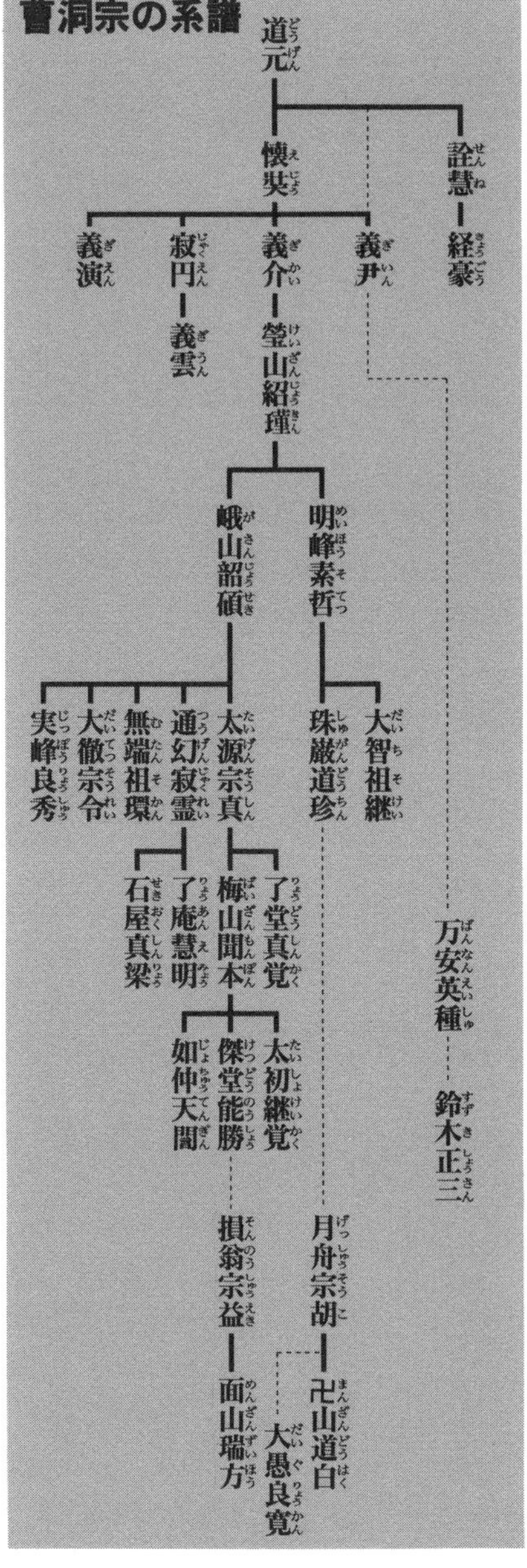
曹洞宗の系譜
道元《どうげん》
懐奘《えじょう》
詮慧《せんね》
経豪《きょうごう》
義尹《ぎいん》
義介《ぎかい》
寂円《じゃくえん》
義演《ぎえん》
義雲《ぎうん》
瑩山紹瑾《けいざんじょうきん》
明峰素哲《めいほうそてつ》
峨山韶碩《がさんじょうせき》
大智祖継《だいちそけい》
珠巌道珍《しゅがんどうちん》
太源宗真《たいげんそうしん》
通幻寂霊《つうげんじゃくれい》
無端祖環《むたんそかん》
大徹宗令《だいてつそうれい》
実峰良秀《じっぽうりょうしゅう》
了堂真覚《りょうどうしんかく》
梅山聞本《ばいざんもんぽん》
了庵慧明《りょうあんえみょう》
石屋真梁《せきおくしんりょう》
太初継覚《たいしょけいかく》
傑堂能勝《けつどうのうしょう》
如仲天誾《じょちゅうてんぎん》
月舟宗胡《げっしゅうそうこ》
卍山道白《まんざんどうはく》
大愚良寛《だいぐりょうかん》
損翁宗益《そんのうしゅうえき》
面山瑞方《めんざんずいほう》
万安英種《ばんなんえいしゅ》
鈴木正三《すずきしょうさん》

数十巻におよぶ著作を整理し、その教えを後世に伝えるために渾身《こんしん》の努力をしつくしたのである。

まず道元一生の大作『正法眼蔵《しょうぼうげんぞう》』。これを三八年間も書写し、校訂し、浄書した。そして、あまりにも高い境地・思索の跡を判りやすくするために、自ら道元に質問し答えを得て『正法眼蔵随聞記《ずいもんき》』を書いた。

また、道元が正師如浄の教えを記した『宝慶記《ほうきょうき》』を編集し、道元語録とされる『永平広録《えいへいこうろく》』を編集するなどなど。

懐奘の誠実な粘り強さ、師に対する無垢《むく》の愛情がなければ、道元の著述は今日まで伝わらなかったかもしれない。

Q 詮慧とその門下は?

A 懐奘に次ぐ重要な位置にあり、道元の直話を書きとどめた『正法眼蔵聞書《ききがき》』を著し、道元語録の『永平広録』編集に携わったにもかかわらず、詮慧については生没年すら確定的ではない。

近江源氏《おうみげんじ》の出身で、比叡山《ひえいざん》横川《よかわ》で天台教学を学ぶ気鋭の青年僧だったが、深草の興聖寺《こうしょうじ》で道元の説法を聞き、門下に参じたという。道元示寂後、荼毘所《だびしょ》となった京都の地に永興寺を開いて住職となった。その後、常陸《ひたち》（茨城県）の陽雲寺《よううんじ》開山となったという研究がある。

また、詮慧の弟子で永興寺二世となった経豪《きょうごう》も師の意志を継いで、『正法眼蔵聞書』をもとに、現在では注釈書としてもっとも古く、権威のある『正法眼蔵御聞書抄《おききがきしょう》』（御抄《ごしょう》）を、道元示寂後五六年目に完成させているのに、伝記についてはまったくといっていいほど不明。永平寺の道元に帰依した、花山院《かざんいん》宰相入道五辻《ごつじ》教《のり》雅《まさ》の甥《おい》にあたるという研究があるだけだ。

Q 寂円とその門下は？

A 寂円は中国僧。一二二三（貞《じょう》応《おう》二）年に入宋《にっそう》した道元の知遇を得、天童山《てんどうざん》三一世住職となった如浄に、そろって師事する。

道元は帰国し、寂円は如浄の遷化をみとってから来日。道元の最古参の弟子となる。しかし、道元からは印可《いんか》を得られない。得たのは五〇歳のころ、永平寺二世の懐奘からだ。天才肌ではなかった。

寂円の聖胎長養《しょうたいちょうよう》（悟後の修行）は山中独居。越前銀椀峰《ぎんなんぽう》の石上での坐禅である。

そうした宋朝直伝の禅風は、土地の豪族伊自良《いじら》氏の厚い外護《げご》によって宝慶寺が建立され、開山として住したのちも徹底され、方丈に端坐して黙々と只管打坐《しかんたざ》を実践した。

嗣法の弟子は義雲《ぎうん》ただひとり。道元と同じく嗣法に厳しくした結果だ。これは、永平寺三世の義介とその弟子瑩山が教団化を全国的に進めたのと対象的。

寂円は一二九九（正安《しょうあん》元）年九三歳で示寂し、義雲が宝慶寺二世となるが、のちに義雲は〝三代相論〟で荒廃した永平寺に入り、五世となった。以降、江戸時代まで寂円の法孫が永平寺を引き継いでいく。

Q 〝三代相論〟はどうして起こったの？

A 三代相論とは、永平寺三世の住職をめぐる、保守的な義演派と、進歩的な義介派との対立。

典座《てんぞ》や監寺《かんす》の職務をこなし、事務・経営能力に優れた義介は、二世懐奘の命で三世となり、国内および宋の五山十刹《ござんじっせつ》を調べ、永平寺の儀礼・伽藍《がらん》を整え、布教の大衆化をはかった。しかし保守層に反対され、一二七二（文永《ぶんえい》九）年退位を余儀なくされた。

義介も義演も日本達磨宗三代懐鑑《えかん》の弟子で、懐鑑とともに道元に入門した。義介は懐鑑から達磨宗四代の嗣法を受け、懐奘からも道元禅三代の嗣書を受けている。この矛盾をつかれた。義演派の嫉妬もあった。

永平寺僧団は分裂し、義介は加賀《かが》（石川県金沢市）の真言宗大乗寺《だいじょうじ》を禅《ぜん》刹《きつ》とし開山となる。一方、義介のあと住職となった義演だが、檀越《だんのつ》波多《はた》野《の》氏の信頼を得られず、永平寺を去る。

義介示寂後、嫡嗣《ちゃくし》の瑩山は永光寺《ようこうじ》(石川県)に五老峰《ごろうほう》をつくり、両流の嗣法を証明する一切を納め、苦悩の原因を断ち、中世曹洞宗教団が発足した。

Q 瑩山の二大弟子といわれるのは?

A 「法の明峰《めいほう》、伽藍の峨山《がさん》」といって、仏法教化の明峰素哲《めいほうそてつ》と組織拡大の峨山韶碩《がさんじょうせき》をさす。

大乗寺二世瑩山は、道元禅に密教を加味し、大衆化を強調。能登《のと》地方の白山天台《はくさんてんだい》系の寺院を改宗させて永《よう》光寺《こうじ》と總持寺《そうじじ》を開く。

そして、明峰・峨山の両弟子は、鎌倉時代末期、大衆が求める密教の諸仏や、土着の民間信仰を積極的にとりいれ、天台宗・真言宗などの寺院を改宗していった。明峰は北陸・東北・九州に、峨山は全国に、爆発的に教線を拡大した。

Q 明峰の門下の活躍は?

A 明峰素哲は三十余人の弟子を育て、明峰派を形成した。なかでも松岸旨淵《しょうがんしえん》・大智祖継《だいちそけい》・珠《しゅ》巌道珍《がんどうちん》・館開僧生《かんかいそうせい》・月菴珖瑛《げったんこうえい》・無漏《むろ》素崇《そすう》・道満暁仁《どうまんぎょうじん》・玄路統玄《げんろとうげん》・古銘宗《こめいしゅう》鑑《かん》・照瑞祖舜《しょうずいそしゅん》・雪山玄杲《せつざんげんこう》・弁翁忍性《べんおうにんしょう》の傑出一二人は「明峰一二門派」と呼ばれる。

松岸は能登に孝恩寺《こうおんじ》を開き、珠巌は同じく万松寺《ばんしょうじ》を開いた。大智は入宋一一年の修行に励み、帰国後は加賀に祇陀寺《ぎだじ》を開き、南朝方の有力大名菊池武時《きくちたけとき》の外護《げご》を受けて肥後《ひご》(熊本県)広福寺《こうふくじ》開山となった。宗門一の詩僧とうたわれている。

一二門派とその弟子たちは、室町から安土・桃山時代にかけて、教勢を北陸から東北、九州へ発展させ、

木造明峰《めいほう》素哲《そてつ》倚《い》像《ぞう》　石川県・永光寺蔵

木造峨山《がさん》韶碩《じょうせき》倚《い》像《ぞう》　石川県・永光寺蔵

大乗寺・永光寺を中心とする合議制で末寺の寺院運営にあたった。

Q 峨山の門下の活躍は？

A 峨山韶碩は總持寺二世として四二年間、人材の養成と布教に尽くした。總持寺には全国から各宗の修行僧が参集して、逸材が輩出。傑出した二十五哲が出た。

とくに優れていたのが太源宗真《たいげんそうしん》・通幻寂霊《つうげんじゃくれい》・無端祖環《むたんそかん》・大徹宗令《だいてつそうれい》・実《じっ》峰良秀《ぽうりょうしゅう》の五哲。彼らとその門派は、總持寺内に普蔵院《ふぞういん》・妙高庵《みょうこうあん》・洞川庵《どうせんあん》・伝法庵《でんぼうあん》・如意庵《にょいあん》の五院をつくって拠点とし、諸宗の神仏を柔軟に吸収しながら、禅の民衆化、他寺の曹洞宗への改宗化を驚異的に押し進めた。その結果、室町から戦国時代にかけて、教団は全国に爆発的に発展した。

峨山の弟子たちは、總持寺の五院に全国の寺院から輪番で住職をのぼらせ、合議制による寺院運営を行った。曹洞宗発展の基盤は瑩山派の峨山一門によるところが大きい。

Q 太源宗真の流れは？

A 峨山門下の筆頭太源宗真は、總持寺三世、永光寺一三世。

太源門下の双璧は了堂真覚《りょうどうしんかく》と梅山《ばいざん》聞本《もんぽん》だが、總持寺一一世梅山に逸話が多い。

梅山は、越前金津《かなつ》に龍澤寺《りゅうたくじ》を開き、托鉢《たくはつ》と坐禅による頭陀乞食行《ずだこつじきぎょう》を積んで、名声が高かった。

足利《あしかが》三代将軍義満《よしみつ》はしきりに上洛《じょうらく》を促したが、梅山は義満がきわめて権勢欲の強い人物であることを知り、応じない。義満は絵師に梅山の肖像を描かせようと越前に下向させる。

梅山はそれも拒否。

やむなく絵師は物陰に隠れて梅山を描いた。それを義満に献じたところ、殿中にわかに鳴り響き一同驚愕《きょうがく》。あわてて梅山の肖像を龍澤寺へ送り返したという。龍澤寺には、いまもその肖像画が残る。

梅山門下からは太初継覚《たいしょけいかく》・傑堂能《けつどうのう》勝《しょう》・如仲天誾《じょちゅうてんぎん》が活躍した。

太初は龍澤寺住職、總持寺二七世。傑堂は楠木正成《くすのきまさしげ》の子孫といわれた武勇の人、越後《えちご》（新潟県）の守護上杉《うえすぎ》憲実《のりざね》の帰依を受け、越後の多くの寺院を曹洞宗に改宗させた。

如仲は龍澤寺住職、總持寺四〇世、東海地方で曹洞宗の発展に尽くす。隠遁《いんとん》的な人で、白山天台系の諸寺をめぐって、各地で霊泉を発掘したりした。

Q 通幻寂霊の流れは？

A 通幻寂霊の門派は、太源一派よりも活躍した。

通幻はあまりに厳しい修行を積ん

瑩山《けいざん》が開いた永光寺《ようこうじ》・石川県

だので「精進幢《しょうじんどう》」と呼ばれた總持寺五世。永澤寺《ようたくじ》（兵庫県）を拠点に、門派は全国的に発展した。江戸時代中期に一万数千寺だった末寺のうち、約九〇〇〇カ寺が通幻派だった。

門下には逸材が多く、「二甘露門《にかんろもん》」といわれた了庵慧明《りょうあんえみょう》と石屋真梁《せきおくしんりょう》、また普済善救《ふさいぜんきゅう》・不見明見《ふけんみょうけん》・天真自性《てんしんじしょう》・天鷹祖祐《てんおうそゆう》らが出た。

了庵は總持寺一六世。真言宗の最乗寺《じょうじ》（神奈川県）を曹洞宗に改宗させ、道了大薩埵《どうりょうだいさった》を教化するなど、神人化度《しんじんけど》の説話が多い。

石屋は薩摩藩島津忠国《さつまはんしまづただくに》の子で、島津氏・大内氏の帰依を受け、九州・中国・四国地方に教線を伸ばした。

ほかの弟子たちも各地の大名の帰依を受けた。

普済の法孫には、加賀藩前田利家《まえだとしいえ》・利長《としなが》父子の帰依を受けて菩提寺《ぼだいじ》として芳春院《ほうしゅんいん》・桃雲寺《とううんじ》を開き、徳川家康《とくがわいえやす》の命《めい》で〝関三刹《かんさんさつ》〟に總寧寺《そうねいじ》（千葉県）・龍穏寺《りゅうおんじ》（埼玉県）・大中寺《だいちゅうじ》（栃木県）を推薦した象山徐芸《ぞうざんじょげい》がいる。

天真の門下には足利尊氏《あしかがたかうじ》の末子で、将軍義満の帰依を受け、円通寺《えんつうじ》（兵庫県）を開いた英仲法俊《えいちゅうほうしゅん》がいる。

天鷹《てんおう》は尾張《おわり》（愛知県）の太守直正《たいしゅなおまさ》の帰依を受けて正眼寺《しょうげんじ》を開き、東海に発展するもととなった。

Q 教団が大発展した理由は何？

A 瑩山のとった禅の民衆化と柔軟な諸宗寺院の吸収策が、後世の教団の大発展につながった。

当時の庶民信仰は、呪術《じゅじゅつ》・加持祈禱を含む密教的なもの、あるいは白《はく》山権現《さんごんげん》や熊野・山王《さんのう》などの民間信仰・祖霊崇拝が中心だったが、これらを受け入れ、禅と兼修させたことが大きく成功した。

また、弟子の峨山がとった總持寺の五院輪番住持《じゅうじ》制（五院の合議による住職の輪番制）も、全国の天台宗・真言宗などから曹洞宗に改宗した寺院からすれば安心できる民主的方法だった。

そして、これまで俗人の入れなかった授戒会《じゅかいえ》や江湖会《ごうこえ》（九〇日間の安居《あんご》・結制《けっせい》）に庶民を参加させ、僧侶の規範を庶民生活に溶けこませたり、葬式祭礼の儀式を積極的に行ったり、温泉の発見、井戸掘り、灌漑《かんがい》、架橋、医療といった社会の福祉にも携《たずさ》わって、庶民の共感を得やすくした。そうした姿勢は、土地の支配層の外護も受けやすく、新たな寺院の開基と檀信徒の獲得につながった。

Q 二大本山が確立したのは、いつ?

A 一六八一(延宝《えんぽう》九)年の調べでは、曹洞宗寺院一万七五四九カ寺のうち、永平寺の末寺は一三七〇寺、總持寺の末寺は一万六一七九寺。

この末寺の割合は、ほぼ室町時代中期までに決定していた。道元初開の修行道場永平寺といえども、末寺の数では巨大門派の瑩山派總持寺と比較しようがない。

〝三代相論〟以来、寂円派に受け継がれ、没交渉だった永平寺へ、瑩山派の実力者たちが教勢拡大の実績を背景に入寺するようになった。太源派の茂林芝繁《もりんしはん》、通幻派の嫩桂祐栄《どんけいゆうえい》らである。彼らは永平寺を根本道場として曹洞宗を統一した。

一五〇七(永正《えいしょう》四)年、永平寺は後《ご》柏原《かしわばら》天皇の勅額「本朝曹洞第一道場」を賜り、朝廷からの綸旨《りんじ》を受けて入寺する勅住寺院となった。總持寺も一五八九(天正《てんしょう》一七)年、「曹洞之本《そうとうのほん》寺出世之地《じしゅっせのち》」を朝廷に認められた。

こうして曹洞宗は、江戸時代初頭には日本最大の大教団に成長する。

Q 江戸時代、宗学が盛んになったのは?

A 江戸幕府が寺院統制のために一六一五(元和《げんな》元)年に発布した諸宗本山本寺諸法度《はっと》(寺院諸法度)により、大本山と末寺が縦系列に統一された。

また一六一二(慶長《けいちょう》一七)年の曹洞宗法度は厳しく学問を奨励、無学の僧は高位につけないとしたため各派こぞって宗学に出精した。曹洞宗は江戸駒込《こまごめ》の吉祥寺《きちじょうじ》(栴檀林《せんだんりん》)、芝の青《せい》松寺《しょうじ》(獅子窟《ししくつ》)、外桜田の泉岳寺《せんがくじ》(学寮名不明)の三学寮を設け、数十人から数百人の修行僧をおいた。元禄《げんろく》期の栴檀林は一〇〇〇人もの修行僧が集まり、幕府の昌平坂《しょうへいざか》学問所と講師の往来があった。

一六五四(承応《じょうおう》三)年に来日した明《みん》僧隠元隆琦《いんげんりゅうき》の影響も大きい。隠元の黄檗《おうばく》禅は、戒律・嗣法・清規《しんぎ》のどれにも厳しく新鮮だった。曹洞宗からも多くの僧が黄檗宗に学んだ。

当時の曹洞宗は教団の拡大につれ、道元や瑩山以来の伝法方式や諸規律が乱れていた。これを道元のころに戻そうというのが月舟宗胡《げっしゅうそうこ》・卍山道白《まんざんどうはく》らの復古運動だ。

月舟は加賀の大乗寺に住し、永平・瑩山の両清規を実践し「規矩大乗《きくだいじょう》」と呼ばれた。黄檗宗に習い、月舟

江戸時代の個性的な禅僧たち

風外慧薫《ふうがいえくん》

「出家するより、むずかしいのは寺を出ることだ」。岩穴に住み、食器代わりは髑髏《どくろ》。どこまでもついていくといった弟子も、さすがに真似できなかった。

桃水雲溪《とうすいうんけい》

「せまけれど、宿をかすぞよ阿弥陀どの、後生頼むとおぼしめすなよ」の賛には、何ものにもとらわれない禅の心が感じられる。

鈴木正三《すずきしょうさん》

「初心の者は仁王禅をやるにかぎる」。手足を踏ん張って仁王の気迫にあやからなければ、煩悩《ぼんのう》との戦いに勝ち目はないぞと弟子を励ました。

が定めた『雲堂常規《うんどうじょうき》』は弟子の卍山に受け継がれ、『椙樹林清規《しょうじゅりんしんぎ》』が定められた。

宗内の学問研究熱はさらに高まり、面山瑞方《めんざんずいほう》・玄透即中《げんとうそくちゅう》らによって黄檗的なものが排除され、復古運動は完成する。

Q 江戸時代の個性的な禅僧って？

A 一方、学問研究に励む教団の主流とは別に、飄々《ひょうひょう》と生き、民衆に愛された僧たちがいた。

仁王禅を推奨した鈴木正三《すずきしょうさん》はもと徳川の旗本、病の乞食を看病して歩いた乞食桃水《こじきとうすい》(雲溪《うんけい》)、住職を捨て岩穴に住み「穴風外《あなふうがい》」といわれた風外慧薫《えくん》、書画に優れ、その独特の署名の書体から「凧《たこ》風外」といわれた風外本高《ほんこう》、自然をこよなく愛した大愚《だいぐ》良寛《りょうかん》、「げんこつ和尚」と呼ばれた物《もっ》外《がい》不遷《ふせん》、彼らは大寺の住職になるこ

大愚良寛《だいぐりょうかん》

詩や和歌を詠み、子供たちと遊ぶ毎日。日が暮れて、みんな帰ってしまったのも知らず、ずっとかくれんぼを続けていた。

風外本高《ふうがいほんこう》

書画で知られる風外。大名が礼をつくして招いたら「アカンベー」。「大寺肉山(収入の多い寺)は野狐の巣窟だ」といいきった。

物外不遷《もつがいふせん》

古道具屋の碁盤を買いたいが持ち合わせがない。手付を置けとうるさい亭主に「これがわしの手付じゃ」と碁盤をひっくり返し、げんこつを食らわした。こぶしの形に碁盤がへこんでいたという。

とよりも、道元が強調した出家道の精神を身をもって実践した。

Q 明治以降の曹洞宗は？

A 明治政府の太政官《だじょうかん》布告が僧尼の肉食《にくじき》・婚姻・蓄髪を認めたため、曹洞宗も他宗同様、在家化した。

太平洋戦争後は新宗教法人となり、東京都港区芝の曹洞宗宗務庁を中心に海外布教を含む教化活動を活発に行っている。

両大本山と全国各所に専門僧堂・専門尼僧堂、数百カ所の参禅機関、駒澤大学・愛知学院大学・東北福祉大学・鶴見大学・世田谷学園・駒澤学園・總持学園など、各地に教育機関をもつ。

駒澤大学には、禅文化歴史博物館や、禅研究所・仏教文学研究所・仏教経済研究所が設立されている。

第2章
両祖はこんな人
「高祖道元禅師」
ひたすら坐禅修行に励み、
正伝の仏法を日本に確立させる
作／多田一夫

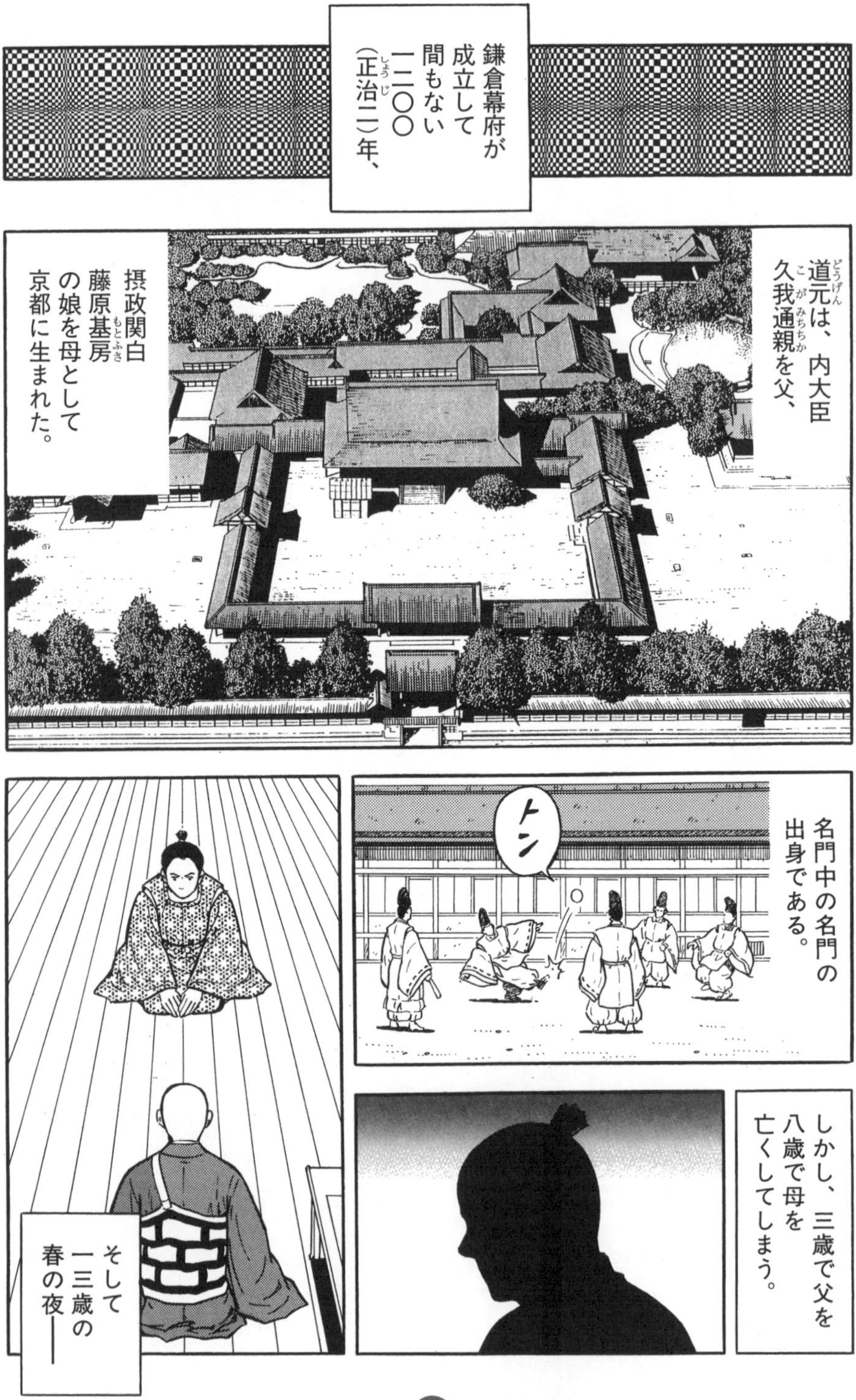
鎌倉幕府が
成立して
間もない
一二〇〇
(正治《しょうじ》二)年、
道元《どうげん》は、内大臣
久我《こが》通親《みちちか》を父、
摂政関白
藤原基房《もとふさ》
の娘を母として
京都に生まれた。
トン
名門中の名門の
出身である。
しかし、三歳で父を
八歳で母を
亡くしてしまう。
そして
一三歳の
春の夜——

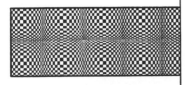

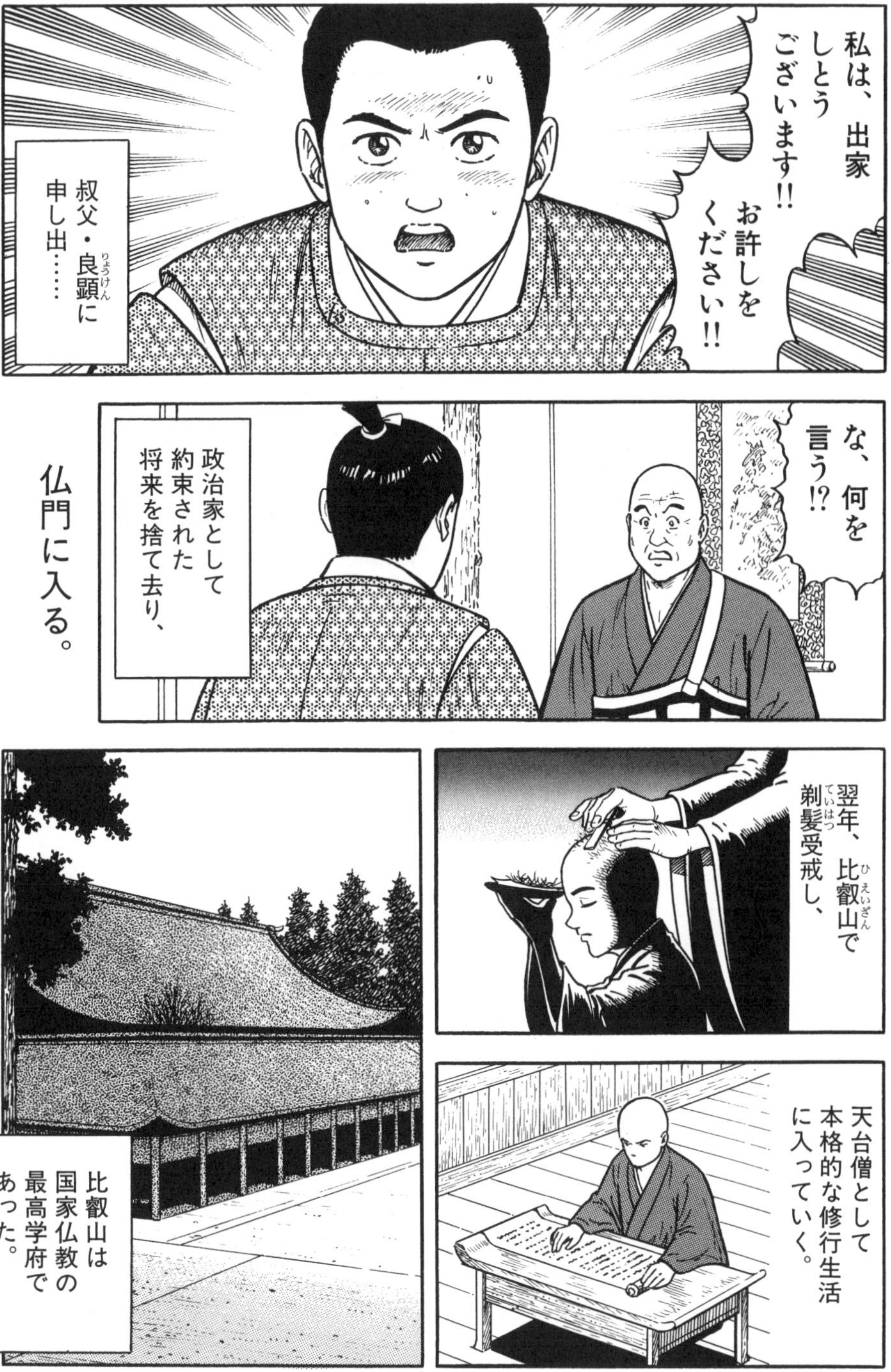
私は、出家しとうございます!!
お許しをください!!
叔父・良顕《りょうけん》に申し出……
な、何を言う!?
政治家として約束された将来を捨て去り、
仏門に入る。
翌年、比叡山《ひえいざん》で剃髪《ていはつ》受戒し、
天台僧として本格的な修行生活に入っていく。
比叡山は国家仏教の最高学府であった。

しかし
このころ、僧は
堕落し……
世俗化の
一途を
たどり……
高僧たちも、
名聞利養
ばかりを
追い求めていた。
そんななか
ひとり道元は、
修行に
励むが、
やがて
大きな疑問を
抱くようになる。
「本来本法性《ほんらいほんぽっしょう》
天然自性身《てんねんじしょうしん》」。
私には
わからない
のです。

人間にはもともと仏性《ぶっしょう》（仏の本性）がそなわっており、
本来仏であると、説かれています。
ならば、なぜ人は仏になる修行をつまなければならないのですか!?
う……
そなたは……
そんなこむずかしいこと考えなくともよいのだ!!
この疑問に答えてくれる僧はいなかった。

比叡山《ここ》にいては私の疑問は解決しない。
山を降りて別の師を探そう！
こうして道元は、わずか二年で、
比叡山を降り……
※三井寺《みいでら》の公胤《こういん》をはじめ、各地に師を訪ね歩き、
建仁寺《けんにんじ》の栄西《えいさい》へとたどりつく。
年来の宗教的疑問が、
解決したとはいえなかったが……
これだ!!

※別名「園城寺」。滋賀県大津市にある天台系のお寺。

道元は、栄西の伝えた大陸の禅に、
大きな魅力を感じる。
栄西没後 建仁寺で栄西の高弟 明全《みょうぜん》に師事し、
学び……
修行しながら、
明全さま 私は、一日も早く宋に渡り、本格的な禅を学びとうございます。
うむ
中国へ渡りたいとの願いを強くする。
そして道元二四歳の春、──

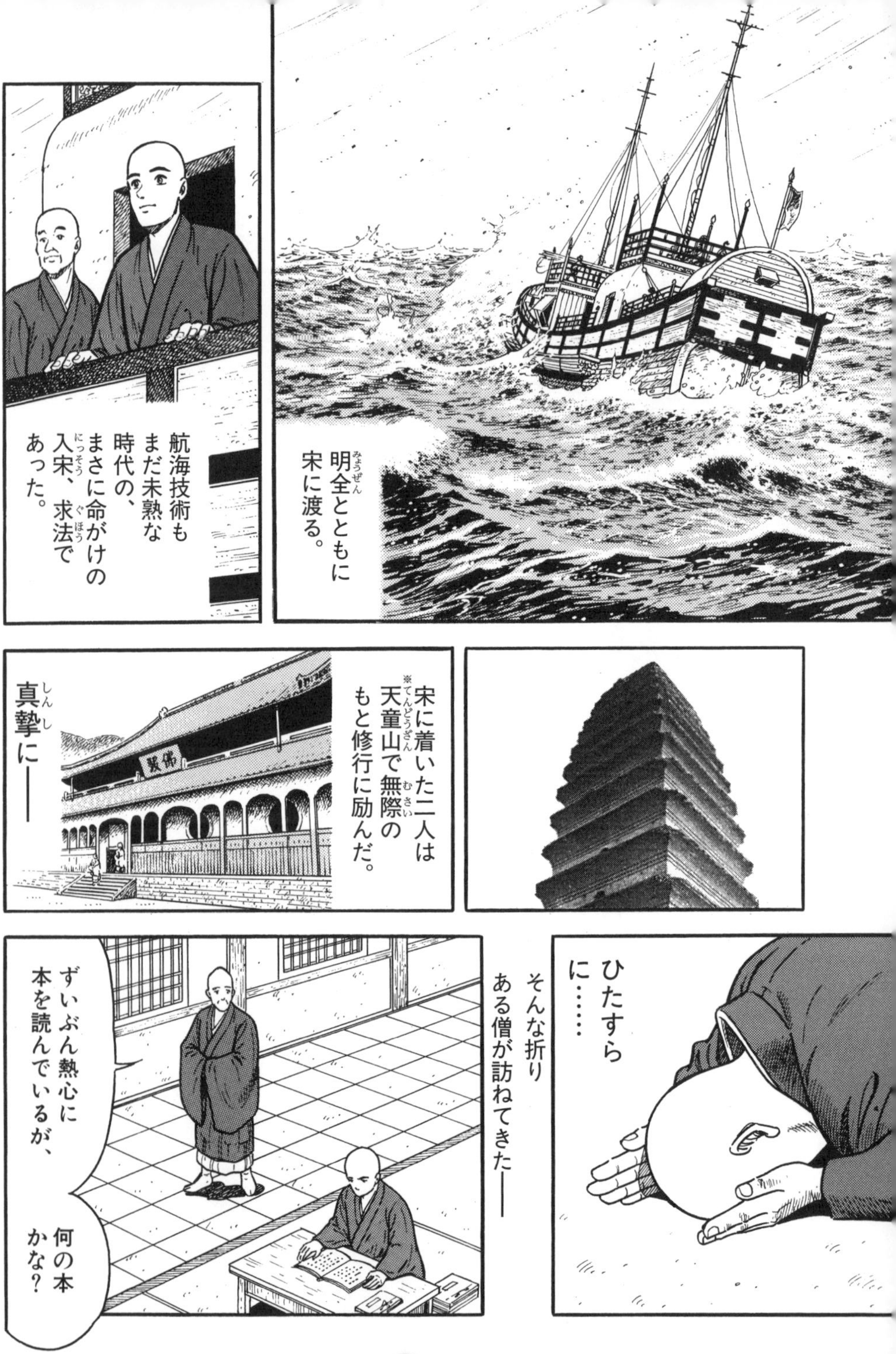
明全《みょうぜん》とともに宋に渡る。
航海技術もまだ未熟な時代の、まさに命がけの入宋《にっそう》、求法《ぐほう》であった。
宋に着いた二人は※天童山《てんどうざん》で無際《むさい》のもと修行に励んだ。
真摯《しんし》に——
ひたすらに……
そんな折りある僧が訪ねてきた——
ずいぶん熱心に本を読んでいるが、
何の本かな？

※50ページ参照。当時、天童山の住持は臨済宗の無際だった。

古《いにしえ》の禅僧の語録でございます。
昔の禅僧の行動を知ろうと思いまして…
それが何の役に立つのです？
本を読んで何の役に立てようとするのかね。
日本に帰り人々を教化するためです。
では、それは何のために？
…………
衆生《しゅじょう》を救うためです。
つまるところ、
何のためなのです？
うっ

禅とは、なにか特別な目的のためにするものではない。
学ぶときはただ学び、
飯をつくるときはひたすら飯をつくるのです。
ハッ!!
そうなのだ!!
目的をかなえる手段として修行をするのはまちがっている!!
禅とは、釈尊の正法《しょうぼう》を真に会得することだ。ただ知識だけでなく、
実際の行《ぎょう》を通じて学ぶものでなくてはならないのだ!!
このように道元は、禅とは何であるか、
修行とはどうあるべきかを深く学んでゆく。

しかし、すべてが道元の意にかなうものではなかった。
明全さま。
確かに学ぶことの多い充実した毎日ではあります。
しかし私にはどうしても…
どうしても？
住持・無際さまの中に、
※正師《しょうし》の姿を見出せないのです。
この宋でも高僧たちは立身出世を望み――
王侯貴族に迎合《げいごう》し、世俗化、貴族化していた。
※正師＝真の師。
その気持ちわからぬではないが…
どうしようというのだ？
道元は意を決して天童山を降り……

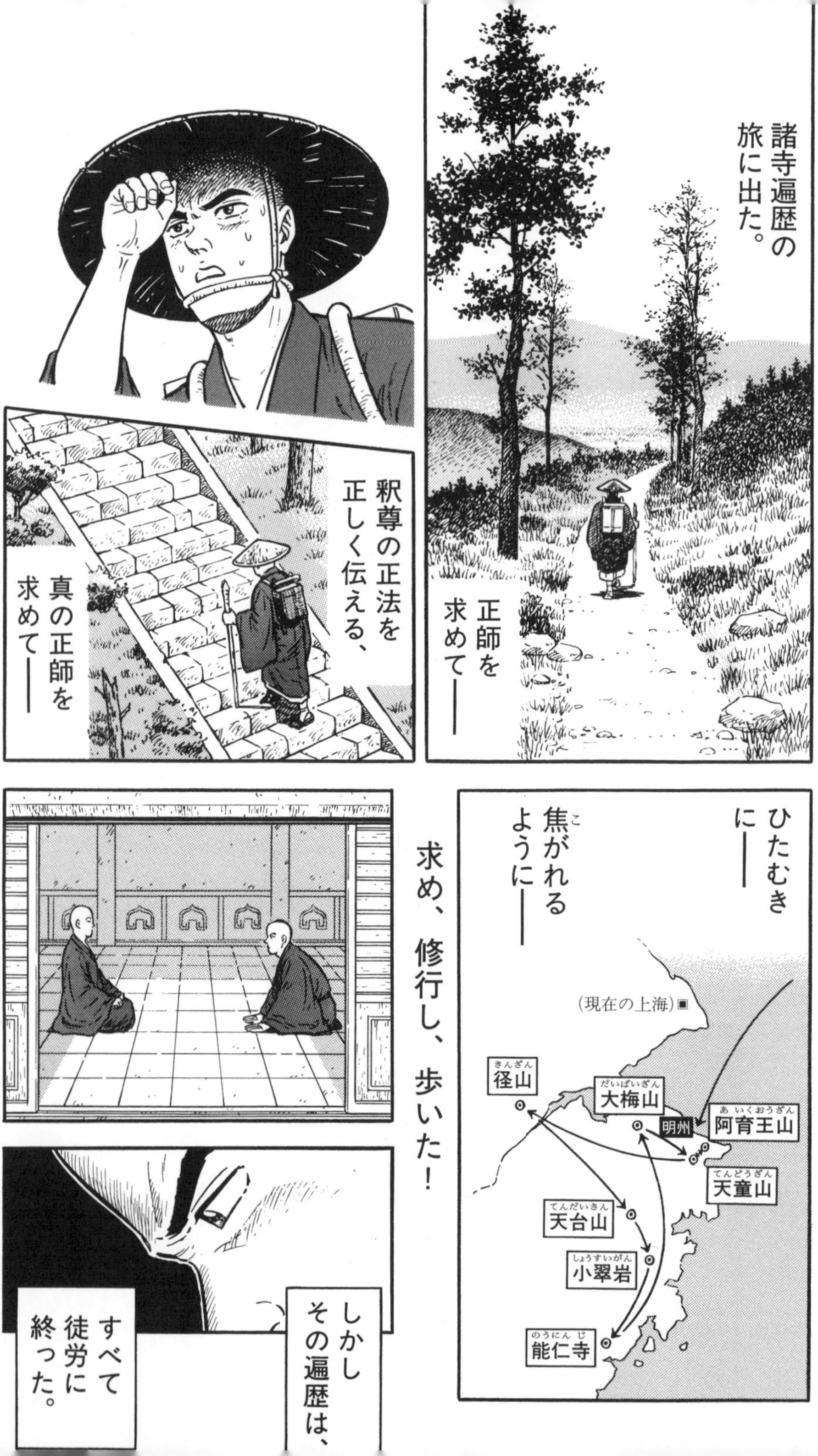
諸寺遍歴の旅に出た。
正師を求めて──
釈尊の正法を正しく伝える、
真の正師を求めて──
ひたむきに──
焦《こ》がれるように──
(現在の上海)■
径山《きんざん》
大梅山《だいばいざん》
明州
阿育王山《あいくおうざん》
天童山《てんどうざん》
天台山《てんだいさん》
小翠岩《しょうすいがん》
能仁寺《のうにんじ》
求め、修行し、歩いた！
しかしその遍歴は、
すべて徒労に終った。

そういうことなら…
如浄《にょじょう》禅師を訪ねてみてはどうか？
先ごろ、天童山の住持になられた。
名利や権勢に近づくことのないお方で…
その曹洞宗※の宗風は、
たいそう、厳しいらしいがの……
再び天童山に戻った道元は、
如浄に参見する——

※臨済宗の無際のあとに天童山の住持となった如浄は曹洞宗の高僧だった。

この瞬間——
道元は如浄こそ長い間、探し求めていた真の師であると直感した。
そして如浄も道元が稀《まれ》にみる大器で……
正法を伝授するにふさわしい人物であることを見抜いた。

この年、明全は
病に倒れ
客死《かくし》する。
私は、この
師のもとで…
たとえ発病しようとも
修行をやりとおす！
この身をいたわって
どうする!?
病に倒れて
死ねば本望!!

その気迫あふれる修行は、道元に、みるみる成果をもたらした。

やがて
大悟の時が
訪れる。
早朝から
深夜におよぶ、
坐禅三昧《ざんまい》の
一〇〇日修行――
ドー
ドー

夏安居《げあんご》に参禅するなかで……
コク
コク
居眠りをする僧がいた。
ビシッッ
参禅はすべからく身心《しんじん》脱落なるべし!
居眠りするとは何ごとか!!
その瞬間

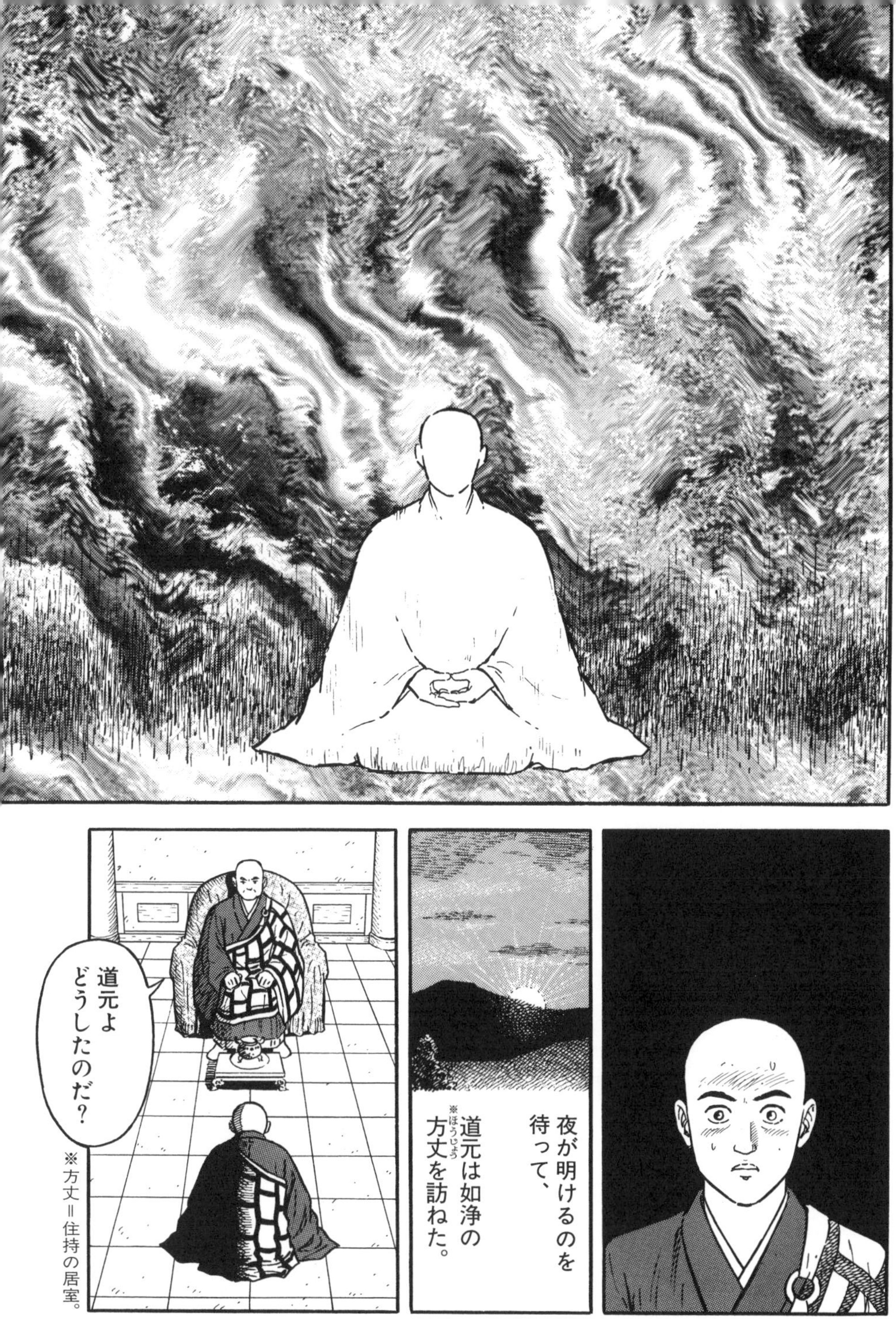
夜が明けるのを
待って、
道元は如浄の
※方丈《ほうじょう》を訪ねた。
道元よ
どうしたのだ？

※方丈＝住持の居室。

身心《しんじん》脱落《だつらく》し
来《きた》る。

道元は、肉体も精神も、一切の煩悩や執着からのがれて、自由自在の境地になることができたのであった。

そうか！

身心脱落身心。

如浄は、そう繰り返して道元が大悟したことを認めた。

その後も道元は二年ほど宋で修行を重ねた。

そして、ついに如浄から嗣書《ししょ》を授けられ……
帰国の日を迎える。
よいか日本に帰ったなら人々の教化に励むのだ。
しかし権力者に近づいてはならない。
※嗣書＝師僧が弟子の悟りを証明したもの。印可状。
深山幽谷に住み……
たった一人でもよいから本当の弟子を育てるのだ。
禅の道を絶やすでないぞ！
はいっ!! 必ず!!
ザザ
かくして道元は四年ぶりに帰国する。

帰国した道元は以前いた建仁寺に入った。
釈尊から伝来の正法は、
この我の中にあるのだ!!
もはや迷うことはない!!
この〝真実の仏法〟を世にひろめ、
民衆の救済をせねばならん!!
訪ねて来る人々に道元は、こう説いた。
文字からの知識にとらわれることなく坐禅修行につとめるべきです。
禅林
坐禅修行そのものが、
そのまま悟りの証《あかし》なのです!

そして『普勧坐禅儀《ふかんざぜんぎ》』を著す。
これは道元の開宗宣言ともいえるものである。
それでは……
天台教学との兼修ということは——!?
一切考えておりません。
道元に他宗との兼修や協調という妥協的な考えはなかった。
しかし、その純粋禅の思想は、比叡山からの圧迫、迫害をひき起こす。
道元とやらけしからん奴だ。
なまいきだ!!
京から追い出せっ!!

道元さまっ！大変です!!
比叡山の僧兵らが攻めこんでまいりますっ!!
しかたなく道元は、
深草の※安養院《あんよういん》に身を寄せる。
しばらく…
京での布教はあきらめるしかないか。
そして道元は説法と、
著述の日々を送る。

※深草の安養院＝現在の京都市伏見区深草極楽町にあったと思われる。

安《こ》養院《こ》には道元を慕って、
多数の信徒が集ってくるようになる。

そして、道元三四歳——

深草に禅の道場として、※興聖寺《こうしょうじ》を建てる。

※その後、現在地の京都府宇治市に移転。

そこで道元は、禅による衆生教化に精魂を傾ける。

仏になろう仏になろうとして坐禅をしてはいけません。
そうすれば坐禅は手段におちてしまいます。
そうではなくて——

只管打坐《しかんたざ》――仏になりきって仏として、ただひたすらに坐る。
それが禅なのです。
この時代のだれもが信じていた末法《まっぽう》思想、
その思想をただひとり道元は否定した。
同時代の法然《ほうねん》や親鸞《しんらん》は阿弥陀如来の本願を信じ……
法然
親鸞
念仏をとなえるだけで救われる――と説いた。

それは
末法の世に
生まれた
他力信仰の
教えであった。
これに対し道元は
ひたすら
自力修行に励み、
この世において
仏となることを
至上の目的とした。

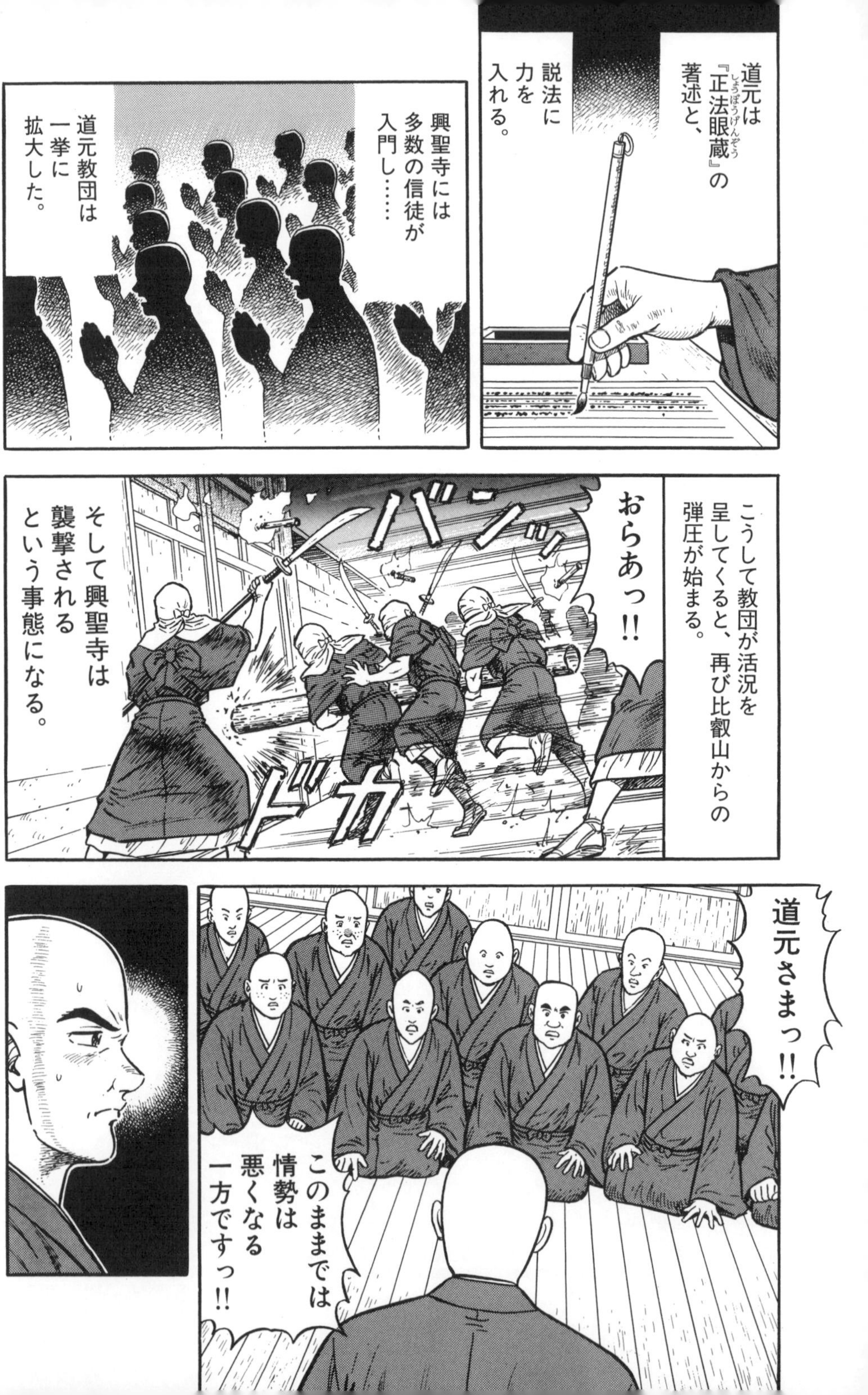

道元は『正法眼蔵《しょうぼうげんぞう》』の著述と、
説法に力を入れる。
興聖寺には多数の信徒が入門し……
道元教団は一挙に拡大した。
こうして教団が活況を呈してくると、再び比叡山からの弾圧が始まる。
おらあっ!!
バーン
ドカ
そして興聖寺は襲撃されるという事態になる。
道元さまっ!!
このままでは情勢は悪くなる一方ですっ!!

道元どの。
越前にあるそれがしの領地寄進いたしたく――
※檀越《だんのつ》
波多野義重《はたのよししげ》
ぜひ、そちらにお移りください。

波多野どの……

………

また、京から離れる………

私の……

布教の道はどうなる――…

権力者に近づいてはならない。深山幽谷に住みたった一人でもよいから真の弟子を育てるのだ。

※僧やお寺のために金品などを施す施主。

そして道元は、
雪深い越前に移る。
この時道元四四歳。
やるぞ!!
この新天地で心機一転!!
やるぞ!!

その道元の気迫はすさまじく……
相次ぐ説法――
そして九か月の間に、『正法眼蔵』三一巻を著す。
そして翌年――新たに建立された、
大仏寺《だいぶつじ》（のちの永平寺）に移る。
この寺だけは、
静かで純一な…
禅の道場にしなければならん!!
永平寺では純粋な修行者だけによる、
共同体が生まれた。

びょおおお
厳しい修行は続く——
私の死後も正法の灯を消さないためには、
どうすればよいか!?
どうするか!?
道元の思想は純化する。
出家至上主義へと——
そして理想とする、道元の
厳しく純粋な修行が行われた。

一時、執権
北条時頼《ほうじょうときより》の
招きで鎌倉に
出向き、
説法教化を
行う…が、
約七か月で
切り上げ、
再び永平寺に
戻る。

私は、今後
……
生涯――
世俗の世界
に……
権勢に近づく
ことはしない。
その言葉どおり
時頼からの土地の
寄付も断り、
後嵯峨院《ごさがいん》から
贈られた紫衣《※しえ》も
受けとらなかった。

※紫衣＝紫色の法衣や袈裟（けさ）。古くから日本では紫は高貴な色とされ、高僧は勅許により着用が許された。

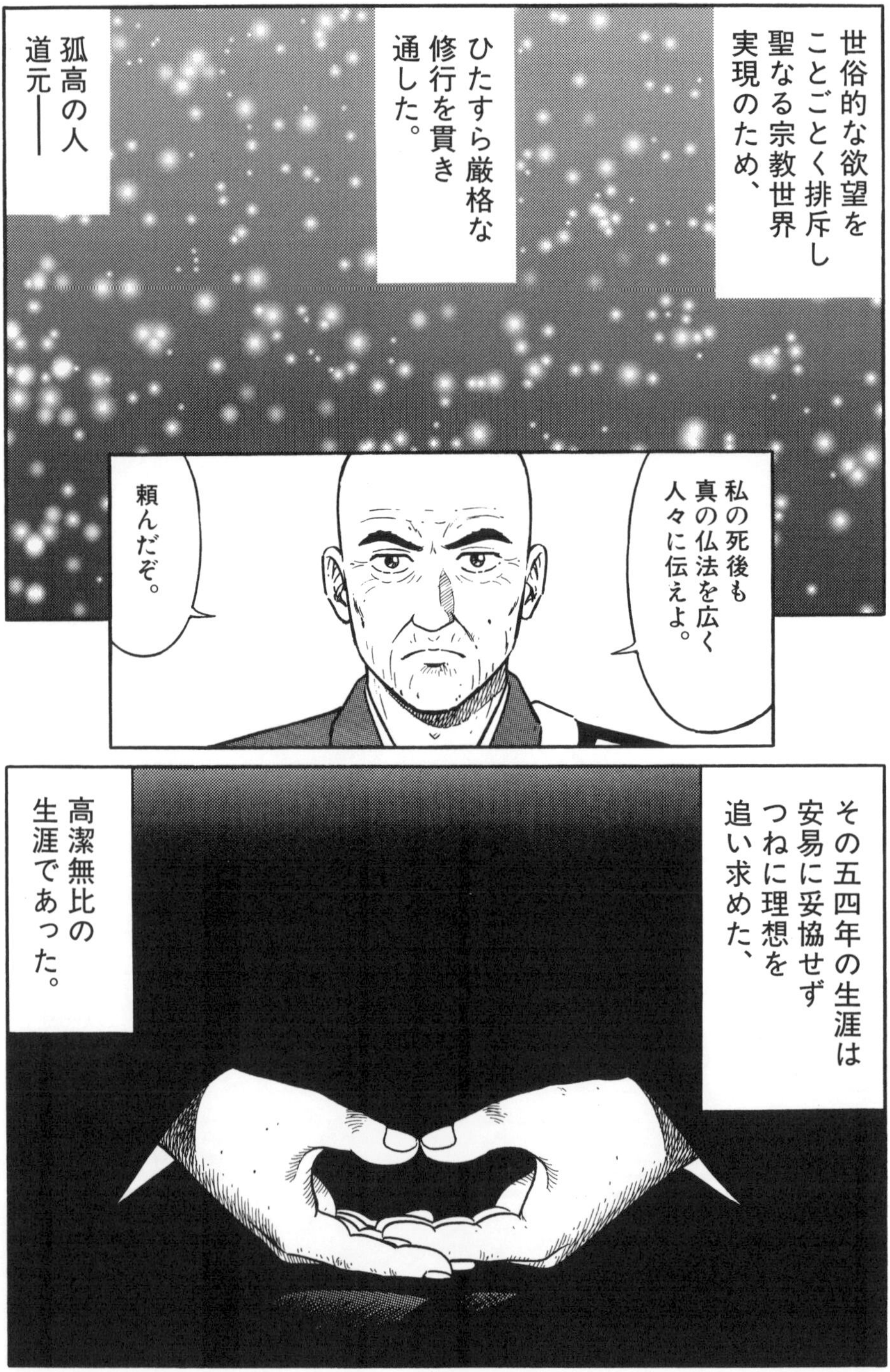
世俗的な欲望をことごとく排斥し聖なる宗教世界実現のため、
ひたすら厳格な修行を貫き通した。
孤高の人道元――
私の死後も真の仏法を広く人々に伝えよ。
頼んだぞ。
その五四年の生涯は安易に妥協せずつねに理想を追い求めた、
高潔無比の生涯であった。

―完―

DOGEN

道元の人生

鎌倉《かまくら》という新しい武家の世が開かれ、朝廷とのあいだに激しい権力争いが行われた。一二二一（承久《じょうきゅう》三）年、承久の乱で朝廷が破れ去ったのち、道元《どうげん》は宋《そう》から新しい禅をもたらした。名利《みょうり》や権勢から離れ、坐禅によって民衆を救おうと力を尽くした。〝末法《まっぽう》の世〟を認めず、渾身《こんしん》、修行につとめれば、それが仏法そのものだとした。新しい価値社会に、新鮮な大陸の禅は急速に浸透していく。

1200（正治《しょうじ》2）年

1歳 内大臣家の子として誕生

父は御鳥羽院《ごとば》に仕える内《ない》大臣久我通親《こがみちちか》、母は前《さきの》摂政関白松殿基房《まつどのもとふさ》の三女伊子《いし》といわれる。最近の研究では、通親の二男通具《みちとも》が父との説もある。いずれにせよ村上源氏《むらかみげんじ》直系、名門の子だった。

1203（建仁《けんにん》3）年

将軍頼家の謀殺

二代将軍頼家《よりいえ》を修善寺《しゅぜんじ》に幽閉した北条時政《ほうじょうときまさ》は幕府の執権となり、翌年、頼家を謀殺した。道元四歳。

1212（建暦《けんりゃく》2）年

13歳 比叡山の横川で出家

幼くして父母を亡くした道元は、母方の叔父の天台僧良顕《りょうけん》(良観)を訪ね、許しを得て比叡山《ひえいざん》横川《よかわ》で出家。翌年、天台座主《ざす》公円《こうえん》のもとで剃髪得度《ていはつとくど》。菩薩戒《ぼさつかい》を受けて「仏法房《ぶっぽうぼう》道元」と名乗った。

1214（建保《けんぽう》2）年

15歳 比叡山をおり建仁寺へ

天台宗の教えに疑問をもち、三井寺《みいでら》の公胤《こういん》のすすめで、栄西《えいさい》が宋から伝えた臨済禅を建仁寺《けんにんじ》で学ぶ。下山の年を建保五年とする説もあり、建保三年に示《じ》寂《じゃく》した栄西との相見《しょうけん》は定かではない。

鎌倉幕府と執権政治

源頼朝《みなもとのよりとも》は一一九二（建久《けんきゅう》三）年、朝廷から征夷大将軍《せいいたいしょうぐん》に任ぜられ、武家政権の鎌倉幕府が成立した。しかし頼朝の死後、将軍となった頼家《よりいえ》・実朝《さねとも》が暗殺され、実権は執権《しっけん》北条義時《ほうじょうよしとき》の手に移った。一方、京の朝廷では、実朝の死を契機に幕府から実権を取り戻そうと、一二二一（承久《じょうきゅう》三）年、後鳥羽《ごとば》上皇が義時追討の兵を挙げた。承久の乱である。戦いは朝廷の敗北となり、後鳥羽・土御門《つちみかど》・順徳《じゅんとく》の三上皇は配流《はいる》、仲恭《ちゅうきょう》天皇は廃位となった。以降、北条氏の執権政治は強化されて、泰時《やすとき》・時頼《ときより》へと続く。

中国浙江省《せっこうしょう》の天童山景徳寺《てんどうざんけいとくじ》は現在、天童寺《てんどうじ》という

1219（承久元《じょうきゅう》）年

将軍実朝の暗殺

鎌倉鶴岡八幡宮《つるがおかはちまんぐう》の階段を下ってきた実朝《さねとも》を、甥《おい》の公暁《くぎょう》が刺殺。源氏《げんじ》将軍家は断絶した。道元二〇歳。

1221（承久3）年

承久の乱

朝廷の後鳥羽《ごとば》上皇は西国《さいごく》の武士・僧兵らを集め、鎌倉幕府を倒そうとしたが、敗北した。道元二二歳。

1223（貞応《じょうおう》2）年　24歳

入宋し本格的禅修行

明全《みょうぜん》らと宋へ渡り、天童山景徳寺《てんどうざんけいとくじ》の無際了派《むさいりょうは》について臨済宗大慧派《だいえ》の禅を学ぶ。その後、杭州《こうしゅう》の径山《きんざん》、台州《たいしゅう》の万年寺《まんねんじ》などを遍歴。禅宗各派の嗣書《ししょ》を研究したが、正師《しょうし》には出会えない。

1225（嘉禄《かろく》元）年　26歳

正師如浄の門下に

天童山景徳寺住職となった如浄《にょじょう》に入門する。名利・権勢を避け、古風な曹洞《そうとう》禅の修行を続ける如浄は理想の正師だった。二年後、身心脱落《しんじんだつらく》の境地を得て嗣書《ししょ》をさずかり帰国。

1227（嘉禄3）年　28歳

『普勧坐禅儀』を書く

帰国すると建仁寺に仮寓して『普勧坐《ふかんざ》禅儀《ぜんぎ》』を著す。自分が伝える坐禅は釈《しゃく》尊正伝《そんしょうでん》の真実の仏法だとし、出家・在家・老若男女を問わず、すべての人にすすめた道元禅の独立宣言書だった。

道元の女人成仏論

道元が宋《そう》から帰国して最初の弟子は、太祖瑩山紹瑾《たいそけいざんじょうきん》の母方の祖母明智《みょうち》だったといわれる。約一三年間の深草《ふかくさ》での布教では、道元は『正法眼蔵《しょうぼうげんぞう》』の「礼拝得髄《らいはいとくずい》」の巻をすべて使って〝女人成仏論〟を展開している。仏道修行で結界《けっかい》をもうけて女性を差別している既成仏教を強く批判し、出家を前提としながらも修行・成仏において男女は平等、いずれも禅によって悟りを得られると力説した。

道元《どうげん》禅師自刻の木像　京都市・誕生寺《たんじょうじ》蔵

31歳　比叡山の圧力で深草へ

1230(寛喜《かんき》2)年

天台宗・真言宗との兼修を否定し〝只管打坐《しかんたざ》〟の専修禅を強調。比叡山の圧力が強まり深草《ふかくさ》へ避難する。布教活動が活発化し、三年後に興聖寺《こうしょうじ》を創建。懐奘《えじょう》ら達磨宗《だるましゅう》系の入門が続いた。

34歳　『正法眼蔵』執筆開始

1233(天福《てんぷく》元)年

興聖寺創建と機を同じくして、大著『正法眼蔵《しょうぼうげんぞう》』に着手。「現成公案《げんじょうこうあん》」「礼拝得髄《らいはいとくずい》」「嗣書」「仏性」「行持《ぎょうじ》」の巻など、一三年間の深草時代に半分近くの四二巻が書かれた。

44歳　越前志比荘に移る

1243(寛元《かんげん》元)年

積極的な布教が進むと天台宗の圧迫が再び強まる。また興聖寺のすぐ目の前に臨済宗東福寺《とうふくじ》が開かれた。京での布教を断念し、志比荘《しひのしょう》の地頭《じとう》波多野《はたの》義重《よししげ》のすすめで越前(福井県)へ移る。

曹洞宗高祖道元禅師荼毘御遺跡之塔《だびごいせきのとう》
京都市・円山《まるやま》公園内

45歳 1244(寛元2)年
『正法眼蔵』三一巻を書く

越前の禅師峰寺《やましぶでら》・吉峰寺《よしみねでら》などで精力的に説法。九カ月間で『正法眼蔵』の三分の一「仏道」「諸法実相」の巻など三一巻を書いた。布教のための妥協は一切なく、純粋な出家主義を説いた。

47歳 1246(寛元4)年
大本山永平寺の誕生

大仏寺を建て、新しい修行方法を確立したのち、永平寺《えいへいじ》と改名した。寺名は仏教が中国にはじめて伝来した〝後漢《ごかん》の永平一一年〟からとり、道元禅が正伝の仏法だと強調している。

48歳 1247(宝治《ほうじ》元)年
時頼の懇請で鎌倉入り

執権北条時頼《ときより》の懇請《こんせい》により非常な決意で鎌倉へ行く。菩薩戒を授け禅の教化《きょうか》につとめたが、武士たちの教化には限界があることを感じ、時頼の寺領の寄進も断って、翌年越前に帰った。

54歳 1253(建長《けんちょう》5)年
京の療養先で示寂

厳しい修行で腫瘍《しゅよう》が悪化したと伝えられ、療養先の俗弟子覚念《かくねん》の邸で短い一生を終えた。遺偈《ゆいげ》は「渾身覓《こんしんもとむる》なく(渾身の力で生きた。もはや求めるものはない)活《い》きながら黄泉《こうせん》に落つ」。

道元禅師がまつられている大本山永平寺承陽殿《じょうようでん》

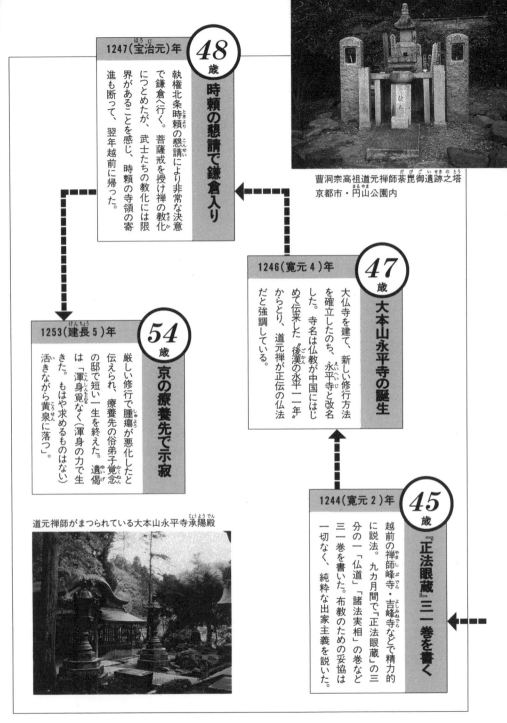

使命感に燃え、
道元の教えを広く民衆に伝える

第3章

両祖はこんな人

「太祖瑩山禅師」

瑩山紹瑾《けいざんじょうきん》禅師頂相《ちんぞう》　重文／大本山總持寺《そうじじ》蔵

正法と民衆教化の畑を耕しつづけた〝寺統の祖〟

總持寺祖院三門《そうじじそいんさんもん》・石川県　1898（明治31）年の大火のあとに再建された

夢のお告げと吉日を重視

両大本山のひとつ總持《そうじ》寺を開創した瑩山紹瑾《けいざんじょうきん》には、組織者としての幅の広さがあった。道元《どうげん》が高潔な思想家だったのに比べ、教団発展のためには他宗の教えをも柔軟に吸収していく進歩性があった。

たとえば〝夢のお告げ〟。

当時から夢は〝予兆〟であり、運命の予告、そして事実の証明と考えられていた。瑩山は、夢告を大切にしていた。

總持寺も夢のお告げから始まっている。一三二一（元亨《げんこう》元）年四月二一日の明け方、能登《のと》の永光寺《ようこうじ》（石川県羽咋《はくい》市）で坐禅中に、瑩山は瑞夢《ずいむ》を感得したという。広々とした教院があり、その楼門の前の茶屋で身支度した瑩山が、まさに楼門を入ろうとしている。瑩山はこの教院を禅刹《ぜんさつ》に改めるつもりなのだ。楼門を入ると、住職と僧たちが鐃鈸《にょうはち》（ドラとシンバルのような銅製の打楽器）を鳴らして迎え、瑩山は「總持《そうじ》の一門、八字に打開す」と法語をとなえた。

一方、霊験あらたかとして知られる真言律宗《しんごんりっしゅう》の諸嶽寺《しょがくじ》観音堂（石川県輪島市）の住職定賢《じょうけん》も同じころ、観音菩薩の夢告によって、瑩山に観音堂を寄進するつもりになっていた。二人は実際に出会い、瑩山は定賢の寄進を受け、観音堂を禅院の諸嶽山總《しょがくさんそう》持《じ》寺に改めることを宣言した。『總《そう》

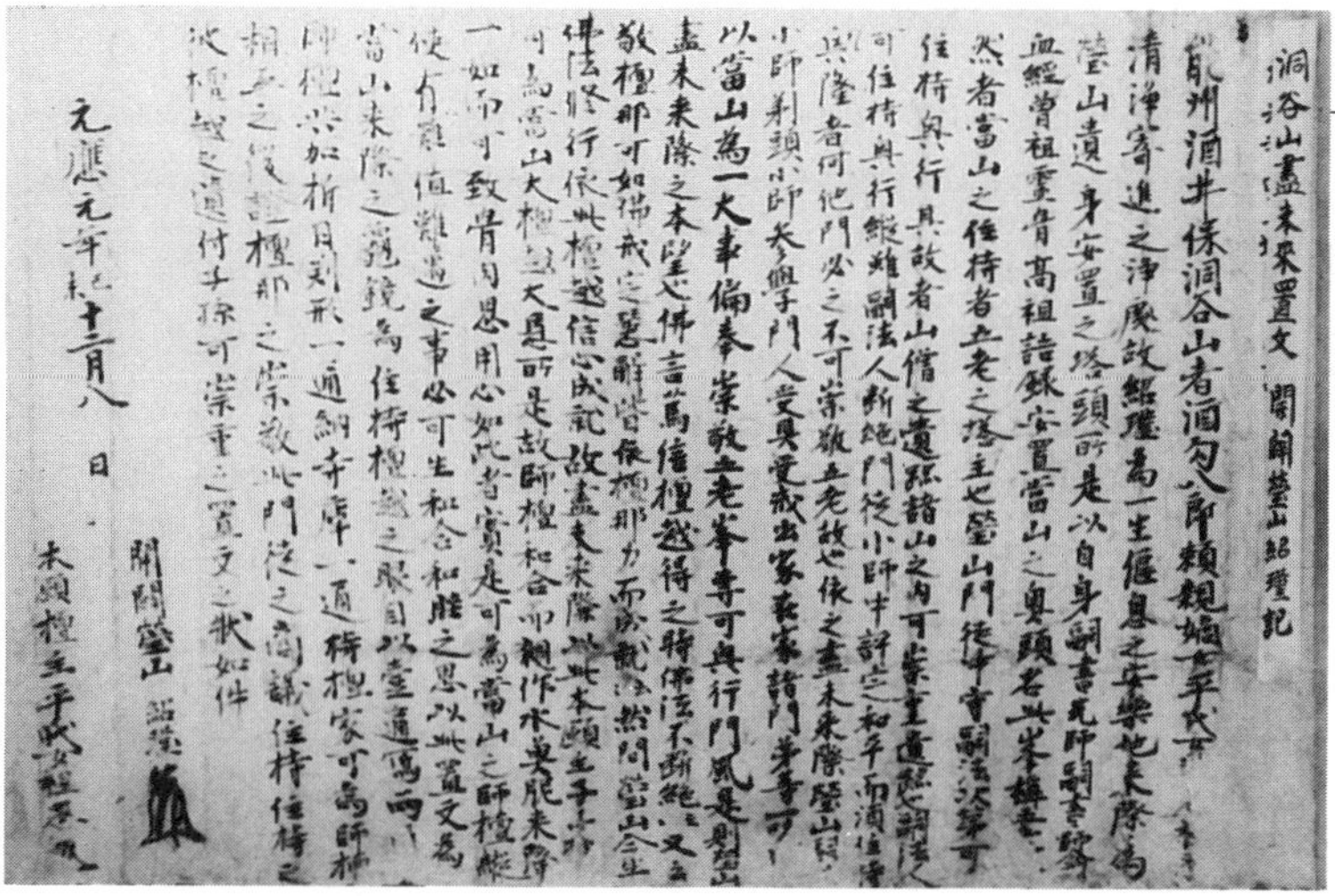

洞谷山尽未来際置文《とうこくさんじんみらいさいおきぶみ》　瑩山紹瑾《けいざんじょうきん》筆
重文／福井県・永光寺《ようこうじ》蔵
前段には永光寺発祥の由来に続き、「当山をもって一大事となし、ひとえに五老峰《ごろうほう》を崇敬せよ」と諭し、後段においては寺檀関係を親密にすべきことを綿々と述べている

持寺中興縁起《じじちゅうこうえんぎ》』に出ている話である。

また瑩山は占いにも通じ、暦法によって事を興すのに吉日を選んでいた。瑩山が書き残した記録『洞谷記《とうこくき》』には、永光寺《ようこうじ》法堂《はっとう》を建立する際の鍬《くわ》入れを一三二四(元亨四)年三月三日に行ったと出ているが、この日は暦では己丑《つちのとうし》にあたり、「予《よ》の六合日《ろくごうび》なり」とある。瑩山にとって大変な吉日だというのだ。「六合日」とは、その人の生まれた年の干支《えと》の組み合わせに対して、目的の日が吉日であるかどうかを決める方法。

道元の生き方とは相当に違う。こうした事柄をこだわりなく実践できる瑩山の生き方は、どこから生じたものなのだろうか。

多感な思春期は大波瀾

瑩山の生年は一二六八(文永《ぶんえい》五)年(文永元年説もある)。生誕地は越前《えちぜん》(福井県)多禰《たね》。観音堂の敷地で生まれたと『洞谷記』にある。誕生の場所が〝観音堂〟というところから、もう尋常ではない。熱心な観音信者だった瑩山の母懐観大姉《えかんだいし》が多禰の観音堂へお参りに行く途中、その敷地内で出産したといわれる。参拝の路上だったので、瑩山の幼名は「行生《ぎょうしょう》」と名づけられた。

懐観大姉が京都に住んでいた一八歳のとき、実母(瑩山の祖母明智《みょうち》優《う》婆《ば》夷《い》)が行方不明となった。清水寺《きよみずでら》に祈願したところ、満願の前日、道で十一面観音像の頭部を拾い、そのあと実母とめぐり会えたという。

瑩山の母は、この観音像を修理して念持仏《ねんじぶつ》にし、瑩山を懐妊したときも「生まれてくる子が、世のために役立つ子なら無事に出産させたまえ。そうでないならば、威力をもって胎内に朽失《きゅうしつ》せしめたまえ」と観音像に祈った。

永光寺《ようこうじ》伝燈院《でんとういん》(開山堂)　曹洞宗の法燈を伝える五祖尊像を安置している

瑩山は八歳のとき、祖母につれられて永平寺《えいへいじ》で剃髪《ていはつ》出家する。当時の永平寺住職は三世の徹通義介《てっつうぎかい》。義介のもとで沙弥《しゃみ》になったのだが、義介は翌年、義演《ぎえん》派との対立が悪化した〝三代相論《さんだいそうろん》〟により住職を退任、山麓に養母堂《ようぼどう》をつくって、隠居してしまう。

その後、永平寺住職には七九歳になる二世の懐奘《えじょう》が再住した。瑩山は一三歳で懐奘を師として得度式をあげ一人前の僧となる。その年、「師《し》翁《おう》」と尊称して慕った懐奘が遷化《せんげ》。懐奘の遺命で再び義介が永平寺住職となり、瑩山もまた義介のもとでひたすら修行に励む。永平寺内では義介の再住により義演派との紛争が再燃。また、一四歳の時には二回目の元寇《げんこう》である弘安《こうあん》の役が起こる。多感な思春期から青年期にかけて波瀾の連続である。

三代相論で騒がしい永平寺は、修

行の環境としてはふさわしくなかったに違いない。瑩山は諸国修行の志を起こし、一九歳で宝慶寺《ほうきょうじ》(福井県大野市)の寂円《じゃくえん》に参じた。

寂円は道元を慕って宋《そう》から来日し、徹底した坐禅で己事究明《こじきゅうめい》に励んだ中国僧。瑩山の力量を見抜いて、修行僧たちを直接指導する維那《いの》に任命した。寂円の指導は厳しかったが、「菩《ぼ》提心《だいしん》を生生《しょうじょう》に発すは、本師宝慶円和《お》尚《しょう》の所に於いてなり」と『洞谷記』に書いている。不退転の決意で仏道修行に励む菩提心は、宝慶寺の寂円のもとで得られたというのだ。寂円を「本師」と敬っている。一途な修行の一〇代には、夢のお告げや占いが入りこむ余地はないようだ。

密教にふれた諸国修行

密教的要素が入りこんできたのは宝慶寺を出てからのことだろう。

後世の史伝では、宝慶寺を出た瑩山は上洛《じょうらく》し、万寿寺《まんじゅじ》(三聖寺《さんしょうじ》説もある)の東山湛照《とうざんたんしょう》、東福寺《とうふくじ》の白雲慧暁《はくうんえぎょう》、ついで紀州《きしゅう》(和歌山県)由良興国寺《ゆらこうこくじ》の心地覚心《しんじかくしん》に参じたと伝えられる。比《ひ》叡山《えいざん》での修学もあったようだ。密教的要素の入りこんだ出発点は、どうやらこのあたりかもしれない。

これらの禅匠は臨済宗聖一《しょういち》派・法《ほっ》灯《とう》派ではあるが、東山と白雲は天台宗の出身で、とくに白雲は天台密教を色濃く受け継いだ人。心地はもと もと真言宗の僧侶で、密教的な性格のきわめて濃厚な人と知られていた。瑩山が、白雲からは天台密教を学び、心地からは真言密教を学んだとしてもおかしくはないのである。

その後のことは、『洞谷記』に「二二歳で聞声悟道《もんしょうごどう》、二五歳で観音のごとく大悲闡提《だいひせんだい》の弘誓願《ぐぜいがん》を発し、二八歳で阿波《あわ》(徳島県)の城万《じょうまん》(満)寺《じ》住職となる」としか出ておらず、よくわかっていない。仏法の核心をつかん

城満寺《じょうまんじ》として徳島県海陽町に再興された

だ二二歳、勇気に満ちた決意をもった二五歳、どこにいたのだろう。おそらく義介のもとで研鑚《けんさん》に励み、義介とともに加賀《かが》の大乗寺《だいじょうじ》(石川県金沢市)の興隆のために尽力していたのであろう。義介は一二八九(正応《しょうおう》二)年、禅刹大乗寺を開いた。

瑩山の阿波の城万寺住職となって以降のことはよくわかっている。二九歳の夏に一時永平寺に戻り、四世義演《ぎえん》に授戒作法を許可され、その年の冬、瑩山は城万寺ではじめて五人の弟子に戒を授け、三一歳までに七十余人に受戒させた。もはや、押しも押されもせぬ禅師である。

一二九八(永仁《えいにん》六)年の冬には、城万寺住職を離れた三一歳の瑩山は首《しゅ》座《そ》として、大乗寺で安居《あんご》の制を施行。そして、年が明けた一月一四日、瑩山は師の義介より法を嗣《つ》ぎ、道元が自ら縫った袈裟《けさ》を相伝される。その三年後、瑩山は大乗寺二世となった。

そして師資相承《ししそうじょう》の正伝《しょうでん》を確認するため、修行僧たちを前に、お釈迦《しゃか》さまから始まり、道元・懐奘へいたる歴代祖師たちの業績『伝光録《でんこうろく》』を、五三回にわたって講義した。

五老峰建立

一三〇九(延慶《えんぎょう》二)年、師の義介が九一歳で遷化。気力にあふれていたはずの瑩山は、義介の三回忌を終えた直後、大乗寺住職を高弟の明峰素哲《めいほうそてつ》に譲ってしまう。明峰も長くは住さず、臨済宗から住職が迎えられた。実は檀越《だんのつ》の強い意向が働いた結果だという。

瑩山を救ったのは、能登中河《なかがわ》(石川県羽咋《はくい》市中川町)の地頭酒匂頼親《さかわよりちか》の娘祖忍尼《そにんに》と夫の滋野信直《しげののぶなお》で、のちに永光寺となる広大な土地を寄進したのである。

瑩山は一三一三(正和《しょうわ》二)年、仮庫裡《くり》を落成して永光寺開山となった。

永光寺《ようこうじ》五老峰《ごろうほう》　如浄《にょじょう》の語録、道元《どうげん》の霊骨、懐奘《えじょう》の血経、義介《ぎかい》と瑩山《けいざん》の嗣書《ししょ》が埋納されている

正式に住職となる普山式《しんざんしき》を行ったのは一三一七(文保《ぶんぽう》元)年。その後、瑩山は檀越との関係を重視、『洞谷山《とうこくさん》尽未来際置文《じんみらいさいおきぶみ》』で師檀和合《しだんわごう》を説いて、寺院経営に心を砕いた。

生涯幽棲の寂静地を得た瑩山は、永光寺の山内に一三二三(元亨《げんこう》三)年、伝燈院五老峰《でんとういんごろうほう》を建立する。

五老峰とは、曹洞禅の嗣承《ししょう》をあらわす塔所。いまも本堂裏に巨大な土《つち》饅頭《まんじゅう》を残している。如浄《にょじょう》・道元・懐奘・義介の霊骨・遺品、そして自身の遺品をすべて納めた。先師義介は道元より三代目ではあったが、同時に日本達磨宗四代の法も嗣いでおり、その〝重嗣〟が三代相論の引き金となって永平寺が分裂し、義介自身も苦悩した。瑩山は、義介から伝えられた嗣承のうち、道元禅の嗣書《ししょ》・伝《でん》衣《え》のみ残して、日本達磨宗の嗣書等は五老峰に埋めたのである。大英断だった。

そしてこの年、九年前に亡くなった母懐観大姉の念持仏である十一面観音菩薩像をまつった円通院《えんつういん》を永光寺内に建立している。

〃霊苗の種〃をまく

總持寺の伽藍《がらん》造営が進んだ一三二四（正中《しょうちゅう》元）年、總持寺住職をもうひとりの高弟峨山韶碩《がさんじょうせき》に譲り、永光寺に移る。『瑩山和尚清規《けいざんおしょうしんぎ》』を整備。そして翌年八月一五日の夜半、永光寺の一山大衆を集め、「念起こるは是《こ》れ病、続かざるは是れ薬、一切の善悪、都《すべ》てを思量すること莫《なか》れ、纔《わず》かに思量に渉《わた》れば、白雲万里」と遺誡《ゆいかい》し、「自ら耕し自ら作る閑田地《かんでんち》、幾《いく》度《たび》売り来り買い去って新たなり。限り無く霊苗《れいみょう》の種は熟脱す、法堂上に鍬を挿《さしはさ》む人を見る」と遺偈《ゆいげ》を書き、示寂《じじゃく》。世寿五八歳だった（六二歳説もある）。そして永光寺は明峰が受け継いだ。

生涯に瑩山が開創した寺院は、能登の永光寺・總持寺、加賀の光孝寺《こうこうじ》・宝応寺《ほうおうじ》・放生寺《ほうじょうじ》・浄住寺《じょうじゅうじ》など。また、義介から住職を譲られた加賀の大乗寺、縁ということでは阿波の城万寺も関係する。

峨山・明峰の時代になって、これらの教線は爆発的に拡大するのである。その実績によって、瑩山は〃寺統（教団）〃の祖と呼ばれている。

「人々ことごとく道器《どうき》なり」

「伝光録」

〃道器〃とは、限りなく清浄な人生を求める力の備わっている者をさし、人はだれでもそうした力をもっているのだから、自覚し努力しさえすれば、貴賤の別なくだれでもが仏になれるといっている。

瑩山の人生

KEIZAN

瑩山紹瑾《けいざんじょうきん》の生涯は、鎌倉幕府が隆盛し、衰えていく時期と一致している。得度《とくど》式を上げて一人前の僧になる前後に二度の元寇《げんこう》があり、元を撃退した幕府の支配力は全国的に強化された。瑩山も能登《のと》(石川県)を中心に教線を拡大し、多くの逸材を育成し、後世の曹洞宗《そうとうしゅう》隆盛の基礎を築く。北条氏の専制で幕府が衰退し、後《ご》醍醐《だいご》天皇が討幕に動きはじめるころ、瑩山の生涯も終わった。

1268(文永《ぶんえい》5)年

1歳

観音堂の敷地で誕生

越前《えちぜん》(福井県)多禰《たね》の観音堂に、熱心な観音信者だった母の懐観《えかん》大姉がお参りに行く途中、その敷地内で出産したと伝えられる。父は了閑上座《りょうかんじょうざ》。一二六四年や一二六六年の誕生説もある。

1275(建治《けんじ》元)年

8歳

永平寺にのぼり出家

母方の祖母明智《みょうち》に連れられ、越前(福井県)永平寺《えいへいじ》三世徹通義介《てっつうぎかい》のもとで出家。明智は道元が宋から帰国直後に入門した女性。義介は〝三代相論《さんだいそうろん》〟により翌年住職を退任し、二世懐奘《えじょう》が再住。

1280(弘安《こうあん》3)年

13歳

懐奘を師として得度

九歳から懐奘《えじょう》の膝下《しっか》で修行し、得度《とくど》式を上げて一人前の僧となった。六年前に文永の役、得度の翌年は弘安の役。道元や義介が学んだ南宋は元に滅ぼされ、北陸の地も元寇で揺れた。

元寇と鎌倉幕府の衰退

元寇《げんこう》とは一二七四(文永《ぶんえい》一一)年と一二八一(弘安《こうあん》四)年の二度、元軍が博多湾に侵攻したことをいう。幕府執権《しっけん》・北条時宗《ほうじょうときむね》は西国《さいごく》の御家人《ごけにん》を動員してよく防ぎ、元軍は大暴風雨で敗退した。これにより北条氏の支配力は強まったが、多くの犠牲をはらった御家人に与える土地はなく、不満はつのった。

貨幣経済の発達と、少ない土地の分割相続で没落する御家人も出た。反面、北条氏は全国守《しゅ》護《ご》の半ば以上、地頭《じとう》の多くを占め、専制政治は幕府衰退のもととなった。

19歳　宝慶寺の寂円に参じる

1286(弘安9)年

一七歳で〝師翁《しおう》〟懐奘が遷化《せんげ》。義介が再住して〝三代相論〟が再燃。永平寺を出て、道元の高弟だった宝慶寺《ほうきょうじ》住職の寂円《じゃくえん》に参じた。寂円の厳しい指導のもとで、不退転の菩提心《ぼだいしん》を発する。

20歳ころ　諸国行脚で密教に接触

1287(弘安10)年

宝慶寺から諸国行脚に出た年は不明だが、後世の史伝では二〇歳ころ。比叡山《ひえいざん》に学び、東福寺《とうふくじ》の白雲慧暁《はくうんえぎょう》から天台密教を、興国寺《こうこくじ》の心地覚心《しんじかくしん》から真言密教を学んだと推測される。

22歳　〝聞声悟道〟と〝弘誓願〟

1289(正応《しょうおう》2)年

場所は加賀(石川県)大乗寺《だいじょうじ》と推測される。『法華経《ほけきょう》』法師功徳品《ほっしくどくほん》を読み、仏法の核心にふれる〝聞声悟道《もんしょうごどう》〟を得、二五歳で「観音の如《ごと》く大悲闡提《だいひせんだい》の弘誓《ぐぜい》願《がん》を発す」。どのような困難も克服し衆生《しゅじょう》を救うためには地獄に堕《お》ちてもよいと非常な勇気を要する決意をした。

28歳　城万(満)寺住職となる

1295(永仁《えいにん》3)年

阿波《あわ》(徳島県)の郡司《ぐんじ》の招きで城万《じょうまん》(満)寺《じ》住職となる。翌年、永平寺を訪れ、四世義演《ぎえん》の方丈《ほうじょう》(居室)で仏《ぶっ》祖《そ》正伝《しょうでん》菩薩《ぼさつ》戒《かい》作法《さほう》を授けられた。三一歳までのあいだに、城万寺で有《う》縁《えん》の者七十余人に戒を授けた。

瑩山《けいざん》禅師野《の》位牌《いはい》　大本山總持寺《そうじじ》蔵　室町時代の奉納。裏面は遺偈《ゆいげ》が記されている

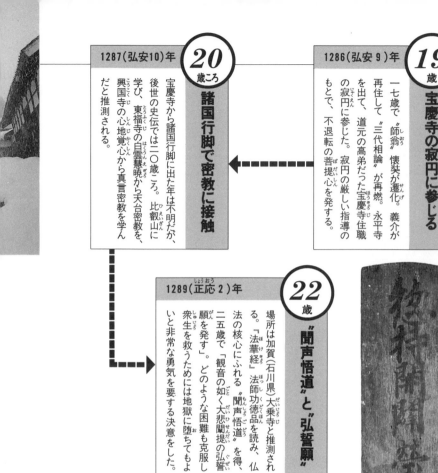

石川県・大乗寺《だいじょうじ》
雪の仏殿と法堂《はっとう》

32歳 1299（正安《しょうあん》元）年

師、義介の法を嗣ぐ

城万寺から大乗寺に戻った翌年、義介の法嗣《ほっす》となり、道元が自ら縫《ぬ》った袈裟《けさ》を相伝《そうでん》される。大悟《だいご》のきっかけは「平《びょう》常心是道《じょうしんこれどう》」（日常生活そのものが、真実の仏道のあり方である）だった。

35歳 1302（正安《しょうあん》四）年

大乗寺二世となる

義介の後を継いで大乗寺住職となる。自分の禅が師資相承《ししそうじょう》の正伝であることを確認するため、修行僧に『伝光録《でんこうろく》』を講義。釈迦から中国をへて道元・懐奘《えじょう》へいたる、歴代祖師の業績を五三回にわたり説いた。一三〇〇（正安二）年の説もある。

46歳 1313（正和《しょうわ》2）年

永光寺を開く

師の義介が遷化して二年後、大乗寺を高弟の明峰素哲《めいほうそてつ》に譲り、その二年後、祖忍《そにん》尼《に》と夫の滋野信直《しげののぶなお》の寄進を受けて能登《のと》（石川県）に永光寺《ようこうじ》を開いた。正式に入山したのは五〇歳のとき。

54歳 1321（元亨《げんこう》元）年

夢告で總持寺を開く

能登の諸嶽寺《しょがくじ》観音堂住職の定賢《じょうけん》は瑩山に観音堂を譲る夢を、瑩山は譲られる夢を同時期に見た。観音堂を寄進され、禅刹《ぜんさつ》に改めて諸嶽山總持寺《しょがくさんそうじじ》とした。『總持寺中興縁起《ちゅうこうえんぎ》』に記されている。

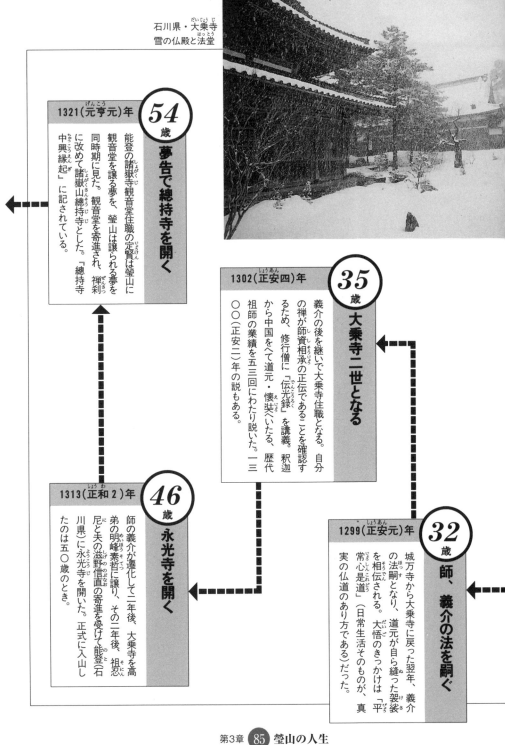

石川県・永光寺《ようこうじ》に残る開山塔

1323(元亨3)年

56歳 伝燈院五老峰を建立

永光寺山内に曹洞禅の嗣承《ししょう》をあらわす塔所を建立した。如浄《にょじょう》の語録、道元の遺骨、懐奘《えじょう》の血経、義介から瑩山へ伝えられた日本達磨宗《にほんだるましゅう》の嗣書《ししょ》を収め、道元禅の嗣書と伝衣《でんね》のみを残した。

1324(正中《しょうちゅう》元)年

正中の変

即位した後醍醐《ごだいご》天皇は天皇親政《しんせい》とし、日野資朝《ひのすけとも》らとはかって鎌倉幕府を倒そうとしたが、失敗した。

1324(正中元)年

57歳 總持寺を峨山に譲る

永光寺《ようこうじ》の法堂《はっとう》が完成し、總持寺《そうじじ》の伽藍造営が進んで僧堂が開かれた。總持寺住職を高弟の峨山《がさん》韶碩《じょうせき》に譲って二世とし、自らは永光寺に移る。このころ『瑩山《けいざん》和尚《おしょう》清規《しんぎ》』を整備したと伝えられる。

1325(正中2)年

58歳 永光寺で示寂

永光寺住職を高弟の明峰《めいほう》素哲《そてつ》に譲り、八月一五日夜半、永光寺で示寂《じじゃく》。六二歳説もある。遺偈《ゆいげ》は「限りなく霊苗《れいみょう》の種は熟脱す、法堂《はっとう》上に鍬《くわ》を挿《さしはさ》む人を見る」。農民生活に根ざす仏法だった。

瑩山筆『總持寺中興縁起《そうじじちゅうこうえんぎ》』　重文／大本山總持寺蔵

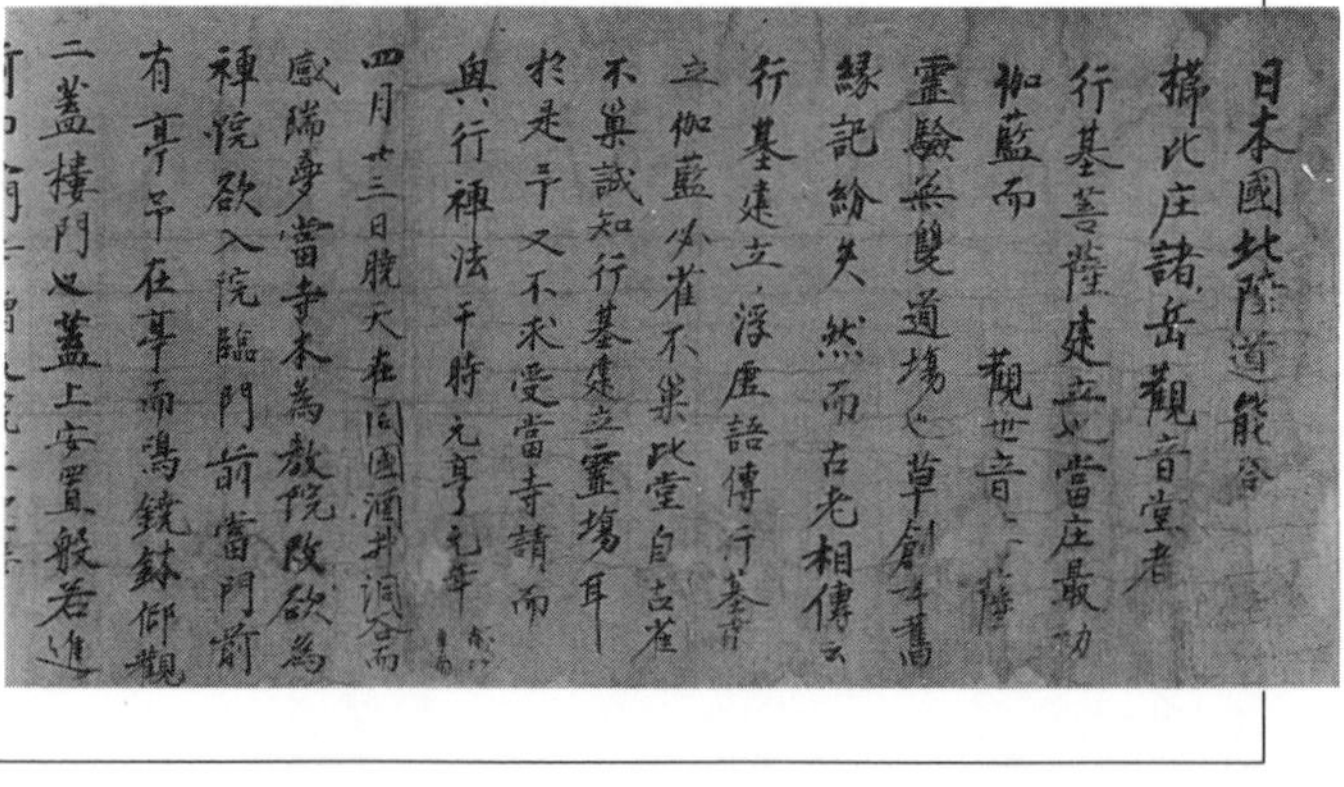

日本國北陸道能登
櫛比庄諸岳観音堂者
行基菩薩建立之當庄最初
伽藍而　観世音菩薩
霊験無雙道場也草創年舊
縁記紛失然而古老相傳云
行基建立浮屠語傳行基
立伽藍必雀不巣此堂自古雀
不巣誠知行基建立霊場耳
於是予又不求受當寺請而
與行禪法于時元亨元年
四月廿三日暁天在同國酒井洞谷
感瑞夢當寺本為教院欲為
禪院欲入院臨門前當門前
有亭予在亭而鳴鐃鈸御観
二蓋楼門以蓋上安置般若進

第4章

「曹洞宗の教え」

経典・著書にみる教義

道元の禅
『修証義』にみる教え
坐禅の心得
両祖のおもな著作

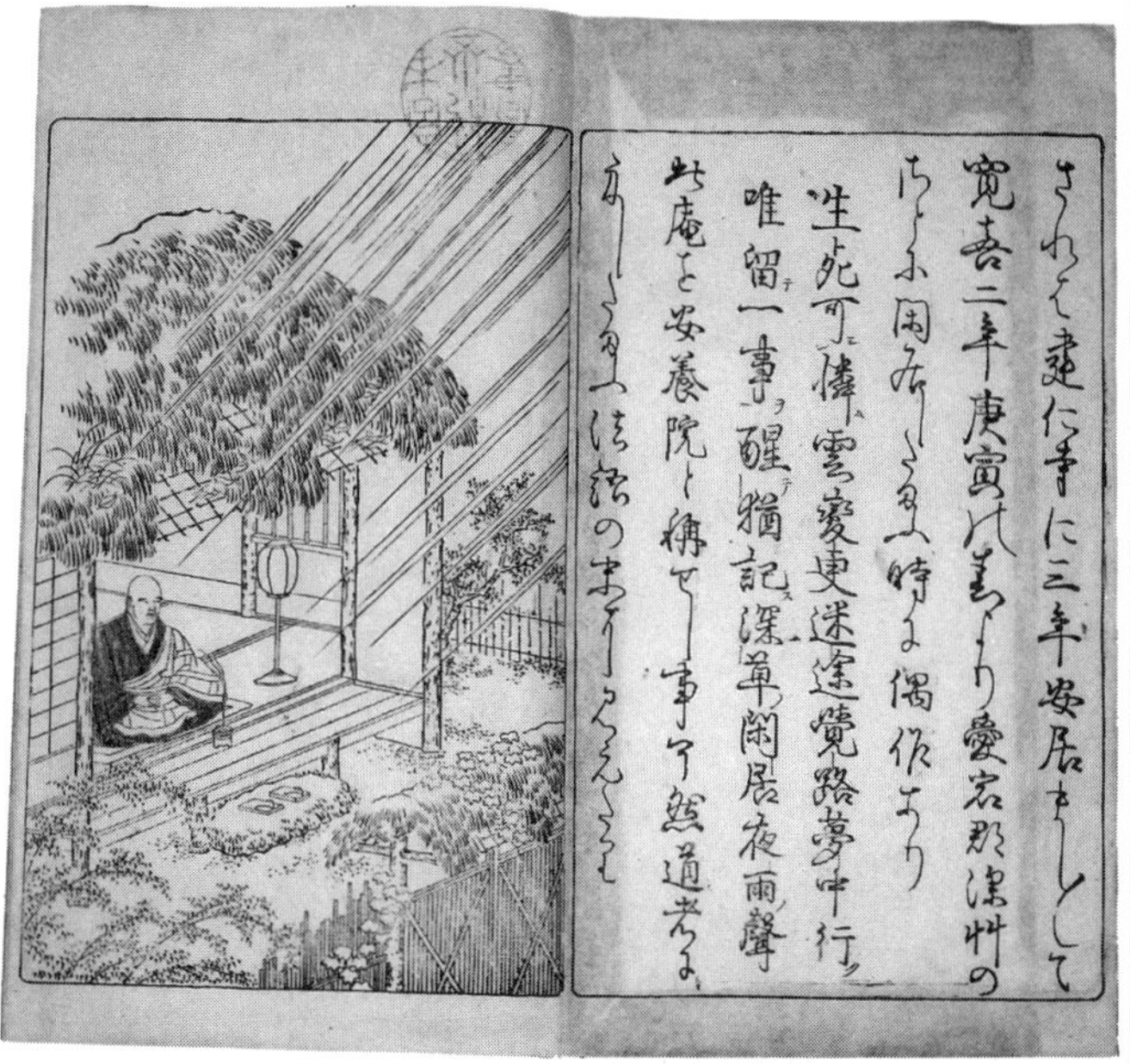
されて建仁寺に三年安居ましまして
寛喜二年庚寅の春より愛宕郡深草の
生死可憐雲変更迷途覚路夢中行
唯留一事醒猶記深草閑居夜雨声

木版『永平高《えいへいこう》祖《そ》行状《ぎょうじょう》記《き》』　大本山永平寺《えいへいじ》蔵

道元の禅

宗門の正伝《しょうでん》にいはく、
この単伝正直《たんでんしょうじき》の仏法は、
最上のなかに最上なり。
参見《さんけん》知識のはじめより、
さらに焼香《しょうこう》・礼拝《らいはい》・念仏《ねんぶつ》・修懺《しゅさん》・
看経《かんきん》をもちゐず、祇管《しかん》に打坐《たざ》して、
身心脱落《しんじんだつらく》することを得よ。

『正法眼蔵《しょうぼうげんぞう》』弁道話《べんどうわ》

（坐禅に）何の意義も目的も持たず、全身全霊で坐る〈只管打坐《しかんたざ》〉。一切の束縛から脱する境地が身心脱落《しんじんだつらく》。坐禅修行の姿そのものが悟り——即《そく》心是仏《しんぜぶつ》だ。

坐禅こそ正法である

道元《どうげん》が伝えようとしたのは経典でも仏像でもない。厳しい修行の末、最後に学びとった釈尊正伝《しゃくそんしょうでん》の仏法である。その正法《しょうぼう》の根本にあるのが坐禅。坐禅は釈尊の教え・体験そのもの。釈尊の教えを信じ実践すれば、貴賤・賢愚・男女の別なく、だれにでもきわめられるとした。焼香・礼《らい》拝《はい》・念仏・懺法《せんぼう》・看経《かんきん》は不必要、坐禅に打ちこむだけで釈尊正伝の仏法を学びとることができる。

悟りを求めて坐禅するのではない。ただ一心に坐る。

威《い》儀《ぎ》即《そく》仏《ぶっ》法《ぽう》 作《さ》法《ほう》是《こ》れ宗《しゅう》旨《し》

「身《しん》の結跏趺坐《けっかふざ》すべし、心《しん》の結跏趺坐すべし、身心脱落《しんじんだつらく》の結跏趺坐すべし」と『正法眼蔵《しょうぼうげんぞう》』にある。身体で坐り、心で坐り、ついには身体の痛みも心のなかの妄想も抜け落ちた〝身心脱落〟の状態で坐る。それが〈只管打坐《しかんたざ》〉だ。身体は正身端座《しょうしんたんざ》、口は一字に結び、心のこだわりも消え失せている。

「ただ是《こ》れ安楽の法門なり」（『普勧《ふかん》坐禅儀《ざぜんぎ》』）。坐禅修行そのものが仏の行。一寸《いっすん》坐れば一寸の仏。身体で学ぶ〝身学道《しんがくどう》〟だともいっている。

修行と悟りは一つ

道元は『弁道話《べんどうわ》』で、「修証一等《しゅしょういっとう》」といい、「本証妙修《ほんしょうみょうしゅ》」という。

修証一等とは、修行と本証（本来の悟り）は一つのものなのだという意味。悟りと修行を二つのものと考えてはいけない。悟りを目的、修行を手段と考えるのは大きな間違いだ。こだわりを捨て、身も心も一切の束縛から脱して全身全霊で坐禅に打ちこむ〈只管打坐《しかんたざ》〉は、修行と悟りが一体になった人間本来の清浄な姿、仏そのものの姿にもたとえられる。

修行は坐禅に限らない。農作業・道普請《ぶしん》などの作務《さむ》、食事や睡眠、日常生活すべてが修行だ。「威儀即仏法《いぎそくぶっぽう》 作法是れ宗旨《さほうこれしゅうし》」は、洗面から食事の仕方など細かに修行の仕方を説く〝生活禅〟を表現した言葉だが、食器を洗う作業に修行を徹底する向上心が働くかどうか。それが修行のカギだ。

本証妙修とは、仏としての可能性を持つ人間が、修行をゆるめず、一心に仏道に打ちこむことで、仏のはからいの中にある自己を自覚すること。自己という束縛から解き放たれたところに仏性が現れる。〝即心是《そくしんぜ》仏《ぶつ》〟である。

『修証義』にみる教え

『修証義《しゅしょうぎ》』は「己《おの》れ未《いま》だ度《わた》らざる前《さき》に一切衆生《いっさいしゅじょう》を度《わた》さんと発願《ほつがん》し」と菩提心《ぼだいしん》を起こすべきことを説く。檀信徒にもっとも親しまれている宗典だ。

『修証義』とは

正しくは『曹洞教会修証義《そうとうきょうかいしゅしょうぎ》』という。修は修行、証は悟り、義は意義をあらわす。在家信者と僧侶のための「曹洞宗教化の標準書」。宗門の教義を示したテキストということである。一八九〇（明治二三）年に制定され、翌年一月から全宗門で公布使用された。

明治時代初期はキリスト教の活躍がめざましく、仏教各派も信徒教化に乗りだした。はじめ、曹洞扶宗会《そうとうふしゅうかい》の大内青巒《おおうちせいらん》によって『洞上在家修証義《とうじょうざいけしゅしょうぎ》』が在家信者のための手引き書として編集された。これは、現在の『修証義』よりやや長いもので、道元《どうげん》の『正法眼蔵《しょうぼうげんぞう》』九五巻のなかから抜き集めた文章を三二節に分けてあった。ただし、道元の主張する〈只管打坐《しかんたざ》〉を一般の信者に課するのは無理と判断して、授《じゅ》（受）戒《かい》（戒を授ける・受ける）を中心に据えた教化《きょうか》布教の手引き書となった。

曹洞扶宗会では、在家信者がこれを仏前で読経《どきょう》することを行事化しようと考え、教団が公式採用することを建議してきた。時の大本山永平寺《えいへいじ》貫首滝谷琢宗《かんしゅたきたにたくしゅう》と大本山總持寺《そうじじ》貫首畔上楳仙《かんしゅあぜがみばいせん》が徹底的に内容の検討を行い、全面的改訂によってできあがったのが、現在の『修証義』。在家だけでなく僧侶も対象に含めた。五章、三一節、三七〇四文字でつくられている。いまや曹洞宗の檀信徒にもっとも親しまれ、法要・葬儀・施食会《せじきえ》などで読経される。

●第一章　総序《そうじょ》

　やがて死んでいく私たちはいま人間として生を受け、仏法と出会えた。これは素晴らしいことだ。人生ははかないが、かけがえのない生命を充実させなければならない。人の行いには善悪の報いがある。悪い行いをするものは堕落する。現在の行為は過去にその原因があり、未来に影響する。自らの悪い行いによって長い苦しみを受けるのは、まことに悔しいことではないか。

●第二章　懺悔滅罪《さんげめつざい》

　仏や祖師たちは、私たちのために広大な慈悲の門を開けて待っていてくれる。すべての衆生を悟りに導くためだ。自らの行いの善悪の報いは必ずあるが、たとえ重い悪業《あくごう》を負っていたとしても、仏に懺悔《さんげ》すれば軽くなり、清浄な身にしてくれる。だから仏に「私を憐《あわ》れんで、悪業の積み重ねから脱出させ、仏道修行にさしつかえのないようにしてください」と懺悔努力しよう。

●第三章　受戒入位《じゅかいにゅうい》

　懺悔がすんだら、仏法僧の三宝に帰依《きえ》し、迷信・邪教に頼ってはならない。次に三つの清浄な生活の戒《かい》と一〇の大切な戒を受けなければならない。

　釈尊《しゃくそん》はいっている。「仏戒を受け修行を怠らなければ、諸仏の位に入り、諸仏の子《みこ》となる」と。人々は、はかりしれぬ仏の力に助けられて悟りを開くのだ。

●第四章　発願利生《ほつがんりしょう》

　菩提心《ぼだいしん》を起こすという意味は、自分より先に、他の人々を悟りの彼岸《ひがん》へ渡してあげようと発願《ほつがん》し努力する利他《りた》の心を起こすこと。この心を起こせば、七歳の少女であっても命ある者の指導者だ。衆生《しゅじょう》に幸せを与えるためには、四つの知恵がある。①貪《むさぼ》らず施すこと②優しい言葉で接すること③利他行に専心すること④衆生の立場に立って教化を実践すること、である。

●第五章　行持報恩《ぎょうじほうおん》

　私たちには、このように仏道を求める機会が与えられている。仏の教えにめぐり会えたからである。釈尊と歴代の祖師たちが身をもって教えを伝えてきたからこそ、私たちはめぐり会えた。

　その恩に感謝しないということがあろうか。私たちが仏や祖師たちの恩に報いる方法は、毎日、仏の行いを理想として修行生活を送ることだ。釈尊と通じる即心是仏《そくしんぜぶつ》の姿・心で生きていくことだ。

【修証義《しゅしょうぎ》】

◎第一章《だいいっしょう》　総序《そうじょ》

生《しょう》を明《あき》らめ死《し》を明《あき》らむるは仏家《ぶっけ》一大事《いちだいじ》の因縁《いんねん》なり、(第一節)生死《しょうじ》の中《なか》に仏《ほとけ》あれば生死《しょうじ》なし、但生死《ただしょうじ》即《すなわ》ち涅槃《ねはん》と心得《こころえ》て、生死《しょうじ》として厭《いと》うべきもなく、涅槃《ねはん》として欣《ねご》うべきもなし、是時《このとき》初《はじ》めて生死《しょうじ》を離《はな》るる分《ぶん》あり、唯一大事因縁《ただいちだいじいんねん》と究尽《ぐうじん》すべし。(第二節)人身《にんしん》得《う》ること難《かた》し、仏法《ぶっぽう》値《お》うこと希《ま》れなり、今我等《いまわれら》宿善《しゅくぜん》の助《たす》くるに依《よ》りて、已《すで》に受《う》け難《がた》き人身《にんしん》を受《う》けたるのみに非《あら》ず、遇《あ》い難《がた》き仏法《ぶっぽう》に値《あ》い奉《たてまつ》れり、生死《しょうじ》の中《なか》の善生《ぜんしょう》、最勝《さいしょう》の生《しょう》なるべし、最勝《さいしょう》の善身《ぜんしん》を徒《いたず》らにして露命《ろめい》を無常《むじょう》の風《かぜ》に任《まか》すること勿《なか》れ。(第三節)無常憑《むじょうたの》み難《がた》し、知《し》らず露命《ろめい》いかなる道《みち》の草《くさ》にか落《お》ちん、身已《みすで》に私《わたくし》に非《あら》ず、命《いのち》は光陰《こういん》に移《うつ》されて暫《しばら》くも停《とど》め難《がた》し、紅顔《こうがん》いずくへか去《さ》りにし、尋《たず》ねんとするに蹤跡《しょうせき》なし、熟観《つらつらかん》ずる所《ところ》に往事《おうじ》の再《ふたた》び逢《お》うべからざる多《おお》し、無常忽《むじょうたちま》ちに到《いた》るときは国王大臣《こくおうだいじん》親暱従僕妻子珍宝《しんじつじゅうぼくさいしちんぽう》たすくる無《な》し、唯独《ただひと》り黄泉《こうせん》に趣《おもむ》くのみなり、己《おの》れに随《したが》い行《ゆ》くは只是《ただこ》れ善悪業等《ぜんあくごっとう》のみなり。(第四節)今《いま》の世《よ》に因果《いんが》を知《し》らず業報《ごっぽう》を明《あき》らめず、三世《さんぜ》を知《し》らず、善悪《ぜんあく》を弁《わき》まえざる邪見《じゃけん》の党侶《ともがら》には群《ぐん》すべからず、大凡因果《おおよそいんが》の道理《どうり》歴然《れきねん》として私《わたくし》なし、造悪《ぞうあく》の者《もの》は堕《お》ち修善《しゅぜん》の者《もの》は陞《のぼ》る、毫釐《ごうり》も忒《たが》わざるなり、若《も》し因果亡《いんがぼう》じて虚《むな》しからんが如《ごと》きは、諸仏《しょぶつ》の出世《しゅっせ》あるべからず、祖師《そし》の西来《せいらい》あるべからず。(第五節)善悪《ぜんあく》の報《ほう》に三時《さんじ》あり、一者順現報受《ひとつにはじゅんげんほうじゅ》、二者順次生受《ふたつにはじゅんじしょうじゅ》、三者順後次受《みっつにはじゅんごじじゅ》、これを三時《さんじ》という、仏祖《ぶっそ》の道《どう》を修習《しゅじゅう》するには、其最初《そのさいしょ》より斯三時《このさんじ》の業報《ごっぽう》の理《り》を効《なら》い験《あき》らむるなり、爾《しか》あらざれば多《おお》く錯《あやま》りて邪見《じゃけん》に堕《お》つるなり、但邪見《ただじゃけん》に堕《お》つるのみに非《あら》ず、悪道《あくどう》に堕《お》ちて長時《ちょうじ》の苦《く》を受《う》く。(第六節)当《まさ》に知《し》るべし今生《こんじょう》の我身《わがみ》二《ふた》つ無《な》し、三《み》つ無《な》し、徒《いたず》らに邪見《じゃけん》に堕《お》ちて虚《むなし》く悪業《あくごう》を感得《かんとく》せん、惜《おし》からざらめや、悪《あく》を造《つく》りながら悪《あく》に非《あら》ずと思《おも》い、悪《あく》の報《ほう》あるべからずと邪思惟《じゃしゆい》するに依《よ》りて悪《あく》の報《ほう》を感得《かんとく》せざるには非《あら》ず。

◎第二章《だいにしょう》　懺悔滅罪《さんげめつざい》

仏祖《ぶっそ》憐《あわれ》みの余《あま》り広大《こうだい》の慈門《じもん》を開《ひら》き置《お》けり、是《こ》れ(第七節)一切衆生《いっさいしゅじょう》を証入《しょうにゅう》せしめんが為《ため》なり、人天《にんでん》誰《たれ》か入《い》らざらん、彼《か》の三時《さんじ》の悪業報《あくごっぽう》必《かなら》ず感《かん》ずべしと雖《いえど》も、懺悔《さんげ》するが如《ごと》きは重《おも》きを転《てん》じて軽受《きょうじゅ》せしむ、又滅罪清浄《またまつざいしょうじょう》ならしむるなり。(第八節)然《しか》あれば誠心《じょうしん》を専《もっぱ》らにして前仏《ぜんぶつ》に懺悔《さんげ》すべし、恁麼《いんも》するとき前仏懺悔《ぜんぶつさんげ》の功徳力《くどくりき》我《われ》を拯《すく》いて清浄《しょうじょう》ならしむ、此功徳《このくどく》能《よ》く無礙《むげ》の浄信精進《じょうしんしょうじん》を生長《しょうちょう》せしむるなり、浄信一現《じょうしんいちげん》するとき、自佗《じた》同《おなじ》く転《てん》ぜらるるなり、其利益《そのりやく》普《あま》ねく情非情《じょうひじょう》に蒙《こう》ぶらしむ。(第九節)其大旨《そのだいし》は、願《ねが》わくは我《わ》れ設《たと》い過去《かこ》の悪業《あくごう》多《おお》く重《かさ》なりて障道《しょうどう》の因縁《いんねん》ありとも、仏道《ぶつどう》に因《よ》りて得道《とくどう》せりし諸仏諸祖《しょぶつしょそ》我《われ》を愍《あわれ》みて業累《ごうるい》を解脱《げだつ》せしめ、学道《がくどう》障《さわ》り無《な》からしめ、其功徳《そのくどく》法門《ほうもん》普《あま》ねく無尽法界《むじんほっかい》に充満弥綸《じゅうまんみりん》せらん、哀《あわれ》みを我《われ》に分布《ぶんぷ》すべし、仏祖《ぶっそ》の往昔《おうしゃく》は吾等《われら》なり、吾等《われら》が当来《とうらい》は仏祖《ぶっそ》ならん。(第十節)我昔所造諸悪業《がしゃくしょぞうしょあくごう》、皆由無始貪瞋痴《かいゆうむしとんじんち》、従身口意之所生《じゅうしんくいししょしょう》、一切我今《いっさいがこん》皆懺悔《かいさんげ》、是《かく》の如《ごと》く懺悔《さんげ》すれば必《かなら》ず仏祖《ぶっそ》の冥助《みょうじょ》あるなり、心念身儀発露白仏《しんねんしんぎほっろびゃくぶつ》すべし、発露《ほっろ》の力罪根《ちからざいこん》をして銷殞《しょういん》せしむるなり。

◎第三章《だいさんしょう》　受戒入位《じゅかいにゅうい》

次《つぎ》には深《ふか》く仏法僧《ぶっぽうそう》の三宝《さんぼう》を敬《うやま》い奉《たてまつ》るべし、生《しょう》(第十一節)を易《か》え身《み》を易《か》えても三宝《さんぼう》を供養《くよう》し敬《うやま》い奉《たてまつ》らんことを願《ねご》うべし、西天東土仏祖正伝《さいてんとうどぶっそしょうでん》する所《ところ》は恭敬仏法僧《くぎょうぶっぽうそう》なり。(第十二節)若《も》し薄福少徳《はくふくしょうとく》の衆生《しゅじょう》は三宝《さんぼう》の名字《みょうじ》猶《な》お聞《き》き奉《たてまつ》らざるなり、何《いか》に況《いわん》や帰依《きえ》し奉《たてまつ》ることを得《え》んや、徒《いたず》らに所逼《しょひつ》を怖《おそ》れて山神鬼神等《さんじんきじんとう》に帰依《きえ》し、或《あるい》は外道《げどう》の制多《せいた》に帰依《きえ》すること勿《なか》れ、彼《かれ》は其帰依《そのきえ》に因《よ》りて衆苦《しゅく》を解脱《げだつ》することを無《な》し、早《はや》く仏法僧《ぶっぽうそう》の三宝《さんぼう》に帰依《きえ》し奉《たてまつ》りて、衆苦《しゅく》を解脱《げだつ》するのみに非《あら》ず菩提《ぼだい》を成就《じょうじゅ》すべし。（第十三節）其帰依三宝《そのきえさんぼう》とは正《まさ》に浄心《じょうしん》を専《もっぱ》らにして、或《あるい》は如来現在世《にょらいげんざいせ》にもあれ、或《あるい》は如来滅後《にょらいめつご》にもあれ、合掌《がっしょう》し低頭《ていず》して口《くち》に唱《とな》えて云《いわ》く、南無《なむ》帰《き》依《え》仏《ぶつ》、南無帰依法《なむきえほう》、南無帰依僧《なむきえそう》、仏《ほとけ》は是《こ》れ大《だい》師《し》なるが故《ゆえ》に帰依《きえ》す、法《ほう》は良薬《りょうやく》なるが故《ゆえ》に帰《き》依《え》す、僧《そう》は勝友《しょうゆう》なるが故《ゆえ》に帰依《きえ》す、仏弟子《ぶつでし》となること必《かなら》ず三帰《さんき》に依《よ》る、何《いず》れの戒《かい》を受《う》くるも必《かなら》ず三帰《さんき》を受《う》けて其後《そののち》諸戒《しょかい》を受《う》くるなり、然《しか》あれば則《すなわ》ち三帰《さんき》に依《よ》りて得戒《とくかい》あるなり。（第十四節）此《この》帰依仏法僧《きえぶっぽうそう》の功徳《くどく》、必《かなら》ず感応道交《かんのうどうこう》するとき成《じょう》就《じゅう》するなり、設《たと》い天上人間地獄鬼畜《てんじょうにんげんじごくきちく》なりと雖《いえど》も、感応道交《かんのうどうこう》すれば必《かなら》ず帰依《きえ》し奉《たてまつ》るなり、已《すで》に帰依《きえ》し奉《たてまつ》るが如《ごと》きは生生世世在在処処《しょうしょうせせざいざいしょしょ》に増長《ぞうちょう》し、必《かなら》ず積功累徳《しゃっくるいとく》し、阿耨多羅三藐三菩提《あのくたらさんみゃくさんぼだい》を成《じょう》就《じゅう》するなり、知《し》るべし三帰《さんき》の功徳《くどく》其《そ》れ最尊最《さいそんさい》上甚深不可思議《じょうじんじんふかしぎ》なりということ、世尊《せそん》已《すで》に証《しょう》明《みょう》しまします、衆生《しゅじょう》当《まさ》に信受《しんじゅ》すべし。（第十五節）次《つぎ》には応《まさ》に三聚浄戒《さんじゅじょうかい》を受《う》け奉《たてまつ》るべし、第一摂律儀戒《だいいちしょうりつぎかい》、第二摂善法戒《だいにしょうぜんぼうかい》、第三摂衆生戒《だいさんしょうしゅじょうかい》なり、次《つぎ》には応《まさ》に十重禁戒《じゅうじゅうきんかい》を受《う》け奉《たてまつ》るべし、第一不殺生戒《だいいちふせっしょうかい》、第二不偸盗戒《だいにふちゅうとうかい》、第三不邪婬戒《だいさんふじゃいんかい》、第四不妄語戒《だいしふもうごかい》、第五不酤酒戒《だいごふこしゅかい》、第六不説過戒《だいろくふせっかかい》、第七不自讃毀《だいしちふじさんき》佗戒《たかい》、第八不慳法財戒《だいはちふけんほうざいかい》、第九不瞋恚戒《だいくふしんいかい》、第十《だいじゅう》不謗三宝戒《ふぼうさんぼうかい》なり、上来三帰三聚浄戒《じょうらいさんきさんじゅじょうかい》、十重《じゅうじゅう》禁戒《きんかい》、是《こ》れ諸仏《しょぶつ》の受持《じゅじ》したまう所《ところ》なり。（第十六節）受戒《じゅかい》するが如《ごと》きは、三世《さんぜ》の諸仏《しょぶつ》の所証《しょしょう》なる阿耨多羅《あのくたら》三藐三菩提金剛不壊《さんみゃくさんぼだいこんごうふえ》の仏果《ぶっか》を証《しょう》するなり、誰《たれ》の智人《ちにん》か欣求《ごんぐ》せざらん、世尊《せそん》明《あき》らかに一切衆《いっさいしゅ》生《じょう》の為《ため》に示《しめ》しまします、衆生仏戒《しゅじょうぶっかい》を受《う》くれば、即《すなわ》ち諸仏《しょぶつ》の位《くらい》に入《い》る、位大覚《くらいだいがく》に同《おなじ》うし已《おわ》る、真《まこと》に是《こ》れ諸仏《しょぶつ》の子《みこ》なりと。（第十七節）諸仏《しょぶつ》の常《つね》に此中《このなか》に住《じゅう》持《じ》たる、各各《かくかく》の方面《ほうめん》に知覚《ちかく》を遺《のこ》さず、群生《ぐんじょう》の長《とこしな》えに此中《このなか》に使用《しよう》する、各各《かくかく》の知覚《ちかく》に方面露《ほうめんあらわ》れず、是時《このとき》十方《じっぽう》法界《ほっかい》の土地《とち》草木《そうもく》牆壁《しょうへき》瓦礫《がりゃく》皆《みな》仏《ぶつ》事《じ》を作《な》すを以《もっ》て、其起《そのおこ》す所《ところ》の風水《ふうすい》の利益《りやく》に預《あずか》る輩《ともがら》、皆甚妙《みなじんみょう》不可思議《ふかしぎ》の仏化《ぶっけ》に冥資《みょうし》せられて親《ちか》き悟《さとり》を顕《あら》わす、是《これ》を無為《むい》の功徳《くどく》とす、是《これ》を無作《むさ》の功徳《くどく》とす、是《こ》れ発菩提心《ほつぼだいしん》なり。

◎第四章《だいよんしょう》　発願利生《ほつがんりしょう》

（第十八節）菩提心《ぼだいしん》を発《おこ》すというは、己《おの》れ未《いま》だ度《わた》らざる前《さき》に一切衆生《いっさいしゅじょう》を度《わた》さんと発願《ほつがん》し営《いとな》むなり、設《たと》い在家《ざいけ》にもあれ、設《たと》い出家《しゅっけ》にもあれ、或《あるい》は天上《てんじょう》にもあれ、或《あるい》は人間《にんげん》にもあれ、苦《く》にありというとも楽《らく》にありというとも、早《はや》く自未得度先《じみとくどせん》度佗《どた》の心《こころ》を発《おこ》すべし。（第十九節）其形《そのかたち》陋《いや》しというとも、此心《このこころ》を発《おこ》せば、已《すで》に一切衆生《いっさいしゅじょう》の導師《どうし》なり、設《たと》い七歳《しちさい》の女流《にょりゅう》なりとも即《すなわ》ち四衆《ししゅ》の導師《どうし》なり、衆生《しゅじょう》の慈父《じふ》なり、男女《なんにょ》を論《ろん》ずること勿《なか》れ、此《こ》れ仏道極妙《ぶつどうごくみょう》の法則《ほうそく》なり。（第二十節）若《も》し菩提心《ぼだいしん》を発《おこ》して後《のち》、六趣《ろくしゅ》四生《ししょう》に輪転《りんでん》すと雖《いえど》も、其輪転《そのりんでん》の因縁《いんねん》皆《みな》菩提《ぼだい》の行願《ぎょうがん》となるなり、然《しか》あれば従来《じゅうらい》の光《こう》陰《いん》は設《たと》い空《むなし》く過《す》ごすというとも、今生《こんじょう》の未《いま》だ過《す》ぎざる際《あい》だに急《いそ》ぎて発願《ほつがん》すべし、設《たと》い仏《ほとけ》に成《な》るべき功徳《くどく》熟《じゅく》して円満《えんまん》すべしというとも、尚《な》お廻《めぐ》らして衆生《しゅじょう》の成仏得道《じょうぶつとくどう》に回向《えこう》するなり、或《あるい》は無量劫《むりょうごう》行《おこな》いて衆生《しゅじょう》を先《さき》に度《わた》して自《みず》からは終《つい》に仏《ほとけ》に成《な》らず、但《ただ》し衆生《しゅじょう》を度《わた》し衆生《しゅじょう》を利益《りやく》するもあり。（第二十一節）衆生《しゅじょう》を利益《りやく》すというは四枚《しまい》の般《はん》若《にゃ》あり、一者《ひとつには》布施《ふせ》、二者《ふたつには》愛語《あいご》、三者《みつには》利行《りぎょう》、四《よっ》者《つには》同事《どうじ》、是《こ》れ則《すなわ》ち薩埵《さった》の行願《ぎょうがん》なり、其布施《そのふせ》というは貪《むさぼ》らざるなり、我物《わがもの》に非《あら》ざれども布施《ふせ》を障《さ》えざる道理《どうり》あり、其物《そのもの》の軽《かろ》きを嫌《きら》わず、其功《そのこう》の実《じつ》なるべきなり、然《しか》あれば則《すなわ》ち一句一偈《いっくいちげ》の法《ほう》をも布施《ふせ》すべし、此生《ししょう》佗生《たしょう》の善種《ぜんしゅ》となる、一銭一草《いっせんいっそう》の財《たから》をも布施《ふせ》すべし、此世《しせ》佗世《たせ》の善根《ぜんごん》を兆《きざ》す、法《ほう》も財《たから》なるべし、財《たから》も法《ほう》なるべし、但彼《ただかれ》が報謝《ほうしゃ》を貪《むさぼ》らず、自《みず》からが力《ちから》を頒《わか》つなり、舟《ふね》を置《お》き橋《はし》を渡《わた》すも布施《ふせ》の檀度《だんど》なり、治生産業《ちしょうさんぎょう》固《もと》より布施《ふせ》に非《あら》ざること無《な》し。（第二十二節）愛語《あいご》というは、衆生《しゅじょう》を見《み》るに、先《ま》ず慈愛《じあい》の心《こころ》を発《おこ》し、顧愛《こあい》の言語《ごんご》を施《ほどこ》すなり、慈念衆生猶如赤《じねんしゅじょうゆうにょしゃく》子《し》の懐《おも》いを貯《たくわ》えて言語《ごんご》するは愛語《あいご》なり、徳《とく》あるは讃《ほ》むべし、徳《とく》なきは憐《あわれ》むべし、怨敵《おんてき》を降《ごう》伏《ぶく》し、君子《くんし》を和睦《わぼく》ならしむること愛語《あいご》を根本《こんぽん》とするなり、面《むか》いて愛語《あいご》を聞《き》くは面《おもて》を喜《よろこ》ばしめ、心《こころ》を楽《たの》しくす、面《むか》わずして愛語《あいご》を聞《き》くは肝《きも》に銘《めい》じ魂《たましい》に銘《めい》ず、愛語能《あいごよ》く廻天《かいてん》の力《ちから》あることを学《がく》すべきなり。（第二十三節）利行《りぎょう》というは貴賤《きせん》の衆生《しゅじょう》に於《お》きて利益《りやく》の善巧《ぜんぎょう》を廻《めぐ》らすなり、窮亀《きゅうき》を見《み》病雀《びょうじゃく》を見《み》しとき、彼《かれ》が報謝《ほうしゃ》を求《もと》めず、唯単《ただひと》えに利行《りぎょう》に催《もよ》おさるるなり、愚人謂《ぐにんおも》わくは利佗《りた》を先《さき》とせば自《みず》からが利省《りはぶか》れぬべしと、爾《しか》には非《あら》ざるなり、利行《りぎょう》は一法《いっぽう》なり、普《あま》ねく自佗《じた》を利《り》するなり。（第二十四節）同事《どうじ》というは不違《ふい》なり、自《じ》にも不違《ふい》なり、佗《た》にも不違《ふい》なり、譬《たと》えば人間《にんげん》の如《にょ》来《らい》は人間《にんげん》に同《どう》ぜるが如《ごと》し、佗《た》をして自《じ》に同《どう》ぜしめて後《のち》に自《じ》をして佗《た》に同《どう》ぜしむる道理《どうり》あるべし、自佗《じた》は時《とき》に随《したご》うて無窮《むきゅう》なり、海《うみ》の水《みず》を辞《じ》せざるは同事《どうじ》なり、是故《このゆえ》に能《よ》く水聚《みずあつま》りて海《うみ》となるなり。（第二十五節）大凡《おおよそ》菩提心《ぼだいしん》の行願《ぎょうがん》には是《かく》の如《ごと》くの道理《どうり》静《しず》かに思惟《しゆい》すべし、卒爾《そつじ》にすること勿《なか》れ、済度摂受《さいどしょうじゅ》に一切衆生皆化《いっさいしゅじょうみなけ》を被《こう》ぶらん功徳《くどく》を礼拝恭敬《らいはいくぎょう》すべし。

◎第五章《だいごしょう》　行持報恩《ぎょうじほうおん》

（第二十六節）此発菩提心《このほつぼだいしん》、多《おお》くは南閻浮《なんえんぶ》の人身《にんしん》に発心《ほっしん》すべきなり、今是《いまかく》の如《ごと》くの因縁《いんねん》あり、願生此娑婆《がんしょうししゃば》国土《こくど》し来《きた》れり、見釈迦牟尼仏《けんしゃかむにぶつ》を喜《よろこ》ばざらんや。（第二十七節）静《しず》かに憶《おも》うべし、正法《しょうぼう》世《よ》に流布《るふ》せざらん時《とき》は、身命《しんめい》を正法《しょうぼう》の為《ため》に抛捨《ほうしゃ》せんことを願《ねご》うとも値《お》うべからず、正法《しょうぼう》に逢《お》う今日《こんにち》の吾等《われら》を願《ねご》うべし、見《み》ずや、仏《ほとけ》の言《のたま》わく、無上菩提《むじょうぼだい》を演説《えんぜつ》する師《し》に値《あ》わんには、種姓《しゅしょう》を観《かん》ずること莫《なか》れ、容顔《ようがん》を見《み》ること莫《なか》れ、非《ひ》を嫌《きろ》うこと莫《なか》れ、行《おこない》を考《かんが》うること莫《なか》れ、但般若《ただはんにゃ》を尊重《そんじゅう》するが故《ゆえ》に、日日三時《にちにちさんじ》に礼拝《らいはい》し、恭敬《くぎょう》して、更《さら》に患悩《げんのう》の心《こころ》を生《しょう》ぜしむること莫《なか》れと。（第二十八節）今《いま》の見仏聞法《けんぶつもんぼう》は仏《ぶっ》祖面面《そめんめん》の行持《ぎょうじ》より来《きた》れる慈恩《じおん》なり、仏祖若《ぶっそも》し単伝《たんでん》せずば、奈何《いか》にしてか今日《こんにち》に至《いた》らん、一《いっ》句《く》の恩《おん》尚《な》お報謝《ほうしゃ》すべし、一法《いっぽう》の恩《おん》尚《な》お報謝《ほうしゃ》すべし、況《いわん》や正法眼蔵無上大法《しょうぼうげんぞうむじょうだいほう》の大恩《だいおん》これを報《ほう》謝《しゃ》せざらんや、病雀《びょうじゃく》尚《な》お恩《おん》を忘《わす》れず三府《さんぷ》の環《かん》能《よ》く報謝《ほうしゃ》あり、窮亀《きゅうき》尚《な》お恩《おん》を忘《わす》れず、余不《よふ》の印能《いんよ》く報謝《ほうしゃ》あり、畜類《ちくるい》尚《な》お恩《おん》を報《ほう》ず、人類争《じんるいいかで》か恩《おん》を知《し》らざらん。（第二十九節）其報謝《そのほうしゃ》は余外《よげ》の法《ほう》は中《あた》るべからず、唯当《ただまさ》に日日《にちにち》の行持《ぎょうじ》、其報謝《そのほうしゃ》の正道《しょうどう》なるべし、謂《いわ》ゆるの道理《どうり》は日日《にちにち》の生命《せいめい》を等閑《なおざり》にせず、私《わたくし》に費《ついや》さざらんと行持《ぎょうじ》するなり。（第三十節）光陰《こういん》は矢《や》よりも迅《すみや》かなり、身命《しんめい》は露《つゆ》よりも脆《もろ》し、何《いず》れの善巧方便《ぜんぎょうほうべん》ありてか過《す》ぎにし一日《いちにち》を復《ふたた》び還《かえ》し得《え》たる、徒《いたず》らに百歳《ひゃくさい》生《い》けらんは恨《うら》むべき日月《じつげつ》なり、悲《かなし》むべき形骸《けいがい》なり、設《たと》い百《ひゃく》歳《さい》の日月《じつげつ》は声色《しょうしき》の奴婢《ぬび》と馳走《ちそう》すとも、其中一《そのなかいち》日《にち》の行持《ぎょうじ》を行取《ぎょうしゅ》せば一生《いっしょう》の百歳《ひゃくさい》を行取《ぎょうしゅ》するのみに非《あら》ず、百歳《ひゃくさい》の佗生《たしょう》をも度取《どしゅ》すべきなり、此一日《このいちにち》の身命《しんめい》は尊《とうと》ぶべき身命《しんめい》なり、貴《とうと》ぶべき形骸《けいがい》なり、此行持《このぎょうじ》あらん身心《しんじん》自《みず》からも愛《あい》すべし、自《みず》からも敬《うやま》うべし、我等《われら》が行持《ぎょうじ》に依《よ》りて諸仏《しょぶつ》の行持《ぎょうじ》見成《げんじょう》し、諸仏《しょぶつ》の大道通達《だいどうつうだつ》するなり、然《しか》あれば即《すなわ》ち一日《いちにち》の行持《ぎょうじ》是《こ》れ諸仏《しょぶつ》の種子《しゅし》なり、諸仏《しょぶつ》の行持《ぎょうじ》なり。（第三十一節）謂《いわ》ゆる諸仏《しょぶつ》とは釈迦《しゃか》牟尼仏《むにぶつ》なり、釈迦牟尼仏《しゃかむにぶつ》是《こ》れ即心是仏《そくしんぜぶつ》なり、過去現在未来《かこげんざいみらい》の諸仏《しょぶつ》、共《とも》に仏《ほとけ》と成《な》る時《とき》は必《かなら》ず釈迦牟尼仏《しゃかむにぶつ》と成《な》るなり、是《こ》れ即心是仏《そくしんぜぶつ》なり、即心是仏《そくしんぜぶつ》というは誰《たれ》というぞと審細《しんさい》に参究《さんきゅう》すべし、正《まさ》に仏恩《ぶつおん》を報《ほう》ずるにてあらん

（『参禅要典』曹洞宗宗務庁発行）

坐禅の心得

坐禅は曹洞禅の正門《しょうもん》だ。「只管打坐《しかんたざ》して身心脱落《しんじんだつ》せよ」と道元は示し、両祖の道元《どうげん》・瑩山《けいざん》ともに坐禅修行の方法をていねいに具体的に教えた。

所謂《いわゆる》坐禅は習禅《しゅうぜん》には非《あら》ず、唯《た》だ是《こ》れ安楽の法門なり。

『普勧坐禅儀《ふかんざぜんぎ》』

両祖の坐禅指導書

道元《どうげん》には『普勧坐禅儀《ふかんざぜんぎ》』『弁道話《べんどうわ》』、『正法眼蔵《しょうぼうげんぞう》』の「坐禅儀《ざぜんぎ》」「坐禅箴《ざぜんしん》」などがある。『普勧坐禅儀』ではまず「坐禅は安楽《あんらく》の法門《ほうもん》」と紹介。自らも身心脱落《しんじんだつらく》し、真実の仏法と出合えた感激からすべての人々に坐禅をすすめ、具体的に坐禅の心得や作法を詳しく述べている。坐法はほとんど中国天台宗を開いた智顗《ちぎ》の『摩訶止観《まかしかん》』と同じだが、焼香・礼拝《らいはい》・看経《かんきん》等の諸行は捨て、只管打坐《しかんたざ》の坐禅として面目を一新させた。『弁道話』は坐禅の意義をさらに理論的におしすすめたもの。『正法眼蔵』坐禅儀には、重要な坐禅の極意が述べられている。調身・調息・調心を述べたあと、「兀兀《ごつごつ》と坐定《ざじょう》して、思量箇不思量底《しりょうこふしりょうてい》なり。不思量底如何《いかん》思量、これ非《ひ》思量なり」（どっしりと坐禅して、考えることのできないところを考えている。考えることのできないところをどうして考えられるのか、考えることを超えるのだ）とある。坐禅箴では、この極意を巻頭に、坐禅の要術を丹念に解説している。

瑩山《けいざん》の『坐禅用心記《ざぜんようじんき》』は『普勧坐禅儀』の趣旨に基づいて、よりていねいに具体的に書かれた指導書。以下、『坐禅用心記』の内容にそって坐禅の心得を紹介する。

夫《そ》れ坐禅は直《じき》に
人をして心地《しんち》を
開明《かいめい》し、
本分に安住せしむ。

『坐禅用心記《ざぜんようじんき》』

坐禅とは何か

『坐禅用心記』の冒頭は「夫《そ》れ坐禅は直《じき》に人をして心地を開明し、本分《ほんぶん》に安住せしむ。是《これ》を本来の面目を露《あら》わすと名づけ、亦本地《またほんち》の風光を現わすと名づく。身心倶《しんじんとも》に脱落し…」で始まる。坐禅とは、一切の諸縁を捨て放ち、真実の自己を明らかにして、そこに安住することだという。

真実の自己とは「玲瓏明白《れいろうめいびゃく》にして自照霊然《じしょうれいねん》たり」。清く澄みきった真心をさす。是非・善悪などのこだわりから解放され、身も心も抜け落ちて、虚空《こくう》にあるがごとし。これを〝三昧王三昧《ざんまいおうざんまい》〟という。坐禅はあたかも、さまよっていた人が家にたどりつき穏坐《おんざ》するようなものだ。ただし、真実の自己を明らかにするのだから、なまじの気持ちで坐禅を行ってはならない。縁務をすべてなげうって参禅することが第一の用心である。

調心の方法

坐禅は心を調《ととの》え、身体を調え、呼吸を調えることから開始される。

まず〈調心〉。坐禅に入る前の心構え、心を調えるためにはどうするのか。

『坐禅用心記』はいう。

「有《あ》らゆる技芸、術道、医方、占相《せんそう》、皆当《みなまさ》に遠離《おんり》すべし（遠ざけなければいけない）。況《いわ》んや歌舞妓楽《かぶぎがく》、諠諍戯論《けんじょうけろん》（争いごと・論議）、名相利養《みょうそうりよう》（名誉・利害）は、悉《ことごと》く之《これ》に近づくべからず」

また、頌詩《じゅじ》（偈《げ》や漢詩）、歌詠《かえい》（和歌や朗詠）の類《るい》は禅機《ぜんき》や志を述べ、心を浄化する作用があるといっても、坐禅に入ろうとするとき嗜《たしな》んでいてはいけない。文章筆硯《ひっけん》を傍《かたわ》らに置かないことは、坐禅を行う者の心得である。

このように教えている。

調身の方法

次に身体を調《ととの》える〈調身〉。これは、どのようにするのか。

『坐禅用心記』は衣服と食物と睡眠について、足りないのはよくないという。しかし「美《び》服《ふく》と垢《く》衣《え》(汚れた服)は倶《とも》に着用すべからず」。贅沢《ぜいたく》で華美な服は貪《むさぼ》る心を生じ、盗賊が入るかもしれない。だから着用するなという。汚れた服や古い服は、洗濯し繕《つくろ》って着ること。

「一切の生物《しょうもつ》堅物《けんもつ》(なまもの・堅いもの)、乃至《ないし》損物《そんもつ》(傷んだもの)、不浄《ふじょう》食《じき》(不当に得たもの)、皆之《みなこれ》を食すべからず」。腹具合がおかしくなったり、熱が出たり、坐禅にさしつかえる。また美食《みじき》も飽食《ぼうじき》も発病のもととなる。食事は必ず節量して腹八分目にし、風味がよく邪気を払うもの、胡麻《ごま》・山芋などは常に食べたほうがいいと教える。

調息の方法

風が激しく当たる所や高い所、壁や物に寄りかかった坐禅はいけないという。身体が熱かったり寒けがしたり、気分が重かったり、落ち着かず神経質になったりするのは、息が調わないからだ。

〈調息の法〉は「暫《しばら》く口を開張《ひら》いて、長息なれば即《すなわ》ち長に任《まか》せ、短息なれば即ち短に任せ」、だんだんに調えていく。息が調《ととの》わないと坐禅中に奇妙なことが起こる。自分の身体のなかが見えたり、仏の姿が見えたり、卓見と思える考えが浮かんだり、経典の意味が分かった気になったりする。そのときは「心《しん》を両趺《りょうふ》(両足)の上に安《あん》じ(置き)て坐す」。沈んでいるときは「心《しん》を髪際眉間《はっさいみけん》に安ず」。乱れているときは「心を鼻端丹田《びたんたんでん》(へその下)に安ず」。平生の坐禅では心を左の掌《たなごころ》に置くと教えている。

坐禅の環境

どのような場所が坐禅に適しているのか。火難・水難・風難・賊難のある所はよくないし、海辺・酒場・婬房《いんぼう》・寡婦《かふ》・処女《しょにょ》・妓楽《ぎらく》の傍らで坐禅してはならない。国王・大臣など権勢者の家、欲深や名誉心の強い人、論議を好む人にも近づかないことだ。また、極端に明るかったり極端に暗い所、極寒・極熱の場所、遊び人・遊び女《め》の所などでも坐禅してはならない。

坐禅する場所として好ましいのは「叢林《そうりん》の中《うち》(僧堂)、善知識《ぜんちしき》(高徳の僧)の処《ところ》、深山幽谷《しんざんゆうこく》」。緑水青山《りょくすいせいざん》で経《きん》行《ひん》を行うのがよい。谿辺樹下《けいへんじゅか》は心を澄ませてくれる。

「道場は須《すべか》らく清潔なるべく、而《しか》して常に香を焼《た》き、華《はな》を献ずれば」、仏法を護《まも》る善神・諸仏が守護してくれるという。

坐禅《ざぜん》せんと欲《ほっ》せば先《ま》ず静処宜《じょうしょよろ》しく茵褥須《いんにくすべか》らく厚《あつ》く敷《し》くべし、
風煙《ふうえん》をして入《い》らしむること勿《なか》れ、
雨露《うろ》をして侵《おか》さしむること勿《なか》れ、
膝《ひざ》を容《い》るるの地《ち》を護持《ごじ》して、打坐《たざ》の処《ところ》を清潔《せいけつ》にせよ。
昔人金剛座《せきじんこんごうざ》に坐《ざ》し、磐石《ばんじゃく》の上《うえ》に坐《ざ》するの蹤跡《しょうせき》有《あ》りと雖《いえど》も、
亦坐物有《またざもつあ》らざることなし。
坐処《ざしょ》は当《まさ》に昼明《ひるあきら》かならず、夜暗《よるくら》からず、
冬暖《ふゆあたた》かに、夏冷《なつひや》かなるべし、是《こ》れ其術《そのじゅつ》なり。
心意識《しんいしき》を放捨《ほうしゃ》し、念想観《ねんそうかん》を休息《きゅうそく》して、
作仏《さぶつ》を図《はか》ること勿《なか》れ、是非《ぜひ》を管《かん》すること勿《なか》れ。
光陰《こういん》を護惜《ごしゃく》して頭燃《ずねん》を救《すく》うが如《ごと》くせよ。
如来《にょらい》の端坐少林《たんざしょうりん》の面壁打成一片《めんぺきたじょういっぺん》にして都《すべ》て他事《たじ》なし。
石霜枯木《せきそうこぼく》に擬《ぎ》し太白坐睡《たいはくざすい》を責《せ》む。
焼香《しょうこう》、礼拝《らいはい》、念仏《ねんぶつ》、修懺《しゅさん》、看経持課《かんきんじか》を用《もち》いず、
祇管打坐《しかんたざ》して始《はじ》めて得《え》んと。

坐禅の仕方

具体的な坐禅の仕方に入る前に『坐禅用心記』は再び、坐禅がいかに優れているか、仏道の正門であるかを自覚させようとする。

仏教思想に三徳《さんとく》があり、教《きょう》は理論、行《ぎょう》は実践、証《しょう》はそれらの結果の悟りで、坐禅はそれら三徳をはじめからすべて兼ねそなえている。

また、坐禅は戒《かい》・定《じょう》・慧《え》という三《さん》学《がく》思想をも兼ねそなえている。戒は守らなければいけない生活のきまり、定は修行により心と身体を静め安定させること、慧はそれらの結果得られる真理だ。

坐禅は「焼香、礼拝《らいはい》、念仏、修懺《しゅさん》、看経持課《かんきんじか》を用《もち》いず」、三徳・三学は「祇《し》(只)管打坐《かんたざ》して始めて得んと」と、自信をもってすすめている。

さて具体的な坐禅の方法だが、まず袈裟《けさ》を掛ける。坐蒲《ざふ》は背骨の下に

大抵《たいてい》坐禅《ざぜん》の時《とき》は袈裟《けさ》を搭《か》くべし、
略《りゃく》すること勿《なか》れ。
蒲団《ふとん》は全《まった》く趺坐《ふざ》を支《ささ》うるに非《あら》ず。
跏趺《かふ》の半《なかば》よりして後《うしろ》に脊骨《せきこつ》の下《した》に至《いた》る、
是《これ》仏祖《ぶっそ》の坐法《ざほう》なり。
或《あるい》は結跏趺坐《けっかふざ》し、
或《あるい》は半跏趺坐《はんかふざ》す。
結跏《けっか》の法《ほう》は先《ま》ず
右《みぎ》の足《あし》を以《もっ》て左《ひだり》の脞《もも》の上《うえ》に置《お》き、
左《ひだり》の足《あし》を以《もっ》て右《みぎ》の脞《もも》の上《うえ》に置《お》き、
寛《ゆる》く衣物《えもつ》を繫《か》けて斉整《せいせい》ならしむべし。
次《つぎ》に右《みぎ》の手《て》を以《もっ》て左《ひだり》の足《あし》の上《うえ》に安《あん》じ、
左《ひだり》の手《て》を以《もっ》て右《みぎ》の手《て》の上《うえ》に安《あん》ず。
両手《りょうしゅ》の大指《だいし》相拄《あいささ》えて身《み》に近《ちか》づけ
拄指《しゅし》の対頭《たいとう》当《まさ》に臍《ほぞ》に対《たい》して安《あん》ずべし。
正身端坐《しょうしんたんざ》して左《ひだり》に側《そばだ》ち、
右《みぎ》に傾《かたむ》き、
前《まえ》に躬《くぐ》まり後《うしろ》に仰《あお》ぐことを得《え》ざれ。

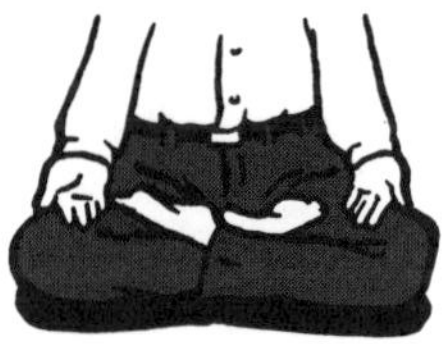
結跏趺坐《けっかふざ》

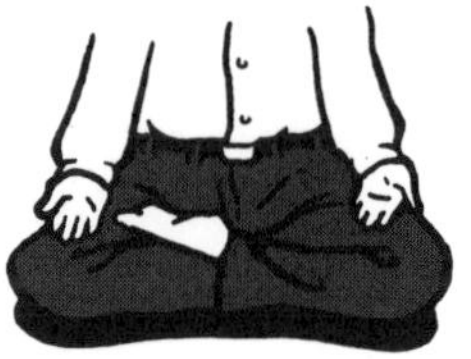
半跏趺坐《はんかふざ》

手の組み方

くるように敷く。

　坐法には結跏趺坐《けっかふざ》と半跏趺坐《はんかふざ》があるが、結跏の法について説明する。右足を左の腿《もも》の上に置き、左の足を右の腿の上に置く。次に右の手の上に左の手を置き、両手の親指は左右くっつけて、両親指の先がへそに対するようにする。姿勢は真っ直ぐ。口は結んで鼻で息をする。眼は見張ってもいけないし、細めてもいけない。

　このように姿勢を調《ととの》えてから、口を開いて一・二回、息を吐く。そして坐っている上体を七・八回、左右に大きく、ついで小さく揺らし、動きを止め、どっしりと端坐《たんざ》する。

　坐禅から立ち上がるときは、両手を仰向けにして、上体を左右に小さく、ついで大きく揺らし、口を開いて息を吐き、足を解く。両手を地につけ、立ってゆっくり歩く。

　坐禅中に眠くなったらどうするのか。身体を揺り動かし、眼を見張り、

耳《みみ》と肩《かた》と鼻《はな》と臍《ほぞ》と
必《かなら》ず倶《とも》に相対《あいたい》し、
舌上《したうえ》の腭《あぎと》を拄《ささ》え
息《いき》は鼻《はな》より通《つう》ず。
唇《しん》歯《し》相《あい》著《つ》け
眼《め》は須《すべか》らく正《まさ》に開《ひら》くべし。
張《は》らず微《ほそ》めず
是《か》の如《ごと》く調身《ちょうしん》し、
已《すで》に欠気《かんき》して安息《あんそく》す。
謂《いわゆ》る口《くち》を開《ひら》いて気《き》を吐《は》くこと
一両息《いちりょうそく》なり。
次《つぎ》に須《すべか》らく坐定《ざじょう》して
身《み》を揺《うご》かすこと七八度《しちはちど》して
麤《そ》より細《さい》に至《いた》って
兀々《ごつごつ》として端坐《たんざ》すべし。
而《しか》して経行《きんひん》の法《ほう》は
一息《いっそく》恒《つね》に半歩《はんぽ》なり。

左右揺振

姿勢

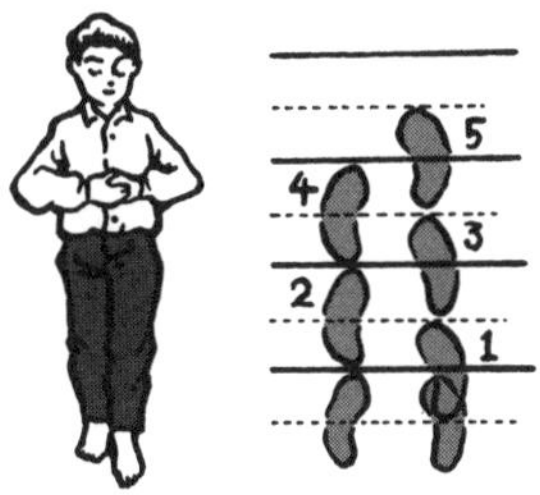

経行《きんひん》

心を髪の生《は》え際《ぎわ》と眉間《みけん》に置く。まだ駄目なら、手で眼を拭《ぬぐ》い、身体を摩《ま》擦《さつ》する。それでも無理なら「坐を起《た》って経行《きんひん》すべし」。静かに一息半歩で一〇〇歩に及べば、必ず眼が覚める。どうしても駄目なら眼を洗い、頭を冷やす。あるいは菩薩戒の序を読むなど、工夫することだ。

心が散乱したときは、心を鼻《び》端《たん》丹《たん》田《でん》に置き、出る息入る息を数えてみよ。やまないときは、一則《いっそく》の公案《こうあん》に集中する。「狗子無仏性《くしむぶっしょう》、雲門須弥山《うんもんしゅみせん》、趙州柏樹子《じょうしゅうはくじゅし》等の没滋味《もつじみ》の談、是《こ》れ其所応《そのしょおう》なり」。工夫すれば必ず散心はやむ。

すぐに、分別の心を休め（休去《きゅうこ》）、ゆっくりと（歇去《けっこ》）、煩悩《ぼんのう》や時間から解き放たれ（冷湫湫地去《れいしゅうしゅうちこ》・一念万年《いちねんばんねん》去《こ》）、煩わされず（寒灰枯木去《かんかいこぼくこ》）、定《じょう》・慧《え》が一致した（古廟香爐去《こびょうこうろこ》）、清らかな（一条白練去《いちじょうびゃくれんこ》）、禅の境地〝七去《しちこ》〟が得られるであろう。

両祖のおもな著作

道元《どうげん》の著作は、禅僧としてはきわめて多い。瑩山《けいざん》の著作は多くはないが重要である。両祖の高邁《こうまい》な思索と実践の跡を追う参考として、概略を紹介。

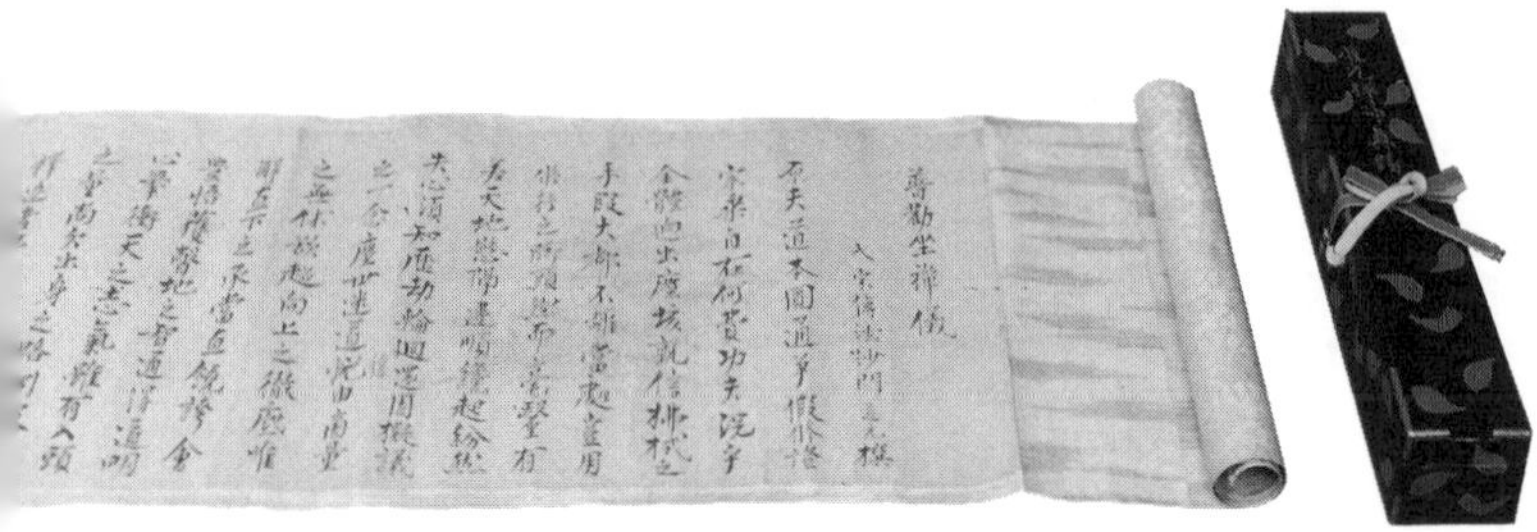

道元《どうげん》筆『普勧坐禅儀《ふかんざぜんぎ》』　国宝／大本山永平寺《えいへいじ》蔵

道元の著作

『普勧坐禅儀《ふかんざぜんぎ》』

入宋《にっそう》から五年ぶりで帰国した一二二七(嘉禄《かろく》三)年、寄寓先の建仁寺《けんにんじ》で書いた道元禅の独立宣言ともいうべき書。大変内容の充実した、格調高い四六駢儷体《しろくべんれいたい》の漢文で、坐禅に関する基本的な考えを表明したわが国最初の指導書。

禅の本義・伝統・心得・作法を説き、「祇《し》(只)管《かん》に参禅弁道《べんどう》すべし」「身心自然《しんじんじねん》に脱落して、本来の面目現《めんもくげん》前《ぜん》せん」とある。道俗・老若男女の別なく広く坐禅をするようすすめている。一巻。真筆は国宝。

『正法眼蔵《しょうぼうげんぞう》』

深草《ふかくさ》に興聖寺《こうしょうじ》を創建した一二三三(天福《てんぷく》元)年、道元は仏法《ぶっぽう》の真髄《しんずい》を意味する代表的大著『正法眼蔵《しょうぼうげんぞう》』の、最初の巻「摩訶般若波羅蜜《まかはんにゃはらみつ》」と「現《げん》成公案《じょうこうあん》」を書く。

最終巻の「八大人覚《はちだいにんがく》」は示寂《じじゃく》した一二五三(建長《けんちょう》五)年に完成。

宗教色の強い一二巻本と哲学・思索的に高い境地を示す七五巻本があり、別本と合わせて九五巻といわれる。和文。二世懐奘《えじょう》が続けた書写・編纂《へんさん》の努力が宗門の根本聖典《せいてん》を今日に残した。

『宝慶記《ほうきょうき》』

入宋していた道元が、天童山《てんどうざん》で正師如浄《にょじょう》に参禅し、印可《いんか》を得て帰国するまでの三年間、如浄と道元のあいだの問答が克明に記され、坐禅の作法、修行の心得も細かく記録されている。如浄の「参禅は身心脱落《しんじんだつらく》。焼香・礼拝《らいはい》・念仏・修懺《しゅさん》・看経《かんきん》を用《もち》いず。只管打坐《しかんたざ》するのみ」の言葉もある。道元示寂直後に漢文の記録が発見され、その年、二世懐奘が書写し、一巻とした。入宋当時、道元が何を考え、何を疑問としていたかがわかる書。

『仏祖正伝菩薩戒作法《ぶっそしょうでんぼさつかいさほう》』

入宋した道元は一二二五(嘉禄《かろく》元)年九月一八日、二六歳で天童山の如浄から戒を授けられるが、その受戒の儀式と作法を記録したもの。菩薩戒とは、一八九〇(明治二三)年に制定された『修証義《しゅしょうぎ》』の第三章「受戒《じゅかい》入位《にゅうい》」に出ている。仏法僧に帰依《きえ》する三帰《さんき》、自他に善行を行う三聚浄戒《さんじゅじょうかい》、そして不殺生や不邪婬などをきめた十重禁戒《じゅうじゅうきんかい》を合わせた十六条戒で、仏戒ともいう。曹洞宗の戒の根本をなしている。一巻。

『永平広録《えいへいこうろく》』

道元の示寂《じじゃく》後、高弟の懐奘《えじょう》・詮慧《せんね》・義演《ぎえん》らが編集した道元の語録。一二三六(嘉禎《かてい》二)年一〇月一五日の興聖寺《こうしょうじ》での説法から、永平寺《えいへいじ》での最晩年の法語まで、詩や賛《さん》なども集め、

『正法眼蔵』現成公案の一節

仏道をならふといふは、自己をならふなり。
自己をならふといふは、自己をわするるなり。
自己をわするるといふは、万法《まんぽう》に証《しょう》せらるるなり。
万法に証せらるるといふは、自己の身心《しんじん》、
および佗己《たこ》の身心をして脱落せしむるなり。

【解説】

仏道を学ぶということは、実は自分自身を学ぶということだ。自分を学ぶということは、身についた知識や経験、思慮分別を捨て去ることだ。自我を捨て生まれたままの清浄な自己をとり戻すことだ。清浄な自己は自然と一体となり、何のわずらいもない。真心だけで生きれば身も心も清らかに澄み、自分ばかりか接する他人の身心も清浄にすることができるのだ。

漢文一〇巻に編集した。原本は喪失。高弟義尹《ぎいん》が中国の義遠《ぎえん》に閲読《えつどく》を願い、一〇分の一に整理してもらったものを略録《りゃくろく》『永平道元禅師語録《えいへいどうげんぜんじごろく》』という。

『学道用心集《がくどうようじんしゅう》』

一二三四(天福《てんぷく》二)年、興聖寺《こうしょうじ》創建の翌年に書かれた。修行にもっとも大切な心得を一〇章に分けて示したもの。たとえば「正師《しょうし》を得ざれば学ばざるにしかず」といった激しい断定もある。菩提心を起こす、正しい教えを見聞する、仏道は必ず実践行で得られるなど、門下教育の熱気が伝わる内容。漢文体一巻。曹洞宗の僧侶は、修行時代に必ず読む。

『永平清規《えいへいしんぎ》』

永平寺の道元によって定められた清衆《せいしゅ》(修行僧)の生活規則、という意味。わが国で最初の本格的清規《しんぎ》だったが、長く埋もれ、原本は喪失。一六六七(寛文《かんぶん》七)年、永平寺《えいへいじ》の光紹智《こうしょうち》堂《どう》によって発刊された。漢文体六編で、内容は以下のよう。

「典座教訓《てんぞきょうくん》」は食事をつかさどる僧の重要性・意義・実務・心得、道元の経験など。「対大己五夏闍梨法《たいたいこごげじゃりほう》」は修行年数が長い先輩(大己五夏闍梨《たいこごげじゃり》)に対する新米僧の心がまえ、礼儀作法などを六二条。「弁道法《べんどうほう》」は僧堂での坐禅、睡眠、洗面、袈裟の着用法などを綿密に。「知事清規《ちじしんぎ》」は禅林の六人の重職(六知事)の任務・心得を詳細に。「赴粥飯法《ふしゅくはんぽう》」は禅院での朝食(粥《かゆ》)・昼食(飯)をとる方法・作法・順序・心得を詳細に。「衆寮箴規《しゅりょうしんぎ》」は、修行僧が読書したり繕《つくろ》いをしたりする衆寮での会話・礼儀作法・所持品について、二八条ある。

『正法眼蔵随聞記《しょうぼうげんぞうずいもんき》』

二世懐奘《えじょう》が興聖寺《こうしょうじ》で道元に侍《じ》した三年間、一二三五(嘉禎《かてい》元)年から一二三七(同三)年の道元の教えを、問答の形で記録したもの。六巻一〇七話。和漢混淆《こんこう》文。「夜話に聞く」「一日示して云《いわ》く」などの書き出しで、みずみずしくわかりやすい。道元の修行の遍歴、祖師たちの逸話、日常用心すべき教訓、懐奘との質疑応答など、高い境地を示す『正法眼蔵』に対応する本。後人の編集が加わっている。

『傘松道詠集《さんしょうどうえいしゅう》』

道元の作と伝えられる和歌と道歌を六四首、後世の法孫がまとめて、一七四七(延享《えんきょう》四)年に刊行。永平寺での風懐は、「春は花　夏ほととぎす　秋は月　冬雪さえて　冷しかりけり」。また示寂の年、名医と良薬を求めて京に逗留し、八月一五日の名月を見て「また見んと　おもひしときの　秋だにも　今宵の月に　寝られやはする」。この一三日後に示寂。

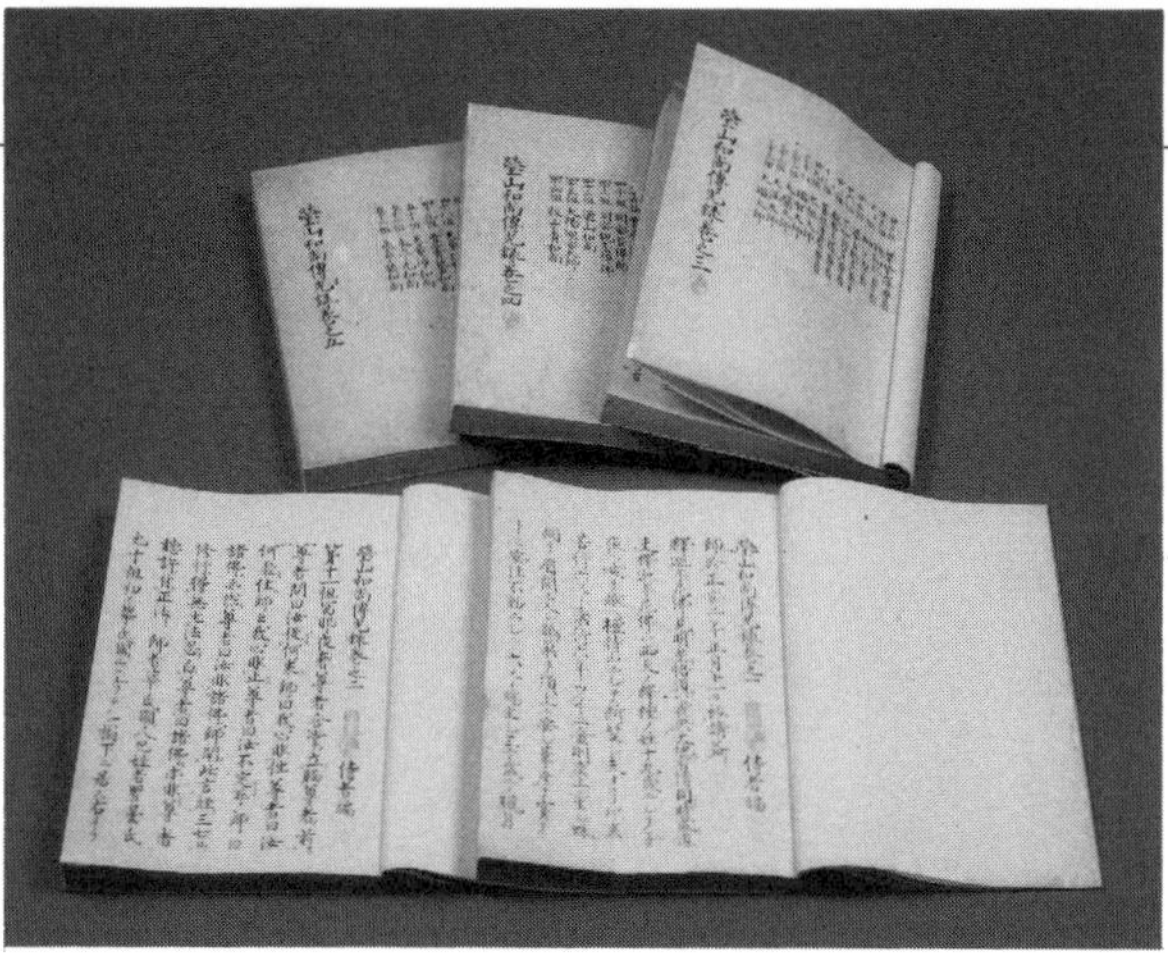

瑩山《けいざん》著『伝光録《でんこうろく》』　大本山總持寺《そうじじ》蔵
5巻5冊　1767(明和《めいわ》4)年の写本

瑩山の著作

『伝光録《でんこうろく》』

瑩山紹瑾《けいざんじょうきん》が一三〇二(正安《しょうあん》四)年一月から五三回、大乗寺《だいじょうじ》で修行僧に講義した説法を門下が筆録し、五三章の和漢混淆文によって編集した。

曹洞宗の正伝《しょうでん》を示すため、釈尊から達磨をへて如浄《にょじょう》・道元・懐奘《えじょう》にいたる五三人の祖師をとりあげ、史実の上に伝灯《でんとう》を跡づけようとした。それぞれ本則《ほんそく》(大悟の主題)から入って、機縁《きえん》(略伝)、拈提《ねんてい》(禅的意味づけ)、偈頌《げじゅ》(漢詩)で締めくくった。拈提での瑩山独特の説法・解説が特徴。『景徳伝灯録《けいとくでんとうろく》』『五灯会元《ごとうえげん》』などの僧伝を引き、修行僧への激励を述べ、七言二句の偈頌で本則への所感を表明している。

道元の『正法眼蔵《しょうぼうげんぞう》』とともに、曹洞宗の二大宗典となっている。原本は喪失。

『信心銘拈提《しんじんめいねんてい》』

中国禅の三祖鑑智僧璨《かんちそうさん》が著《しる》した『信心銘《しんじんめい》』は、禅宗史上で重視される書物。禅が人間に本来そなわっている仏心を強調していることを、五八四文字と詩句で表現している。

瑩山は大乗寺で『信心銘』をとりあげ、独自の見解によって解釈し、禅の奥義を解説した。一三〇三(嘉元《かげん》元)年から一三一六(正和《しょうわ》五)年ころ。漢文体一巻。原本は喪失。

『瑩山清規《けいざんしんぎ》』

『瑩山和尚清規《けいざんおしょうしんぎ》』のこと。瑩山が永《よう》光寺《こうじ》を開創した一三一三(正和二)年以降に制定。道元の『永平清規《えいへいしんぎ》』をもとに、懐奘《えじょう》・義介《ぎかい》の行法《ぎょうほう》や中国禅林の清規を参考に、大乗寺《だいじょうじ》・永光寺での修行生活の規則を定めている。行事を一日、一月、一年に分けて配列したのが特徴。檀信徒との融和を強調している。原本喪失。

一六七八(延宝《えんぽう》六)年、大乗寺の月舟宗胡《げっしゅうそうこ》により刊行。漢文体二巻。宗門の儀礼に決定的な影響を与えた。

『坐禅用心記《ざぜんようじんき》』

道元の『普勧坐禅儀《ふかんざぜんぎ》』をもとに、さらに詳細に坐禅をする際の注意・心得を書いた指導書。永光寺で書かれたという。坐禅の意義を述べ、坐禅に入る前の調心・調身・調息の仕方を教え、実際に坐禅する場合の坐り方、眼の開き方、手の置き方、息の仕方をていねいに述べる。さらに坐禅に適した環境や食事・衣服、生理上の注意までしている。漢文一巻。

『洞谷記《とうこくき》』

瑩山の宗教生活や、永平寺僧団が初期曹洞宗教団として活動していく状況など、きわめて貴重な記録。北陸地方の中世の生活文化を知るうえでも貴重である。

瑩山が一三一二(正和《しょうわ》元)年から一三二五(正中《しょうちゅう》二)年のあいだ、断片的にしたためたものを、室町時代に入って、門下が関係文書を加えてまとめた。

永光寺開山の事情、平生の動静、儀礼、作法、置文《おきぶみ》、譲状《ゆずりじょう》、自伝、垂訓、感想、偈頌《げじゅ》、和歌などが含まれる。原本喪失。漢文体一巻。

その他

一三二一(元亨《げんこう》元)年六月七日、總《そう》持寺《じじ》開山の由来、山門建立《こんりゅう》の発願《ほつがん》を記した『總持寺中興縁起《そうじじちゅうこうえんぎ》』(重文)、史実を疑う説もあるが後醍醐《ごだいご》天皇の勅問に答えたという『十種勅問《じっしゅちょくもん》』、永光寺の説法を編集した『瑩山禅師語録《けいざんぜんじごろく》』、口伝《くでん》をはじめて文章化した『仏祖正伝菩薩戒教授文《ぶっそしょうでんぼさつかいきょうじゅもん》』(重文)などがある。

『瑩山禅師語録』の一節

人々《にんにん》、本《もと》より、一坐具《いちざぐ》の地あり。他の処分を受けず、従来、自《おのずか》ら住す。久しく競求馳走《きょうくちそう》の心《しん》を休歇《きゅうかつ》して、始めて穏坐《おんざ》することを得たり。

[解説]
人には本来、自分が坐る場所があり、よそからの影響など受けない。生まれたときから人はそこに坐っている。他人と競争したり、欲望のままに右往左往したりしなければ、落ち着いてそこに坐ることができるのだ。

特集①

禅宗の諸尊

中国の禅僧丹霞天然《たんかてんねん》は、木仏を燃やして暖をとったという。このように、禅宗は本来、仏像崇拝の意識は薄い。

だが実際、禅院の七堂伽藍には、それぞれに、だいたい決まった仏像がまつられている。

仏像は如来《にょらい》・菩薩《ぼさつ》・明王《みょうおう》・天《てん》などに分けられ、まつる形式によっても意義が異なる。

それらがまつられるいわれを知れば、仏像とは礼拝《らいはい》する人の真心にほかならないと気がつくだろう。

大本山總持寺《そうじじ》の守護神三宝大荒神《さんぽうだいこうじん》像

伽藍神

七堂伽藍にまつられる守護神

《釈迦牟尼仏》

釈迦牟尼仏《しゃかむにぶつ》(釈迦如来《しゃかにょらい》)は曹洞宗の本尊である。禅宗では、お釈迦さまの修行体験そのものを敬い、同じく坐禅修行によって追体験しようとする。だから本尊の釈迦牟尼仏は、ただ単なる礼拝《らいはい》の対象ではなく、出家・在家の区別なく、修行する者の心のよりどころであり、目標・理想なのである。

本尊は伽藍《がらん》の中心、仏殿か本堂に安置される。釈迦牟尼仏を中央に、左右に脇侍《わきじ》がまつられるが、この脇侍の種類によって、本尊の象徴している意味が異なる。

大本山永平寺《えいへいじ》の場合、脇侍は阿弥《あみ》陀仏《だぶつ》(阿弥陀如来《あみだにょらい》)と弥勒仏《みろくぶつ》(弥勒菩薩《みろくぼさつ》)。主尊の釈迦牟尼仏は現在、阿弥陀仏は過去、弥勒仏は未来をあらわす三世仏《さんぜぶつ》である。

大本山總持寺《そうじじ》の脇侍は、お釈迦さまの高弟、迦葉尊者《かしょうそんじゃ》と阿難《あなん》尊者で、歴史上存在した祖師・修行者の象徴である。

また、大乗寺《だいじょうじ》(石川県)の場合は、智慧《ちえ》の文殊菩薩《もんじゅぼさつ》と行《ぎょう》の普賢菩薩《ふげんぼさつ》が脇侍で、これはお釈迦さまの根本理念を象徴している。

ちなみに、真如《しんにょ》(真実)の世界から教化《きょうか》のためこの世に来たのが如来、みずから菩提《ぼだい》(悟りの境地)を求める一方、衆生《しゅじょう》を導こうとする行者《ぎょうじゃ》を菩薩という。

《文殊菩薩》

「聖僧《しょうそう》さま」として僧堂に安置される。修行僧が坐禅し、眠り、食べ、修行生活の基本となる僧堂は、生きた仏をつくりだす場である。そのため、智慧《ちえ》第一の文殊菩薩《もんじゅぼさつ》が安置されることが多い。

寺院によっては僧堂に、お釈迦さまの最初の弟子阿若憍陳如《あにゃきょうじんにょ》や、不立《ふりゅう》文字《もんじ》・教化別伝《きょうげべつでん》の正法《しょうぼう》を受けついだ摩訶迦葉《まかかしょう》(迦葉尊者)、あるいは十八《じゅうはち》羅漢《らかん》のひとり賓頭盧《びんずる》尊者をまつる。

《仁王》

仁王《におう》は二王、あるいは金剛力士《こんごうりきし》ともいわれ、仏法の守護神である。

山門の左右に一対で安置される。向かって左の像は金剛杵《こんごうしょ》を振りかざして、口を阿形《あぎょう》に開けた密迹金剛《みっしゃくこんごう》。右は口を吽形《うんぎょう》に閉じた那羅延金剛《ならえんこんごう》。密迹金剛は理徳をあらわす女性で、那羅延金剛は智徳をあらわす男性だという。

山門《さんもん》は、三門とも書く。迷いのない空《くう》・無相《むそう》・無作《むさ》の三解脱門《さんげだつもん》を縮めたもので、仁王は解脱を促すといわれている。また、四天王《してんのう》をまつることもある。

《四天王》

もとはインド神話の神。仏教にとりいれられてからは、須弥山《しゅみせん》の頂上に住む帝釈天《たいしゃくてん》に仕え、仏法を四方から守護する護法神《ごほうしん》とされる。東は持国天《じこくてん》、南は増長天《ぞうちょうてん》、西は広目天《こうもくてん》、北は多聞天《たもんてん》(毘沙門天《びしゃもんてん》)が守護している。

盂蘭盆会《うらぼんえ》には、大施餓鬼棚《だいせがきだな》に四天王《してんのう》の名を書いた幡《はた》を掛ける。

《十六羅漢》

山門の楼上(二層)に、釈迦牟尼仏や観音菩薩《かんのんぼさつ》を中央にしてまつられている。本堂の内陣の場合もある。

十六羅漢《じゅうろくらかん》とは、お釈迦さまの入滅《にゅうめつ》後もこの世にとどまって仏法を護持し、衆生を救うことを命じられた一六人の弟子をさす。

羅漢は、正しくは阿羅漢《あらかん》といい、究極の悟り(阿羅漢果《あらかんか》)を得た聖者という意味。大乗《だいじょう》仏教では如来・菩薩にいたる直前の聖者をいう。とくに仏弟子の厳しい修行の姿を理想とする禅宗では、羅漢の役割は大きい。

また、十六羅漢に慶友《けいゆう》と賓頭盧《びんずる》を加えた十八羅漢、お釈迦さまにしたがった五〇〇人の聖者を五百羅漢《ごひゃくらかん》として敬っている。

《韋駄天》

庫裡《くり》に安置されている。もとはインドのバラモン教の神で、阿修羅《あしゅら》と戦うため、シヴァ神から生まれた六面十二臂《ろくめんじゅうにひ》の軍神。お釈迦さまの涅槃《ねはん》のとき、捷疾鬼《しょうしっき》が仏舎利《ぶっしゃり》を盗んで逃げたのを追い、取り戻したという駿足の持ち主。「韋駄天《いだてん》走り」の語は、この説話にちなむ。

中国では韋天《いてん》将軍と混同され、甲冑《かっちゅう》をつけ、宝剣を横たえ、合掌している姿となった。日本には鎌倉時代に伝わり、禅院で伽藍の守護神として重んじられ、鎮火《ちんか》の守護神ともされることから庫裡にまつられる。

韋駄天《いだてん》

《大黒天》

寺院によっては庫裡に、大黒天《だいこくてん》をまつるところもある。

もとはインドの神で、仏教と習合して寺院の守護・豊穣をつかさどる神となった。日本では神話に出てくる大国主命《おおくにぬしのみこと》と混同され、頭に不老帽、右手に打出《うちで》の小槌《こづち》、袋を肩にかけ、俵の上に立つ姿であらわされる。七福神のひとり。

《跋陀婆羅菩薩》

跋《ばっ》陀《だ》婆《ば》羅《ら》尊《そん》者《じゃ》ともいう。水を機縁として悟りを開いた聖者。浴室にまつられている。

浴室は、僧堂・東《とう》司《す》(便所)とともに三黙道場のひとつ。

清規(寺院の修行規則)によれば、入浴は四と九がつく日と決められていた。晩課のあと、入浴に先立って、首《しゅ》座《そ》・知《ち》浴《よく》(浴《よく》司《す》)が跋《ばっ》陀《だ》婆《ば》羅《ら》菩《ぼ》薩《さつ》の像に湯をそそぐ真似をしながら、次の偈《げ》文《もん》をとなえる。

「沐《もく》浴《よく》身《しん》体《たい》　当《とう》願《がん》衆《しゅ》生《じょう》　身《しん》心《じん》無《む》垢《く》内《ない》外《げ》皎《こう》潔《けつ》」(沐浴にあたって、人々に願う。身も心も汚れのないことを)

その後、堂《どう》頭《ちょう》(住《じゅう》持《じ》)以下、順次入浴する習わしだ。

入浴の前後には、跋陀婆羅菩薩に偈文をとなえ三《さん》拝《ぱい》する。

跋《ばっ》陀《た》婆《ば》羅《ら》菩《ぼ》薩《さつ》

《烏蒭沙摩明王》

烏《う》蒭《す》沙《さ》摩《ま》明《みょう》王《おう》は、不浄を清浄に転じる守護神。世の中の一切のけがれや悪を除く誓いを立てたといわれ、東司(便所)にまつられている。

火《か》頭《とう》金《こん》剛《ごう》・穢《え》迹《しゃく》金《こん》剛《ごう》ともいわれ、忿《ふん》怒《ぬ》の形相で、頭髪が火《か》焰《えん》の形をしている。汚《ぜん》染《な》不《ふ》汚《ぜん》染《な》(きれい・汚い)にかかわらず、慈悲をもって衆生を救ってくれる。

明王とは大《だい》日《にち》如《にょ》来《らい》に仕える身で、菩《ぼ》提《だい》心《しん》を起こさせるといわれている。

垂迹神

神仏習合による仏法の守護神

《招宝七郎大権修理菩薩》

本尊をまつった仏殿あるいは本堂の東側(または向かって左側)を土《ど》地《じ》壇《だん》といい、招《しょう》宝《ほう》七《しち》郎《ろう》大《だい》権《げん》修《しゅ》理《り》菩《ぼ》薩《さつ》はそこに安置される。

中国の阿《あ》育《いく》王《おう》山《ざん》広《こう》利《り》寺《じ》の護法神で、招《しょう》宝《ほう》山《さん》に住んでいたため、この名前がある。道元が入《にっ》宋《そう》し、印《いん》可《か》を得て帰国するとき、密かに随行して道元

招《しょう》宝《ほう》七《しち》郎《ろう》大《だい》権《げん》修《しゅ》理《り》菩《ぼ》薩《さつ》

を守り、難を除き、仏法の繁栄を願ったという説話に基づく。

曹洞宗および臨済宗で、仏法の守護神とされる。いかにも中国風のゆったりした神で、帝王の衣冠をつけて椅子《いす》に座り、右手を額にかざして海のかなたを遠望している姿である。

《三宝荒神》

仏法僧の三宝に帰依する者の守護神。かまどに住み、不浄を取り除くとされる。

三宝荒神《さんぽうこうじん》とは、如来荒神《にょらいこうじん》・鹿乱荒《ろくらんこう》神《じん》・忿怒荒神《ふんぬこうじん》をさし、もともとは人間の煩悩《ぼんのう》による無明《むみょう》(仏法が理解できない状態)の神格化であるという。激しい情念を鎮めることから、火の神・かまどの神として信仰される。

大本山總持寺では、三宝荒神を大日如来・阿弥陀如来・文殊菩薩の権化として別殿を設けてまつり、七難消滅・福寿長久を祈念する。

《三尺坊大権現》

火防《ひぶ》せの神として多くの信仰を集めている。それは、三尺坊が火難を除く観音の申し子とされるためだ。

三尺坊というのは、実在していた人物らしく、伝えられるところによると、信州(長野県)の生まれで、熱心な観音信仰者だった母のもとで育ち、七歳で出家。修行ののち、役行《えんのぎょう》者《じゃ》ゆかりの蔵王堂《ざおうどう》十二坊(新潟県)のなかの三尺坊を預かる身となった。そして再び故郷信州で修行したのちに神通力《じんづうりき》を得て、八〇九(大同《だいどう》四)年、秋葉寺《しゅうようじ》(静岡県浜松市春野《はるの》町)を開いた修験者《しゅげんじゃ》である。

秋葉寺は一八七三(明治六)年に廃寺となったため、本殿を可睡斎《かすいさい》(袋井市)に移して秋葉三尺坊大権現《あきばさんじゃくぼうだいごんげん》をまつり、秋葉寺も一〇年ほどで復興されて今日にいたっている。三尺坊大権現をまつる曹洞宗の寺院は多い。

《荼(吒)枳(吉)尼天》

もとはインド神話の神で、自在な神通力をもち、その法を修する者には自在な力を与えるという天女。

白狐《びゃっこ》に乗ることから、わが国固有の五穀をつかさどる稲荷神《いなりしん》と、その使いとされる狐が融合して同一視されるようになった。

豊川稲荷《とよかわいなり》として多くの信仰を集めている妙厳寺《みょうごんじ》(愛知県)は、道元の弟子の寒巌義尹《かんがんぎいん》が宋から帰国する船上で、稲穂を持ち、白狐にまたがる吒《だ》枳尼天《きにてん》を感得し、その姿をみずから刻んだ像を鎮守として開かれた。敬徳・敬愛の神として信仰されている。

《道了大権現》

最乗寺《さいじょうじ》(神奈川県)には、道了大権《どうりょうだいごん》現《げん》がまつられている。別名道了大薩《どうりょうだいさっ》埵《た》、道了尊《どうりょうそん》ともいわれる。薩埵は菩薩の意味。

神奈川県・最乗寺《さいじょうじ》の道了大権現《どうりょうだいごんげん》

縁起によれば、法名を妙覚《みょうかく》といい、了庵慧明《りょうあんえみょう》が最乗寺を創建するのを知り、三井寺勧学院《みいでらかんがくいん》(別名園城寺《おんじょうじ》・滋賀県にある天台寺門宗総本山)から飛んで助けに来た。一人で五〇〇人力のパワーを発揮。最乗寺の建設は一年で終了した。その神通力は、大和《やまと》(奈良県)の大峰山《おおみねさん》、紀伊《きい》(和歌山県)の熊野三山など、山中修行で得られたものだった。一八年たって了庵が遷化《せんげ》すると妙覚は、やおら天狗に変じ、白狐にまたがると「これより以降、大雄山《だいゆうざん》(最乗寺《さいじょうじ》)を護り、衆生を済度せん」といって、天地が震撼《しんかん》するなか、山中に消えた。以後、守護神として、まつられるようになった。

《白山妙理大権現》

白山《はくさん》は、福井・石川・岐阜の三県にまたがる日本名山のひとつ。道元が開いた永平寺の一帯は、もともと白山信仰といわれる天台系の密教が強い地域。平泉寺《へいせんじ》(白山神社)などの古寺が多く、白山妙理大権現《はくさんみょうりだいごんげん》はその祭神で、十一面観音を本地仏《ほんじぶつ》(本来の尊格)としている。仏法僧の守護神である。

道元が宋から帰国する前夜、白山妙理大権現が現れ、間に合うはずのない『碧巌録《へきがんろく》』の筆写を手助けして一夜で完成させた。その言い伝えのある写本が、大乗寺(石川県)に残っている。

《放光菩薩》

大本山總持寺の三門楼上には、放《ほう》光《こう》菩薩《ぼさつ》がまつられている。これは観音菩薩と地蔵菩薩を合わせた名前で、放光菩薩という一仏があるわけではない。深い慈悲をあらわす観音菩薩と、深い思慮をあらわす地蔵菩薩(地蔵尊)の加護が得られれば、こんなに心強いことはない。

また、曹洞宗の地方寺院には、地蔵尊をまつっているところが多い。禅の教えがもたらされる以前に地蔵信仰が定着しており、それを吸収するかたちでひろまったからだ。高岩寺(東京巣鴨)のとげ抜き地蔵などが有名。

特集②

お寺で生まれた精進料理

精進料理はもともと、
修行僧の食べものだから、
殺生しないために肉や魚を避け、
菜食中心となった。
豆腐・納豆・味噌《みそ》・醤油《しょうゆ》、
あるいは湯葉に麩《ふ》と、
和食に欠かせない食材はみな、
禅僧たちの苦心のたまものである。

鎌倉時代に発達した精進料理

鎌倉時代、入宋《にっそう》して禅を学び、同時に中国禅院の食事法も身につけて帰国した臨済宗・曹洞宗の僧たちによって、日本の精進料理は発達した。

禅院の食事は一日二食。朝は小食《しょうじき》（粥座《しゅくざ》）といい、お粥《かゆ》・香菜《こうさい》・胡麻塩《ごましお》。昼は中食《ちゅうじき》（斎座《さいざ》）といい、飯と一汁一菜。特別の来客などには一汁三菜とし、これを「本膳」といった。本来、夕食はない。しかし冬の寒い夜は体がもたないため軽い食事が出されるようになった。体を温めるための薬であって正式の食事ではないという意味で「薬石《やくせき》」といった。石を温めて布に包み、懐に入れて寒さをしのいだことが由来だ。

安土《あづち》・桃山時代、千利休《せんのりきゅう》が「懐石《かいせき》」と名づけた茶席での食事は、禅院の薬石からきている。温めた石を懐に抱く程度の食事量。精進料理である。

黄檗宗が伝えた普茶料理

江戸時代初期に渡来した黄檗宗《おうばくしゅう》は普茶《ふちゃ》料理をもたらした。中国風の精進料理を大皿に盛り、四人でとり分けて食べる。胡麻油《ごまあぶら》と葛《くず》を多く使うのが特徴。

黄檗宗大本山萬福寺《まんぷくじ》（京都府宇治市）では、大法要の前に寺務や伝道の相談をするとき、一山の僧が一堂に会して茶礼《されい》を行う。この茶礼のあと、衆僧《しゅそう》の労をねぎらうために仏前の食物を下げて調理し、みなで分けあって食べたのがはじまり。〝普茶〟とは、普《あまね》く大勢の人にお茶をさしあげるという意味である。

それまで日本では、めいめいが膳で食事をしていたため、大勢で食べる普茶料理は新鮮で、京や長崎の粋人たちのあいだにひろまった。肉や魚を交えた大皿料理を「卓袱《しっぽく》」という。長崎県の郷土料理として有名だ。

道元が教えた〝食即禅〟

〝精進〟とは仏教語で、彼岸《ひがん》(悟りの境地)へ渡るための知恵〈六波羅蜜《ろっぱらみつ》〉のひとつ。身を清め行いを慎み、懸命に努力することをいう。

曹洞宗の高祖道元《どうげん》は明州《みんしゅう》(寧波《ニンポウ》)に到着してすぐに、船に日本産の椎茸《しいたけ》を買いにきた阿育王山《あいくおうざん》の老典座《てんぞ》(寺の炊事一切の責任者)に、〝食即《すなわち》禅(炊事に専念することは坐禅と同じ一つの道)〟を叩きこまれる。

料理することも仏法なら、それをありがたくいただくことも仏法。帰国後、深草《ふかくさ》の興聖寺《こうしょうじ》で書いたのが典座の役割と心得、調理法を教えた『典《てん》座《ぞ》教訓《きょうくん》』だ。食事の作法は『赴《ふ》粥《しゅく》飯《はん》法《ぽう》』に書いた。

食事は身を養うだけでなく、心も養う。日夜厳しい修行に励む雲水《うんすい》(修行僧)は、身も心も健康でなければならない。食事をつくる側の責任は重大だ。

道元は、「喜心《きしん》」=心から喜んで調理する、「老心《ろうしん》」=自分を忘れて他に尽くす、「大心《だいしん》」=偏りのない心で冷静に調理することを教えた。たとえば、けんちん汁に豆腐をちぎって入れるのは、全員にいきわたらせるための工夫だ。

また、食事づくりの基本は「五色」=バランスよく赤・白・緑・黄・黒の材料で、「五味」=一つの味に偏らず甘・辛・酸・苦・塩辛で、「五法」=料理法は生・煮る・焼く・揚げる・蒸す、というように教えた。

大陸伝来のハイカラ料理

禅宗以前のお寺の料理がどのようなものだったかわかっていないが、生か、ゆでたものに塩や酢、醤《ひしお》をつけて食べていたと推測される。禅の教えとともに中国から伝わった素菜《スーツァイ》(精進料理)は、味噌《みそ》や醤油《しょうゆ》、酢を使って味つけし、あるいは植物油を使って揚げたり、炒めたりした。油ものは、それまでの日本にはまったくなかった。在来の質素な食事に比べ、大陸伝来の精進料理は格段に上質でハイカラだったのだ。

また、この時代にすり鉢とすりこぎが普及し、味噌がすられて調味料となり、味噌汁や味噌煮、田楽などがつくられるようになった。そして、豆腐や山芋、胡麻《ごま》や胡桃《くるみ》がすられ、新しい料理・調味料が誕生する。

時代が下ると、山芋や海苔《のり》を使った蒲焼き《かばやき》など、精進料理の材料を使った擬《もど》き料理も登場してくる。

こういった調理・調味の技術は、食材のもっている以上の味をひきだした。旬の野菜のもつ生命力、そしてその命あるものをまったく無駄なく徹頭徹尾使いきる――それは、まさに精進料理の醍醐味《だいごみ》である。

《精進料理の食材》

●**豆腐**　奈良時代に中国より伝わった。夏の冷奴、冬の湯豆腐は定番。また、野菜を混ぜこんで焼く擬製《ぎせい》豆腐、飛龍頭《ひりょうず》(がんもどき)にもする。

●**胡麻豆腐**《ごまどうふ》　胡麻はすでに奈良時代に日本にあったが、すりつぶして吉野葛《よしのくず》を加え、なめらかになるまで火を通して、冷し固める胡麻豆腐は、すり鉢の普及により、つくられるようになった。

●**高野豆腐**《こうやどうふ》　真言宗高野山《こうやさん》の僧が冬の夜、豆腐を外に置きっ放しにしてできたことからそう呼ばれる。豆腐を凍らせたのち、乾燥させたもの。「凍り豆腐」「凍《し》み豆腐」ともいう。ふっくらと戻してから、含め煮にする。

●**六条豆腐**《ろくじょうどうふ》　昔、京都六条の辺りでつくられたので、この名がある。豆腐を醬《しょう》油《ゆ》で煮しめ、乾燥させたもの。半乾きのものは薄く切って料理のとりあわせにしたり、酢のものや吸いものの実などに使った。固く乾燥させたものは、鰹節《かつおぶし》のように削って、だしをとったので「精《しょう》進節《じんぶし》」ともいう。

●**湯葉**《ゆば》　大豆を絞った豆乳《とうにゅう》を煮詰め、表面に張った薄い膜をすくいとったもの。生湯葉のほか、日もちをよくした干し湯葉があり、炊きあわせや椀だね、揚げものに使われる。

●**麩**《ふ》　室町時代に禅僧によって伝えられた。生麩がよく使われるが、これは小麦粉を練ったたんぱく質のグルテンを加工したもの。梅・桜・紅葉《もみじ》・手鞠《てまり》をかたどった細工麩を季節にあわせて、椀だねや煮ものにする。また、生麩を油で揚げたものを「宗旦麩《そうたんふ》」といい、千利休《せんのりきゅう》の孫宗旦《そうたん》が好んだことから名づけられた。

●**昆布**《こんぶ》　だしをとったり、昆布巻などの煮ものに使われる。また、曹洞宗の客膳には、編んで素揚《すあ》げにした昆布籠《こぶかご》が添えられる。

●**椎茸**《しいたけ》　干し椎茸は精進だしに欠かせない。煮ものにしても味がよい。

●**蒟蒻**《こんにゃく》　いまでは日本独特の食品だが、製法は中国から伝わったといわれる。体内の砂を掃きだすように、煩悩《ぼんのう》もいっしょに払ってくれると考えられた。

●**定心房**《じょうしんぼう》　天台宗比叡山《ひえいざん》の麓《ふもと》のわらべ歌に「山の坊さん何食うて暮らす、湯葉の付け焼き、定心房」というのがある。定心房は稲藁《いなわら》と塩で漬けた大根。平安時代中期、比叡山定心房に住した慈恵《じけい》大師良源《りょうげん》の考案といわれる。日本最初の漬けもの。

●**大徳寺納豆《だいとくじなっとう》** 臨済宗大徳寺(京都市)でつくられる一種の味噌。大豆・大麦・麴《こうじ》・塩・香料でつくったものを、夏の天日で乾燥させ、小梅ぐらいの粒にする。真言宗大福寺《だいふくじ》(静岡県浜松市)でもつくられ、浜納豆ともいわれる。

●**径山寺味噌《きんざんじみそ》** 大豆と大麦の麴に塩を加えて発酵させ、塩漬けにして刻んだ茄子《なす》や蓮《はす》、生姜《しょうが》などを加えたなめ味噌。中国の径山寺に由来する。

●**五葷《ごくん》** 葱《ねぎ》・韮《にら》・らっきょう・にんにく・ひる(野びる)のこと。野菜だが、臭気の残るこれらは修行の妨げになるとして精進料理では禁止されている。

《精進料理の調理用語》

●**筏揚《いかだあ》げ** 牛蒡《ごぼう》・人参《にんじん》・蕗《ふき》などに味をつけて束ね、衣をつけて油で揚げる。真ん中を縦に切り、切り口を筏に見えるように並べたもの。

●**精進蒸《しょうじんむ》し** 真言宗高野山で、改まった儀式に出される。きくらげ・椎茸・栗・銀杏《ぎんなん》・ゆり根・生麩などに豆乳を加えて蒸したもの。

●**香《かお》り湯葉《ゆば》** 生湯葉を何枚か重ねて香りのよい柚子《ゆず》味噌《みそ》などを包み、油で揚げたもの。

●**大原木湯葉《おはらぎゆば》** 京都の大原女《おはらめ》は、しばった柴を頭に乗せて売り歩くが、その柴の形に似せた料理。生湯葉を巻いて円筒形にし、中央を昆布で結んだもの。

●**東寺湯葉《とうじゆば》** 真言宗東寺《とうじ》(教王護国寺《きょうおうごこくじ》・京都市)の僧が考案したといわれる。生湯葉を何枚も重ねて、きくらげ・ゆり根・銀杏などを包み、油で揚げたもの。

●**鉄砲和《てっぽうあ》え** 芥子《からし》の和えもの。鼻の粘膜を刺激して涙が出るほどの強烈さを、鉄砲といった。

●**奈良和《ならあ》え** 大和《やまと》(奈良県)でよくとれる大和芋《やまといも》を衣にして和えたもの。

●**共和《ともあ》え** 同じ素材同士を和えること。「友和え」とも書く。

●**絹酢《きぬず》**「白酢《しらず》」ともいう。豆腐の水をよくきって、すり胡麻《ごま》に塩・砂糖・酢を加えて、すり鉢でまぜる。それを裏ごしして、和えたもの。

●**伽羅煮《きゃらに》** 蕗《ふき》を醬油《しょうゆ》などで煮ると濃い茶色になる。伽羅蕗《きゃらぶき》だ。醬油を主として、黒っぽく煮たものを伽羅煮という。伽羅は古代インドのサンスクリット語で黒をさす。

●**しお り清《すま》し** 生清《きずま》しに、辛味大根のしぼった汁を加えたもの。

●**吉野汁《よしのじる》** 葛は大和(奈良県)吉野地方でとれる。清し汁に葛でとろみをつけ、生姜のしぼり汁をたらしたもの。

第5章

宗門史に名を残す「曹洞宗の名僧たち」

懐奘

生涯を師、道元にささげ、正伝の仏法を世に残した孝順の人

峨山韶碩

人材養成四〇年、洞門を大飛躍させた瑩山の一番弟子

鈴木正三

〝仁王禅〟〝鯨波禅〟をとなえた異端の野僧

卍山道白

〝曹洞宗中興の祖〟が宗統復古に尽くした四〇年

面山瑞方

曹洞宗学を大成させた〝お婆婆面山〟の道元ひと筋

大愚良寛

僧にあらず俗にあらず道元禅を実践しつづけた「天真」

鈴木正三

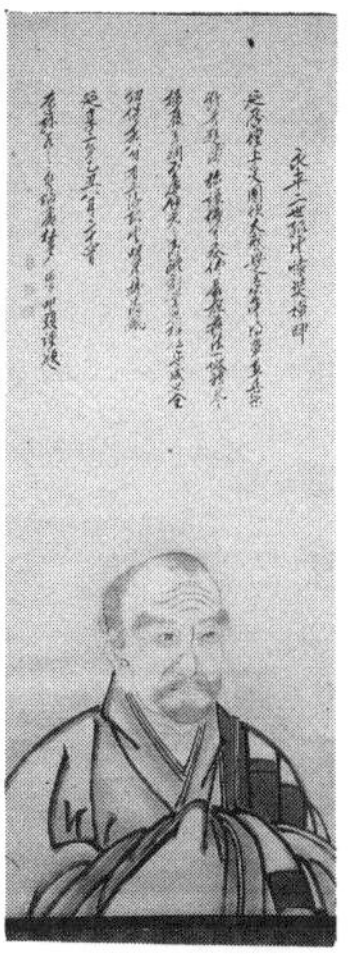

懐奘

峨山韶碩

面山瑞方

大愚良寛

卍山道白

懐奘《えじょう》

生涯を師、道元にささげ、正伝の仏法を世に残した孝順の人

道元との俗縁の深さ

道元《どうげん》が五四歳で示寂《じじゃく》した一二五三(建長《けんちょう》五)年八月二八日深夜、道元の行くところ常に影のように従い、二〇年間、骨身を惜しまず仕えてきた懐奘《えじょう》は「肝《きも》を消して、半時ばかりは死に入り給《たも》う」状態だった(『建撕記《けんぜいき》』)。永平寺《えいへいじ》住職は一カ月前、道元の自縫《じほう》の袈裟《けさ》とともに懐奘に譲られていたが、衝撃は大きかった。懐奘の思想も行動も、道元その人を忠実に映していた。その師が遷化《せんげ》したのである。

懐奘がはじめて道元を訪ね、法戦を挑んだのは一二二八(安貞《あんてい》二)年。宋《そう》から帰国した道元が、寄寓《きぐう》先の京都建仁寺《けんにんじ》で〝独立宣言〟ともいうべき漢文の『普勧坐禅儀《ふかんざぜんぎ》』を著した直後だった。懐奘三一歳、道元二九歳。

懐奘プロフィール

1198〜1280年。鎌倉時代初期、京都に誕生。藤原伊輔《ふじわらこれすけ》の側室の子。18歳で出家。比叡山《ひえいざん》の円能《えんのう》に学び、24歳ころ、浄土宗西山《せいざん》派の証空《しょうくう》に浄土教学を学ぶ。26歳ころ、日本達磨《だるま》宗の覚晏《かくあん》に参じ、37歳、道元に投じて2年後印可《いんか》を得る。道元の著作『正法《しょうぼう》眼蔵《げんぞう》』『宝慶記《ほうきょうき》』を手伝い、『永平《えいへい》広録《こうろく》』『正法眼蔵随聞記《しょうぼうげんぞうずいもんき》』を編述。永平寺二世。83歳で示寂《じじゃく》。

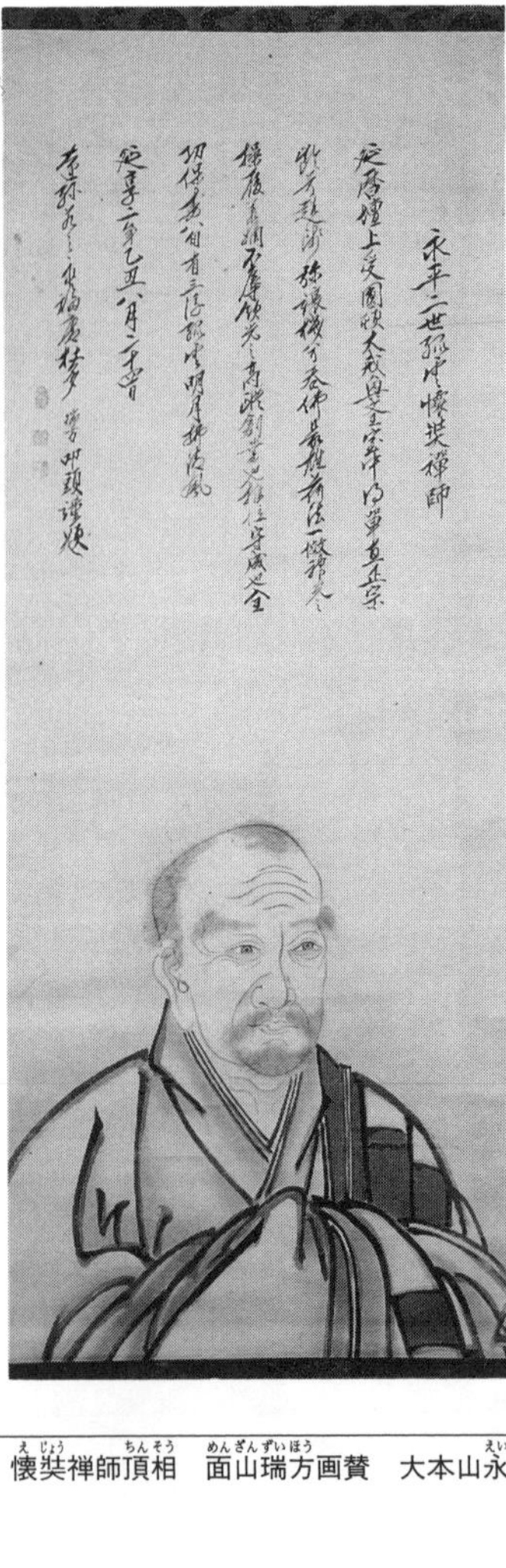
懐奘《えじょう》禅師頂相《ちんそう》　面山瑞方《めんざんずいほう》画賛　大本山永平寺《えいへいじ》蔵

道元は、賢人も愚人も坐禅に集中すれば、偉大な法力を発揮できると力説し、既成仏教との協調も、臨済宗がとっていた天台宗・真言宗との兼修も考慮しなかった。懐奘は完膚《かんぷ》なきまでに敗れ、すぐさま随従を望むが、道元から待つようにといわれる。

懐奘は日本達磨《だるま》宗の二祖覚晏《かくあん》の高弟である。初祖大日能忍《だいにちのうにん》は不慮の死をとげ、覚晏らは天台宗の弾圧を避けて大和《やまと》（奈良県）多武峰《とうのみね》の妙楽寺《みょうらくじ》に身を寄せていたが、今度は興福寺《こうふくじ》衆徒の焼き討ちで多武峰を退去。懐奘が道元を訪ねたのは、この焼き討ちの直後だった。

京都府宇治市に再興された
興聖寺《こうしょうじ》の中国風山門

道元と懐奘の関係は意外に深い。最近の研究によると、お互いの父方の祖母が姉妹なのだ。

まず懐奘だが、父は藤原伊輔《ふじわらこれすけ》、母は側室だったらしい。そのため、子として懐奘の名は記録にはない。伊輔の母（懐奘の祖母）は、内大臣久我《こが》通親《みちちか》の正室範子の妹にあたる。実はこれまで、この通親が道元の父だといわれてきた。だが、最近の研究では、通親の次男通具《みちとも》が父だとする説が強い。道元がのちに「育父源亜相《げんあしょう》」と呼んで法事を行った人物だ。そうであれば、通親の正室は道元の祖母にあたる。法戦を戦わせたあと、二人は互いに語りあい、俗縁の深さに驚いたことだろう。

そればかりではない。二人の縁は修行の過程でも深まる。どちらも比《ひ》叡山横川《えいざんよかわ》の般若谷《はんにゃだに》で修学していたのだ。懐奘は一二一五（建保《けんぽう》三）年、一八歳で出家し、般若谷の尊勝坊《そんしょうぼう》で円《えん》能《のう》について二四歳ころまで天台教学を学んだ。道元が一二一二（建暦《けんりゃく》二）年から一二一七（建保五）年まで般若谷の千光坊《せんこうぼう》で学んだとすれば三年ほど、二人は同じ場所にいたことになる。奇縁というほかはない。

『正法眼蔵』の完成を手伝う

建仁寺を出て、深草《ふかくさ》の安養院《あんよういん》へ移った道元は、坐禅以外の焼香・念仏・懺法《せんぼう》・読経などはなんの役にも立たないと『弁道話《べんどうわ》』に書き、興聖寺《こうしょうじ》を創建した一二三三（天福《てんぷく》元）年、大著『正法眼蔵《しょうぼうげんぞう》』の最初の巻を完成させる。懐奘が先師覚晏の死をみとって、正式に道元に参じたのはその翌年だ。道元から仏祖正伝菩薩戒作法《ぶっそしょうでんぼさつかいさほう》を受け、一二三六（嘉禎《かてい》二）年の冬安《とうあん》居《ご》で三九歳にして大悟。道元の室に

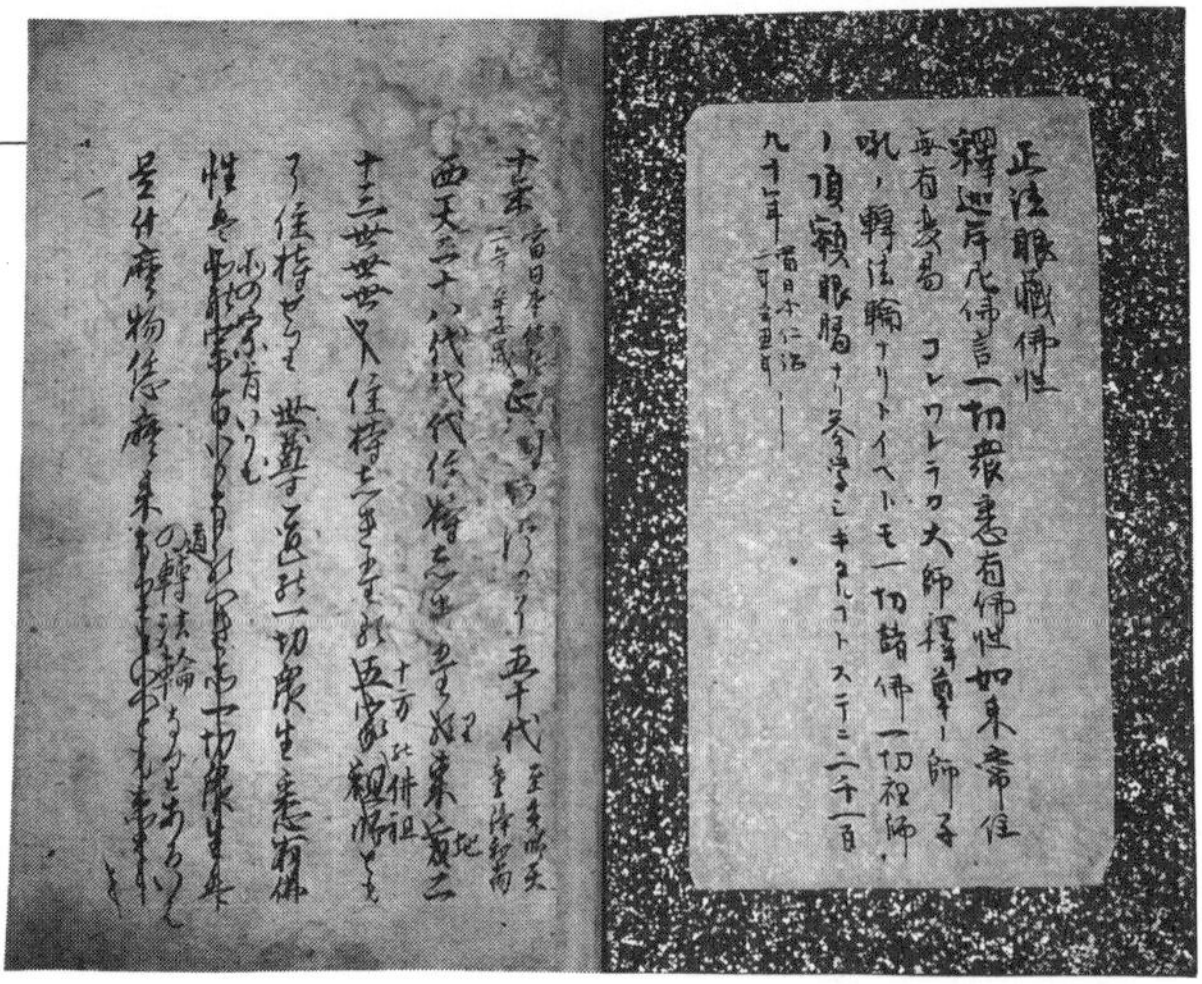

懐奘書写
『正法眼蔵《しょうぼうげんぞう》』仏性《ぶっしょう》第三の条
重文／大本山永平寺蔵

入って、大事《だいじ》と嗣書《ししょ》を授けられた。同年一二月には首座《しゅそ》となり、修行僧たちに「洞山《とうざん》、麻三斤《まさんぎん》」の公案《こうあん》を講じている。

　深草時代の道元は、在家・出家を問わず布教を中心に置き、教えはきわめて普遍性の強いものだった。男女平等、夫婦生活も仏道の妨げにならない、女人禁制の寺院など笑止千万、過去の罪は諸祖が救済する、などなど。公案も否定せず、歴代祖師の行状を知るお手本(則《そく》)として、自ら三〇〇則を選んでもいる。

　こうした興聖寺初期の道元を知る根本史料が、懐奘の編述による『正《しょう》法眼蔵随聞記《ぼうげんぞうずいもんき》』だ。道元の垂示《すいじ》や説法のわかりやすい記録で、常にそばにあって仕えていた懐奘が三年間を記し、他の弟子が加筆している。また、道元は興聖寺で『正法眼蔵』の半分近い四二巻を著したが、懐奘の書写は一二四二(仁治《にんじ》三)年、「道得《どうとく》」の巻から始まっている。

　道元は一二四三(寛元《かんげん》元)年、天台宗衆徒の弾圧を避け、興聖寺を出て越前《えちぜん》(福井県)へ移る。白山《はくさん》天台の古寺を転々とするが、厳寒の山中、一門の弟子を率い、半年間に『正法眼蔵』を二〇巻も著している。懐奘の助力がなければできることではなかった。

母の臨終に対面せず

　越前に移ってからの道元は、興聖寺初期の布教中心の教えから、厳しく純粋な出家主義に傾いていく。

　興聖寺後半、一番弟子の懐奘にはすでに厳しい出家主義を説いている。一二三六(嘉禎《かてい》二)年冬安居の折、病床の母を念頭においた懐奘に、道元は教える。

「父母への孝養は、在家であれば何よりも大切だが、出家は、それが一切の衆生に及ばなければならない。

懐奘は、師道元、そして弟子の義介《ぎかい》・義演《ぎえん》らとともに大本山永平寺承陽殿《じょうようでん》にまつられている

禅門に師の命日の儀式はあるが、父母の追善供養の行事はない」。

出家は、一切の執着を絶つということである。母が重体に陥った一二三八（暦仁《りゃくにん》元）年、懐奘に許された外出期間は〝一月両度一出三日《ひとつきりょうどいっしゅつみっか》〟。懸命に看病し、期限が切れると懐奘はお寺に戻り、ついに臨終の母に対面することはなかった。

【語録】

「八十三年夢幻の如し、
一生の罪犯弥天《みてん》を覆う。
而今《じこん》足下無絲《むし》に去る。
虚空《こくう》を蹈翻《とうはん》して地泉《ちせん》に没す」

懐奘の遺偈《ゆいげ》。「生涯は夢幻のよう。過ちは天を覆うごとく。しかしいま、足もとには一本の糸すら張られていない。虚空を踏み軽々とあの世に消えていく」

道元の示寂後は、師の教えを後世に伝えることに心血を注ぐ。『宝慶《ほうきょう》記《き》』の書写、『正法眼蔵』の書写・校訂・編集、『永平広録《えいへいこうろく》』の編纂《へんさん》。方丈に道元の画像を掛け、道元手縫いの袈裟を着用し、永平寺二世として人材を育成し、三世徹通義介《てっつうぎかい》に道元の法を伝え終わったとき、「大事已《すで》に畢《おわ》る。今日死すとも恨むべきにあらず」といった。

病のため一二六七（文永《ぶんえい》四）年、住職を義介に譲ったが〝三代相論《さんだいそうろん》〟が起こり、義介が住職を退任したため再住。

一二八〇（弘安《こうあん》三）年八月二四日、八三歳で示寂《じじゃく》。「師の亡くなった二八日、子《ね》の刻に逝《ゆ》きたい」と念願したが、わずかに四日早かった。遺骨は遺命により道元の塔の傍らに埋められ、懐奘自身の塔が建てられることはなかった。

峨山韶碩《がさんじょうせき》

人材養成四〇年、洞門を大飛躍させた瑩山の一番弟子

超人的な〃峨山道〃の伝説

峨山韶碩《がさんじょうせき》に伝説がある。能登《のと》(石川県)の總持寺《そうじじ》と永光寺《ようこうじ》の住職を兼任していた一年間、夜明け前に永光寺で勤行《ごんぎょう》(おつとめ)を終えると、毎日、一三里(約五〇キロ)離れた總持寺まで山道を走って、そちらでも朝の勤行を果たし、また永光寺に戻ったという。いまも「峨山道《がさんどう》」と呼ばれる細い山道が残っている。總持寺の朝の勤行は「大真読《だいしんどく》」といい、お経を長く引っ張って読む特殊な読み方で、これは、峨山の到着を待つ時間稼ぎの

峨山韶碩《がさんじょうせき》禅師頂相《ちんそう》　大本山總持寺《そうじじ》蔵

峨山韶碩プロフィール

1276〜1366年。鎌倉時代中期、能登《のと》(石川県)に誕生。16歳、比叡山《ひえいざん》で天台教学を学ぶ。22歳、瑩山《けいざん》と法縁を結び、1306(徳治《とくじ》元)年、31歳で印可《いんか》を受ける。46歳、師資相承《ししそうじょう》の血脈《けちみゃく》を受ける。1324(正中《しょうちゅう》元)年、能登總持《そうじ》寺《じ》二世となる。以後40年、人材育成と教団発展に尽くす。1340(暦応《りゃくおう》3)年、能登永光寺《ようこうじ》住職を兼任。91歳で示寂《じじゃく》。

方法だったという。

当時の峨山は六五歳。その歳で、五〇キロの山道を毎日走って往復できるものかどうか。伝説だから誇張はある。しかし当時は、師の瑩山《けいざん》から總持寺住職を譲られて一六年目。總持寺には全国から集まった各宗の修行者があふれ、全国各地では弟子たちが教団発展のための布教活動を続けていた。峨山が両寺を超人的に往来し、門下の育成をはかり、全国の門派の統制につとめていたことは確かだ。

教義問答で瑩山に迫る

峨山は一二七六(建治《けんじ》二)年、能登《のと》国《くに》羽咋《はくい》郡《ごおり》瓜生田《うりゅうだ》(石川県津幡町)に誕生している。一一歳で近くの教院に入り、一六歳で剃髪《ていはつ》、比叡山《ひえいざん》にのぼり、円宗《えんしゅう》のもとで天台教学を学んだ。瑩山紹瑾《けいざんじょうきん》に出会ったのは二二歳。京都東宮《とうぐう》である。それが峨山の一生を変えた。

三〇歳の瑩山は阿波《あわ》(徳島県)の城《じょう》万《まん》(満)寺《じ》住職であり、永平寺《えいへいじ》四世の義演《ぎえん》から仏祖正伝菩薩戒作法《ぶっそしょうでんぼさつかいさほう》を伝授された直後、三世義介《ぎかい》から道元禅の嗣法《しほう》を受ける二年前である。充実した気鋭の禅師だったろう。

峨山は瑩山に「天台宗の教義と禅の教えは、帰するところは同じではないか」と迫るが、瑩山は笑って回答を示さなかった。道元禅の悟りの境地は、坐禅による身心脱落《しんじんだつらく》の体験であり、峨山にはいまだ未踏の境地だったからだ。

二年後の一二九九(正安《しょうあん》元)年、峨山は再度、加賀《かが》(石川県金沢市)大乗《だいじょう》寺《じ》の瑩山を訪ね、師の礼をとって本格的に参禅した。

七年の修行ののち、瑩山の印可を得たのは一三〇六(徳治《とくじ》元)年、三一歳。その後、永光寺で師に仕え、都《つ》寺《す》として修行僧の世話をし、嗣法の証明である師資相承《ししそうじょう》の血脈《けちみゃく》を受けたのは、瑩山が總持寺開山となった一三二一(元亨《げんこう》元)年、峨山は四六歳だった。三年後、四九歳で總持寺二世となり、このあと四〇年の長きにわたって、總持寺を拠点とする人材の養成、布教活動、教団発展の指揮をとる。

一三二五(正中《しょうちゅう》二)年、瑩山示寂《じじゃく》。

弟子に苦境を訴える手紙

曹洞宗が峨山一門の手によって全国に爆発的に発展した理由は、峨山が師瑩山の柔軟な布教方法をそのまま踏襲したことだ。民衆の望む加持祈祷《きとう》や死者の供養など、密教的儀礼を曹洞宗の儀式・行事にとりいれ、当時としては新奇だった禅を、無理なく農民や下級武士、商人のなかに溶けこませた。

同時に、白山《はくさん》天台のような山岳信仰から発した古代寺院や、天台宗・

真言宗といった密教系寺院を曹洞宗に改宗させ、それらの本尊を否定することなく敬った。修験道を含む白山・熊野・山王《さんのう》・稲荷《いなり》・天神、あるいは火防神《ひぶせのかみ》の秋葉《あきば》三尺坊権現《さんじゃくぼうごんげん》、天狗《てんぐ》信仰の道了尊《どうりょうそん》といった民間信仰の吸収もそうである。

そのため、開かれた修行道場總持寺には全国から宗派を問わず多数の修行者が参集し、峨山は精根を傾けて人材の養成につとめる。中心的な弟子を「二十五哲」と呼び、傑出した五人が太源宗真《たいげんそうしん》・通幻寂霊《つうげんじゃくれい》・無端《むたん》祖環《そかん》・大徹宗令《だいてつそうれい》・実峰良秀《じっぽうりょうしょう》だった。

陸中《りくちゅう》(岩手県)黒石《くろいし》の正法寺《しょうぼうじ》にいた、弟子の無底良韶《むていりょうしょう》にあてた峨山直筆の手紙が残っている。能登の永光寺住職は輪番制で、峨山の番が回ってきたが、病のため入寺できない。一三五五(文和《ぶんな》四)年四月二八日付で、「万事を放擲《ほうてき》して、急いで能登へ来て、私の代わりに住職になってほしい。そうしないと、今後自分の門派から、永光寺の住職を出しにくくなる」。派の管理に苦心する、峨山の姿が浮かんでくる手紙だ。

勅書を送り返した気骨

峨山の気骨と政治的な判断力を示す話がある。

一三四〇(北朝の暦応《りゃくおう》三)年、将軍足利尊氏《あしかがたかうじ》によって、南北朝の戦乱で倒れた戦没者を弔うため、各国に安《あん》国寺《こくじ》と利生塔《りしょうとう》を建立することとなり、能登国の利生塔は、峨山の住する永光寺が選ばれた。

永光寺《ようこうじ》利生塔《りしょうとう》跡・石川県
室町期の永光寺古絵図には三重塔が描かれており、現在の礎石の跡に符合する

それは、峨山派の急激な拡大発展を北朝が考慮したからだが、今度は一三五三(南朝の正平《しょうへい》八)年になって、南朝の後村上《ごむらかみ》天皇から、亡くなった師の瑩山に「仏慈禅師《ぶつじぜんじ》」という諡《おくりな》が宣下される。南朝方も、峨山一門を引きこもうと考えたことは明らかだった。

かつて瑩山に参じたことのある出雲《いづも》(島根県)雲樹寺《うんじゅじ》の孤峰覚明《こほうかくみょう》(臨済宗法灯《ほっとう》派)が、手紙とともにその勅《ちょく》諡号《しごう》を總持寺の峨山に送ってきた。手紙には、あらためて瑩山の法を嗣《つ》

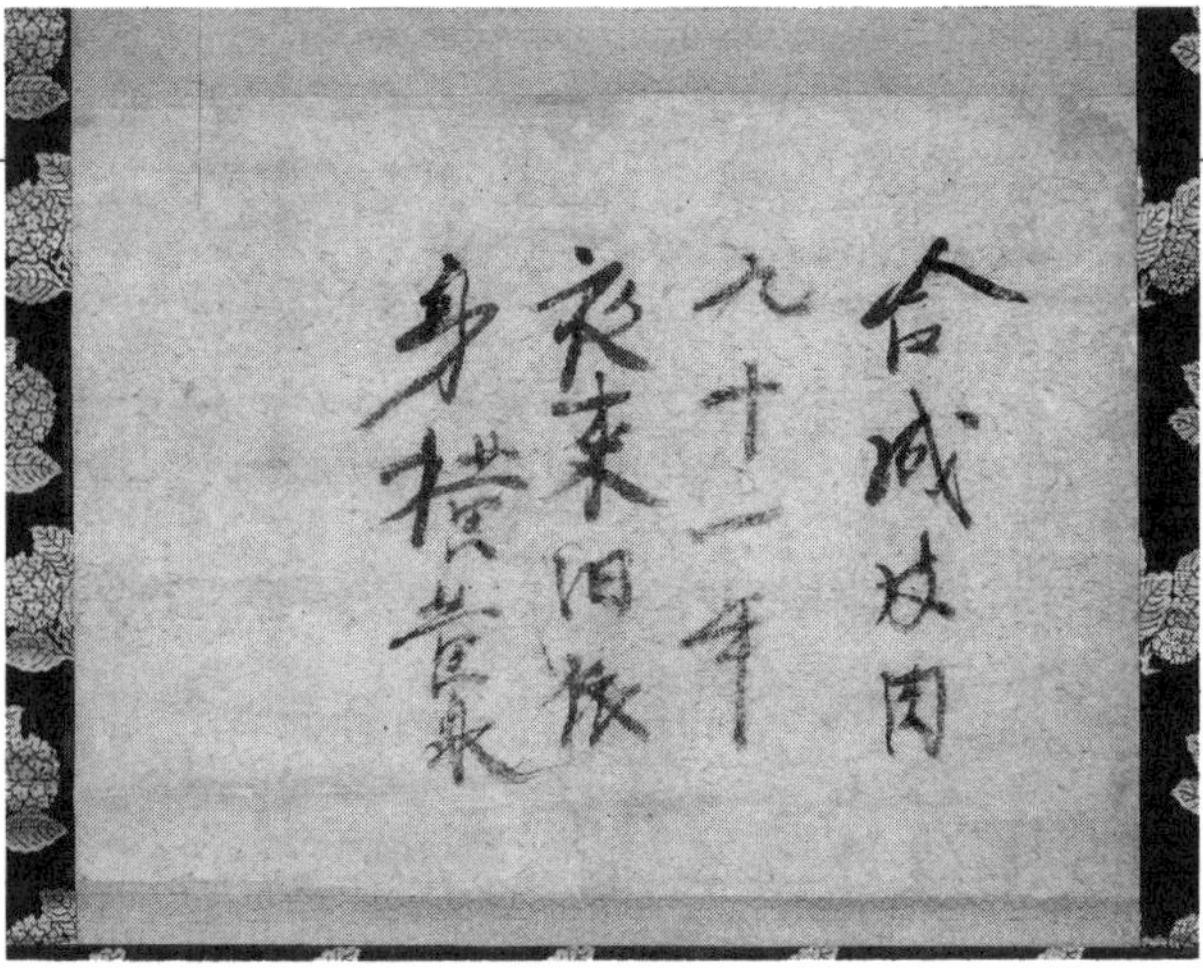

峨山韶碩禅師遺偈《ゆいげ》
大本山總持寺蔵

いで弟子になりたいとあった。

峨山は、この勅諡号を孤峰に送り返してしまう。理由は「道元《どうげん》以来、勅諡号を宣下された先例がない」「故人の瑩山に、真意をはかることができない」、そして、嗣法の希望については「すでに臨済宗法灯派を嗣いでいるあなたが、曹洞宗の法をあわせ嗣ぐことはありえない」と、峨山七九歳、胸のすくような断り方だった。

勅諡号を受けていれば、南朝の滅亡とともに曹洞宗の発展は望めなかったかもしれない。

この峨山直筆の手紙によって、それまでいわれていた、道元が後嵯峨《ごさが》天皇から紫衣《しえ》を賜ったことは、史実に反するとされた。また、南朝の後《ご》醍醐《だいご》天皇が一三二二（元亨《げんこう》二）年、瑩山に対し孤峰を使者として十種の勅問をされたと伝えられたことも、学問的には疑問とされた。

気骨の峨山は晩年になって總持寺住職を弟子の太源に譲り、養寿院《ようじゅいん》に隠棲した。一三六六（北朝の貞治《じょうじ》五）年一〇月二〇日、世寿九一歳で示寂。

著書に『仮名法語』、中国曹洞宗の禅理論のひとつ五位《ごい》説を説いた『山雲海月《さんうんかいげつ》』がある。

【語録】

「合成の皮肉、九十一年、夜来旧に依《よ》って、身を黄泉《こうせん》に横たう」

峨山の遺偈《ゆいげ》。「九一年の生涯、生はただ皮肉の動くままであり、死はそれが動きをとめるだけのこと。いま、古来からみなそうであったように、静かに身を横たえ死んでいく」。生もなく死もなく、透徹した無生死底《むしょうしてい》の心境だ。

〝仁王禅〟〝鯨波禅〟をとなえた異端の野僧

鈴木《すずき》正三《しょうさん》

仏像を手本に修行せよ

鈴木正三《すずきしょうさん》は出家してからも俗名《ぞくみょう》のまま通した。反骨の禅僧だ。その禅風は〝仁王禅《におうぜん》〟と呼ばれる。参禅する者には仏像を手本にして修行せよと教えたが、初心者には、仏敵に憤怒の表情で挑む「仁王・不動の像などに眼をつけて、仁王坐禅をなすべし」といった。一途《いちず》に、なにくそと強い心で気合を入れないと、煩悩《ぼうのう》には勝てないというのだ。

道元《どうげん》の只管打坐《しかんたざ》とは、もちろん違う。正三独特の禅で「睨《にら》み禅」「果《はた》し眼《まなこ》禅」とも呼ばれた。また、武士に対しては「鯨波《ときのこえ》坐禅をもちうべし」と教えて、実際にその場で、戦場の鯨波をあげてみせた。なんともすさまじい禅である。

念仏の効用も説いた。阿弥陀仏《あみだぶつ》の力にすがる他力本願《たりきほんがん》ではなく、「念仏に勢いを入れて、南無阿弥陀仏《なむあみだぶつ》、南無阿弥陀仏

鈴木正三プロフィール

1579～1655年。戦国時代末期、三河《みかわ》(愛知県)で誕生。徳川軍に属して関《せき》ヶ原《がはら》、大坂冬の陣・夏の陣に従軍。42歳で突然出家。千鳥山《ちどりやま》の荒行をへて、故郷の石ノ平《いしのたいら》に恩真寺《おんしんじ》を開く。万安英種《ばんなんえいしゅ》ら多くの禅僧と交際。島原《しまばら》の乱後、現地に21カ寺を開創。『二人《ににん》比丘尼《びくに》』『念仏草紙《ねんぶつそうし》』『因果物語《いんがものがたり》』『万民徳用《ばんみんとくよう》』など著作多数。77歳で示寂《じじゃく》。

鈴木正三《すずきしょうさん》木像　愛知県・恩真寺《おんしんじ》蔵

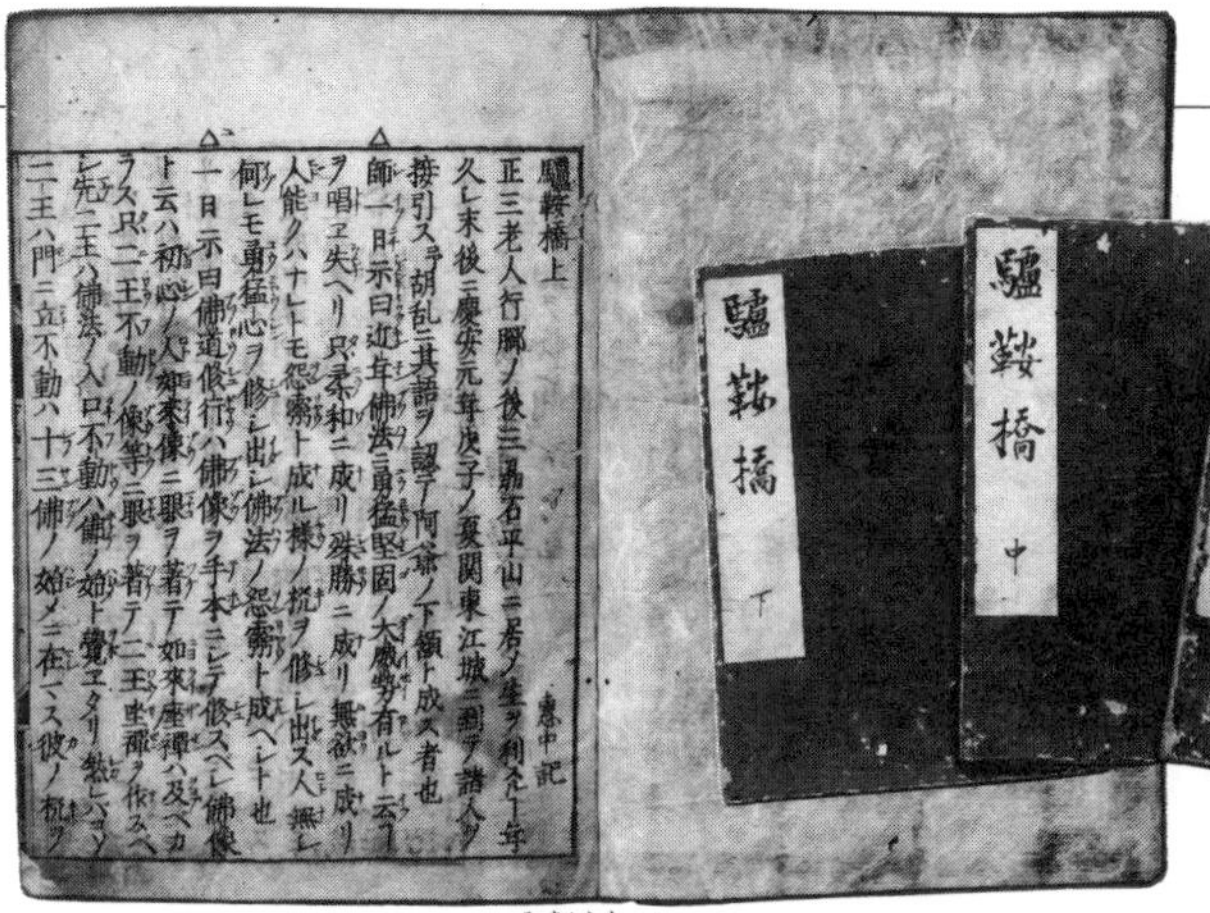

生前の法語や教示を収録した『驢鞍橋《ろあんきょう》』　愛知県・恩真寺蔵

と唱《とな》うべし。是《こ》の如《ごと》くせば、妄想《もうぞう》いつ去るとなく自《おの》ずから休むべし」といい、貧しい農民たちには「一鍬《ひとくわ》、一鍬に南無阿弥陀仏、南無阿弥陀仏と耕作せば、必ず仏果に至るべし」と教えた。煩悩を捨てよ、捨てよという禅的念仏で、これも正三独特のものだ。

殺気立つ半生、突然の出家

正三は一五七九(天正《てんしょう》七)年、三河《みかわ》国《のくに》加茂《かも》郡《ごおり》足助庄《あすけのしょう》(愛知県豊田《とよた》市)に、松平《まつだいら》家の家臣鈴木《すずき》重次《しげつぐ》の長男として誕生。二二歳、徳川《とくがわ》秀忠《ひでただ》軍に加わり関《せき》ケ原《がはら》に向かったが、信州《しんしゅう》(長野県)上田《うえだ》城《じょう》で真田《さなだ》昌幸《まさゆき》軍に阻《はば》まれ、戦ううち関ケ原戦《せきがはらのたたかい》が済んでしまった。一六一四(慶長《けいちょう》一九)年大坂冬の陣には、父の重次、弟の重成《しげなり》・重之《しげゆき》らと従軍。翌年の大坂夏の陣では、秀忠の先陣として武功をたて、三河国加茂郡で二〇〇石《こく》を賜り、三七歳で直参《じきさん》の旗《はた》本《もと》となった。

殺気だった半生である。しかし、信州上田城の戦いで体験した〝捨身《しゃしん》の心〟は、仏道修行の基盤となった。戦ののち、多くの禅僧を訪ねている。臨済宗《りんざいしゅう》では、宇都宮《うつのみや》慧林寺《けいりんじ》の物外《もつがい》、松島《まつしま》瑞巌寺《ずいがんじ》の雲居《うんご》希膺《きよう》、京都妙心寺《みょうしんじ》の愚堂《ぐどう》東寔《とうしょく》、江戸《えど》南泉寺《なんせんじ》の大愚《だいぐ》宗築《そうちく》。江戸の曹洞宗貴雲寺《きうんじ》の万安《ばんなん》英種《えいしゅ》に参じたとき、万安のほうが正三に啓発され、八王子山中に修行しに行ったので、正三の名が高まったという。

四一歳、大坂城勤番《きんばん》。ところが、大坂から江戸へ帰った一六二〇(元《げん》和《な》六)年、旗本大番《おおばん》に列せられたというのに、突然出家してしまう。四二歳。三人の実子と妻を捨てた。

天草に二一カ寺を開創

出家の動機について、正三は詳しく語らない。「しきりに世間いやになりける間《あいだ》、曲事《くせごと》とおぼしめさば、ご成敗《せいばい》あれとまかりいでて、腹切ら

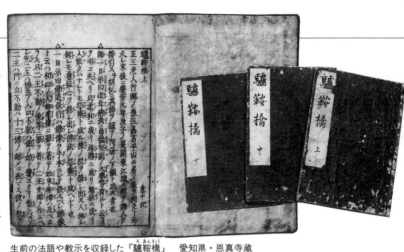

んと思い定め、ふと剃《そ》りたり」という。家は養子の重長《しげなが》に継がせ、諸国行脚《あんぎゃ》。四五歳、三河の千鳥山《ちどりやま》での修行が激しすぎて病に倒れてしまう。医者だった弟にすすめられ、肉食《にくじき》をして全快。周囲から悪《あ》しざまにいわれた。「恥知らずな正三なればこそ、生命《いのち》を養い立《た》て、今日に存命《ながら》えて」と述懐した。

一六二四（寛永《かんえい》元）年、父の代から鈴木家の所領だった山中《やまなか》村（豊田市山中町）石《いし》ノ平《たいら》に庵《いおり》をかまえる。道風を慕って人々が集まり、「石平道人《せきへいどうじん》」と呼ばれた。五年後、石平山恩真寺《せきへいざんおんしんじ》を開創。現在の曹洞宗恩真寺だ。

一六三七（同一四）年、島原《しまばら》の乱。弟の重成は、正三の実子重辰《しげとき》とともに従軍し、乱後は天草《あまくさ》の代官となった。正三は六四歳から重成とともに、戦乱で荒れた土地に一〇年かかって二社二一カ寺を創建した。そのうち一三カ寺が曹洞宗だった。そして『破吉利支丹《はきりしたん》』を著して各寺に一冊ずつ納め、キリシタン信者を教化しようとした。弟の重成は、のちに江戸で切腹して果てる。天草の厳しすぎる年貢を半減せよと何度も幕府に上申し、すべて却下されたためだ。重辰が二代目代官となり、年貢半減を実現した。天草では正三・重成・重辰の業績を崇《あが》めて、鈴木神社を建てた。

江戸での著作が多い。『麓草分《ふもとのくさわけ》』『盲安杖《もうあんじょう》』『万民徳用《ばんみんとくよう》』、また、民間の因果応報《いんがおうほう》話を集めた『因果物語《いんがものがたり》』三巻は、女性や在家のための『二人比丘尼《ににんびくに》』『念仏草紙《ねんぶつぞうし》』とともにベストセラーとなった。

強烈な「在家仏教」の主張

正三の晩年の言葉に「必ず心をハッシと守るべし。我れ常に是《こ》れ一つを云《い》う也《なり》。正三は何年生きても死より別に云うことなし」というのがある。修行者が常に〝死に習《なら》う〟ことを教えてきた。

臨終のとき弟子の慧中《えちゅう》らが遺戒《ゆいかい》を請うと、正三はハッタと睨《にら》み、「なにというぞ、我《わ》れ三十年云《い》いしことを得《え》受けずして、さようのことを云

【語録】

「仏法《ぶっぽう》世法《せほう》、二にあらず」

『万民徳用《ばんみんとくよう》』にある言葉。「仏法は深遠で、厳しい修行をしなければ真理を会得しがたいと思いがちだが、そうではない。日常の生き方と仏法は一つである。毎日の仕事を正直に、一生懸命に世に役立つように精出すことが、すなわち仏道の修行である」

うか。正三は死ぬとなり」。

こうした、戦場の実体験からにじみ出るような教えからすると、道元すらひ弱く見えたらしい。道元は『学道用心集《がくどうようじんしゅう》』で中国の美女を引用して人生の無常を説いたが、なぜ美女を糞土臭穢《ふんどしゅうえ》と書かないのかとまくし立てた。さらに「道元和尚などを、隙《ひま》の明《あ》いた人のようにこそ思わるらん、未《いま》だ仏境界に非《あら》ず」といった。まだ悟っていなかったというのだ。

正三は一人の人間として、釈迦《しゃか》と直《じか》に対面しようとした。悟りを開いたのは釈迦牟尼仏《しゃかむにぶつ》のみという立場だから、道元ばかりか最澄《さいちょう》や空海《くうかい》も批判の対象になる。仏教界への批判は、さらにものすごい。

「慰《なぐさ》み仏法、でき口仏法、だて仏法、へご仏法。…皆《み》な是《こ》れ病也《なり》」

幕府の定めた檀家制度によって、眠っていても食べていける仏教界は、生きた宗教活動をしないという痛烈な批判だ。「世間の用に立つのが真の仏法」といいきり、農民・職人・商人が人々の役に立つようにと働くことが仏法だといった。この〝在家仏教〟の主張からすれば、僧は社会の寄生虫ということになる。

一六五五(明暦《めいれき》元)年、死期が迫ったことを知り、江戸駿河台《するがだい》の弟の重之宅へ行った。小さい部屋を選び、「好《よ》き死に所を見つけたり、これにて死せんずよ」といった。見舞客が体調を問うと、「正三は三〇年前に死して置きたり」この言葉が当時、大変有名になったという。六月二五日、七七歳で没。

正三は曹洞宗の僧だが、宗門の正史には名前が載っていない。無師独悟、自由な野僧で〝異端の禅者〟といわれた。慧中がたずねると「先祖以来、曹洞禅門に属す」と答えたのが、曹洞宗とされる最大の根拠だが、宗門外では、正三を超宗派的な人としている。

恩真寺に残る鈴木正三の墓塔

卍山道白《まんざんどうはく》

〝曹洞宗中興の祖〟が宗統復古に尽くした四〇年

乱れた嗣法、重なる嗣法

卍山道白《まんざんどうはく》は、師の月舟宗胡《げっしゅうそうこ》とともに〝曹洞宗中興の祖〟といわれる。

その運動のむずかしさは、『黄檗《おうばく》版《ばん》大蔵経《だいぞうきょう》』を一八年かかって翻刻《ほんこく》した鉄眼道光《てつげんどうこう》や、奈良の大仏殿を二五年で建立した敬阿公慶《けいあこうけい》など、同時代の事業に比べ、卍山の宗統復古が四十余年かかったことを見てもわかる。

宗統《しゅうとう》とは、曹洞宗の嗣法《しほう》のこと。道元《どうげん》・瑩山《けいざん》のころの嗣法は、大悟徹底した弟子が、直接師から授けられ

卍山道白禅師《まんざんどうはくぜんじ》倚像《いぞう》　京都市・源光庵《げんこうあん》蔵

卍山道白プロフィール

1636〜1715年。江戸時代初期、備後《びんご》(広島県)に誕生。7歳で出家。17歳、江戸《えど》高秀寺《こうしゅうじ》の文春《ぶんしゅん》のもとで大悟。28歳、宗門改革を決意。43歳、月舟宗胡《げっしゅうそうこ》の法を嗣《つ》ぎ、2年後、加賀《かが》(石川県金沢市)大乗寺《だいじょうじ》二七世となる。65歳、江戸の寺社奉行に宗門改革の訴状を提出。1703(元禄《げんろく》16)年勝訴、「復古道人《ふっこどうじん》」と自称した。80歳で示寂《じじゃく》。曹洞宗中興の祖。

"規矩大乗《きくだいじょう》"といわれた大乗寺《だいじょうじ》・石川県
楼門より仏殿をのぞむ

る一師印証《いっしいんしょう》・面授嗣法《めんじゅしほう》。本師は一人だった。ところが卍山のころ、こうした"人法《にんぽう》"は忘れられ、法は寺院そのものに伝わるものとされた。いわゆる"伽藍法《がらんぽう》"だ。

　伽藍法は、A寺の住職としてA派の法を嗣《つ》いだ人物が、B寺やC寺住職となればB派C派の嗣法も可能という、嗣法をいくつしてもよいシステムだった。これでは、その人物がどの法系なのかわからなくなってしまう。

　原因は幕府の宗教政策にあった。本山―末寺―孫末寺と、寺院組織が鉄のように決められ、小寺の僧は常に大寺の下風に立つ。小寺から脱出するには学問と修行を積んで、大寺に移るしかない。そのため、名利・出世の修行は当然と見られ、小寺から大寺と住職を替わるたびに嗣承《ししょう》もふえていった。卍山は二八歳で道元《どうげん》の『正法眼蔵《しょうぼうげんぞう》』嗣書《ししょ》の巻を読み、改革を決意している。

月舟宗胡との出会い

　一六三六(寛永《かんえい》一三)年、備後国《びんごのくに》河《か》北郡《ほくぐん》(広島県)で誕生した卍山は七歳で出家後、父を亡くす。一〇歳で地元竜興寺《りゅうこうじ》の一線道播《いっせんどうばん》に就《つ》いて修学。母とも死別し、一六歳のとき師に従って江戸へ出た。

英邁《えいまい》な青年だったらしく、徹底大悟したのは一七歳。高秀寺《こうしゅうじ》の文春《ぶんしゅん》に参じた一六五二(慶安《けいあん》五)年。

　黄檗宗の潮音道海《ちょうおんどうかい》は二一歳の卍山に、熱心に黄檗宗への改宗をすすめている。二年前に明《みん》僧隠元《いんげん》隆琦《りゅうき》が来日。日本仏教界はその刺激で大揺れとなり、曹洞宗からも錚々《そうそう》たる禅僧たちが黄檗宗へ転宗して、教団の危機でもあった。卍山への誘いはその風潮のひとつだった。

　このとき登場したのが、加賀《かが》(石《いし》川県《かわけん》金沢市《かなざわし》)の名刹大乗寺《だいじょうじ》の月舟宗胡だ。月舟は五四歳で大乗寺に住山すると「祖師に還《かえ》れ」と号令し、すっかり乱れていた清規《しんぎ》(生活・修行規則)を、道元・瑩山の古規によって整えようとした。この古規復古が宗門の危機を救った。

　永平寺光紹智堂《こうしょうちどう》が刊行した道元の『永平清規《えいへいしんぎ》』をもとに、月舟は久しく絶えていた結制《けっせい》(九〇日間の集中坐禅)を行う。一六七四(延宝《えんぽう》二)年の

卍山道白により臨済宗から曹洞宗に改められた源光庵の山門

夏安居《げあんご》である。大乗寺には求道心《ぐどうしん》に燃えた全国の修行僧が集まり、厳正な清規を行う〝規矩大乗《きくだいじょう》〟の名が一気に高まった。

結制の四年後、月舟は『瑩山清規《けいざんしんぎ》』を刊行。この年、卍山が大乗寺に月舟を訪ね、師礼をとった。卍山四三歳。迎えた月舟は六一歳。よほど嬉しかったのか、「自分がいま汝《なんじ》を得たのは、世尊《せそん》が迦葉《かしょう》を得、青原《せいげん》が石頭《とう》を得たようなものだ。わが宗門は汝にいたって大いに興るだろう」と、いった。

刊行された『瑩山清規』の序は卍山が書いている。

直訴すれば死罪か遠島

一六八〇（延宝《えんぽう》八）年、卍山は月舟の後継で大乗寺住職となり、五六歳で京都禅定寺《ぜんじょうじ》に閑居。そこで、血盟の同志となる興聖寺《こうしょうじ》前住の梅峰笠信《ばいほうじくしん》らと出会い、宗統復古運動が具体化してくる。

一六八二（天和《てんな》二）年、卍山により『椙樹林清規《しょうじゅりんしんぎ》』二巻が制定された。上巻は日中行事・月中行事・雑記、下巻は年中行事。

しかし、改革はむずかしかった。宗門のほうは、関三刹《かんさんさつ》の總寧寺《そうねいじ》・大《だい》中寺《ちゅうじ》・龍穏寺《りゅうおんじ》、大本山の永平寺・總《そう》持寺《じじ》とも、伽藍法の変更に反対だった。かといって、寺社奉行に直訴すれば死罪か遠島である。

復古派の即現《そくげん》は一人で関三刹に訴えたが、「お前のような平僧が何をいうか。文句があれば、黄檗宗なり臨済宗《りんざいしゅう》なり、勝手に転宗したらよかろう」とあしらわれ、「私のような平僧ですら憂《うれ》えている。宗門の最高責任者が憂えないとは何事。御三寺こそ、真言なり天台なりに転派したらよい」といい放ち、江戸中に「即現婆羅門《ばらもん》」と悪名をふりまいた。

また嵋山《びさん》は、卍山らが手ぬるいと悲憤して律宗《りっしゅう》に改宗。独庵玄光《どくあんげんこう》は復古派の重鎮だったが、卍山と往来するうち病に倒れ亡くなった。

卍山と梅峰がようやく機をつかみ、二人で江戸へ下って宗門改革の訴えを寺社奉行にさしだしたのは一七〇〇（元禄《げんろく》一三）年。なんと、卍山は六五歳、梅峰は六八歳だった。

蜂の巣をつついた両論激突

卍山が三七年間、待ちつづけた好機とは、人事だった。まず、永平寺住職石牛天梁《せきぎゅうてんりょう》は卍山の弟子。總持寺五院代表の妙高庵央山《みょうこうあんおうざん》は卍山に学び、梅峰とも親しかった。関三刹の大中寺住職月心《げっしん》は卍山の弟子、總寧寺と龍穏寺住職も卍山とは旧知だった。さらに寺社奉行阿部飛《ひ》驒守《だのかみ》の父、老中阿部豊後守《ぶんごのかみ》と卍山は親しかった。

しかし、結論が出ない。梅峰は『洞門劇譚《とうもんげきたん》』を書いて世に訴えた。これに対して、陸中《りくちゅう》(岩手県)正法寺《しょうぼうじ》の定山良光《じょうざんりょうこう》が『獅子一吼集《ししいっくしゅう》』で反撃。宗門は蜂の巣をつついたようになった。定山の主張は、伽藍法は開山の法灯を守るために必要だというのだ。寺代々の住職はみな開山祖師の法脈を受け継いできた。人法となれば、この法脈が断絶してしまう。寺社奉行においても、この両論が激突して結論が出ないのだった。

卍山は江戸へ下向するとき遺言を書き、葬儀の指示まで一切の処理を済ませている。訴訟に敗れれば、ただでは済まないことは十分承知していた。

赤穂《あこう》浪士の討ち入りで騒然とした年が明け、一七〇三(元禄《げんろく》一六)年八月、ようやく幕府の結論が出た。卍山・梅峰らの勝訴だった。

卍山は意気揚々、京都鷹峰《たかがみね》の源光《げんこう》庵《あん》に帰った。そして翌年、源光庵に復古堂を建て、自ら「復古道人《ふっこどうじん》」と称した。

同志梅峰は四年後に大和《やまと》(奈良県)興禅寺《こうぜんじ》で示寂。世寿七五歳。

卍山は一七一五(正徳《しょうとく》五)年八月一八日、源光庵で坐禅のまま示寂《じじゃく》。世寿八〇歳。

卍山らの運動は、宗統復古だけではない。道元のころの菩薩戒《ぼさつかい》を復活させたこと、禅林の清規を道元・瑩山の昔に戻したこと。生涯を宗門の改革に尽くした。

【語録】

「超師超仏、満八十年、秋風地を捲《ま》き、孤月天に遊ぶ。無幻の幻、無病の病、全身塔に入る、石中の蓮《はす》」

遺偈《ゆいげ》。「師を超え仏を超え、修行しつづけた八〇年。いま秋風がすさまじく吹き、清らかな月が皓々《こうこう》と天にある。夢のごとくだが夢ではない、病のごとくあって病でもない。ただ全身をもって石中の蓮華塔《れんげとう》に入っていく」。やりつくしたのちの充足感ある偈である。

面山瑞方《めんざんずいほう》

曹洞宗学を大成させた〝お婆婆面山〟の道元ひと筋

母の一〇〇カ日目に剃髪

面山瑞方《めんざんずいほう》は「お婆婆《ばば》面山」と呼ばれた。いかにも親しみやすい、堅苦しさのない人柄があらわれた呼び名である。しかし、面山は曹洞宗学を大成させた第一級の学僧。道元《どうげん》の宗旨を学ぼうとすれば、必ず面山の研究成果に出合う。

一六八三(天和《てんな》三)年、肥後国山本《ひごのくにやまもと》郡三島《ごおりみしま》(熊本市植木町味取《みとり》)で生まれている。母は幼い面山に『念仏双紙《ねんぶつそうし》』『宝物集《ほうもつしゅう》』を読み教え、面山が出家の意思をもらすと「意に任《まか》すべし」と答えている。母の影響は大きかった。親族に真言宗の僧頓了房《とんりょうぼう》がいて、面山は五歳から学び、一五歳のころは密教の初学にかなり通じていた。

出家のきっかけは母の死。母の墓前で一〇〇カ日目に、一六歳の面山は髪を切り落としてしまった。父は、

面山瑞方《めんざんずいほう》禅師　福井県・永福庵《えいふくあん》蔵

面山瑞方プロフィール

1683〜1769年。江戸時代中期、肥後《ひご》(熊本県)に生まれ、16歳で出家。21歳、江戸へ出府。損翁宗益《そんのうしゅうえき》に参じ仙台泰心院《たいしんいん》に行く。師遷化《せんげ》ののち、相《さ》模《がみ》(神奈川県)老梅庵《ろうばいあん》で1000日間の坐禅、若狭《わかさ》(福井県)空印寺《くういんじ》・永福《えいふく》庵《あん》に住す。その間『正法眼蔵渉典《しょうぼうげんぞうしょうてん》録《ろく》』など数百巻の著述を行う。古規復古をめぐり、月舟宗胡《げっしゅうそうこ》・卍山道白《まんざんどうはく》を批判。87歳で示寂《じじゃく》。

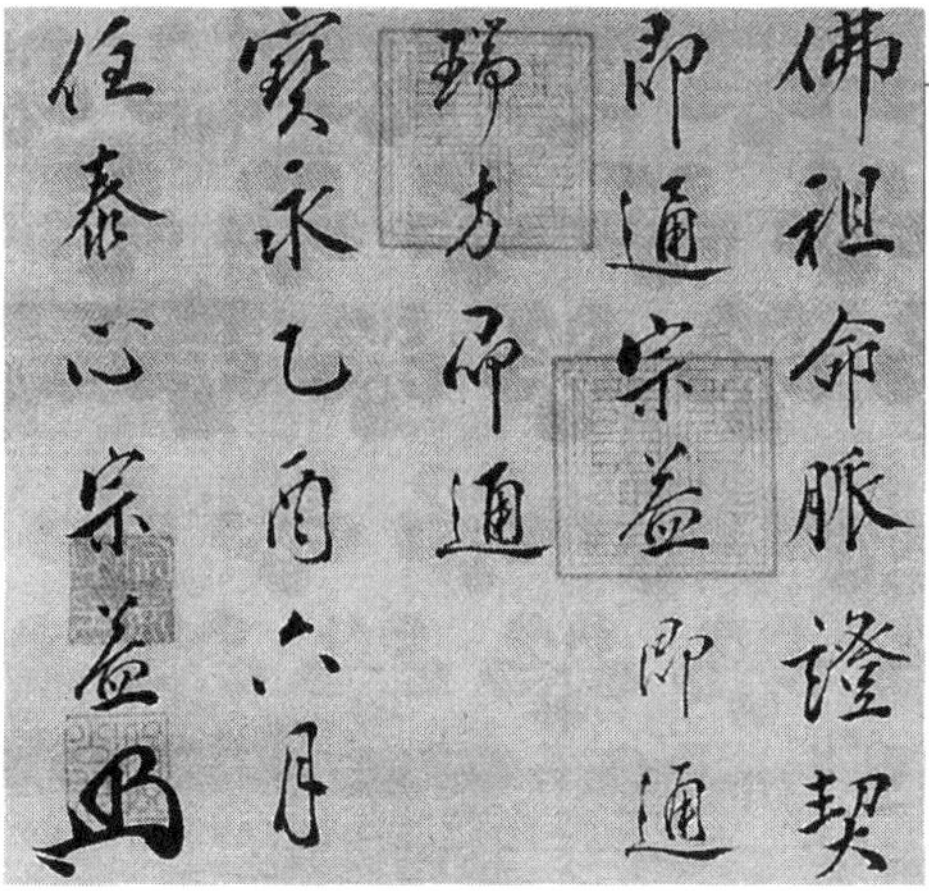

損翁宗益《そんのうしゅうえき》より賜った嗣法《しほう》の書

「母のみを親となすか！」と恨み怒ったが、面山の意思は固く、地元流《りゅう》長院《ちょういん》の遼雲古峰《りょううんこほう》のもとで出家させた。

一七〇二(元禄《げんろく》一五)年、赤穂《あこう》浪士の討ち入りのあった年に、面山は肥後金峰山《きんぽうざん》の蔵王堂《ざおうどう》に七日間こもり、江戸出府を祈誓した。肥後を出立したのは翌年、二一歳。学寮のある芝の青松寺《せいしょうじ》に掛錫《かしゃく》して竺巌梅仙《じくごんばいせん》に参じたが、実はこの年、宗門にとって革命的な出来事が起こっていた。

永祖の面を見て他は見ざれ

〝復古翁《ふっこおう》〟卍山道白《まんざんどうはく》が、寺を移るごとにいくつでも嗣承《ししょう》できる〝重嗣《じゅうし》の弊《へい》〟を正すべく、寺社奉行に提出していた宗統復古《しゅうとうふっこ》の訴訟に勝ったのだ。勝訴の少しまえ、面山は浅草に卍山を訪ね、道を問うている。

しかし、面山が師と仰いだのは卍山ではない。宗統復古運動に加担した宗匠たちのひとり、仙台(宮城県)泰心院《たいしんいん》の住職損翁宗益《そんのうしゅうえき》だった。

面山は損翁の弟子益山《えきざん》に伴われて損翁に参じたが、ここで学仏道の大事に開眼する。そして、卍山の宗統復古の勝訴後、仙台に帰った損翁のもとへ、面山も行くのだ。

損翁のしつけは厳しかった。ある日、道元の著書『正法眼蔵弁道話《しょうぼうげんぞうべんどうわ》』の上に俗書が置かれてあるのを発見した損翁は、激怒して鐘を鳴らし、僧を集めると、重ね置いた人物の放逐を宣言した。

しかし面山は、損翁のもとに二年しかいられない。それは師の遷化《せんげ》による。臨終の迫った枕頭で、損翁は面山に遺戒《ゆいかい》した。

「永祖《えいそ》(道元)の面《めん》を見て、他の面を見ざれ(見てはいけない)。これ、吾《わ》が汝《なんじ》を得るの大因縁《いんねん》なり」

この損翁の遺戒は、卍山とその師月舟宗胡《げっしゅうそうこ》を批判していた。これらが後年、訴訟事件に発展していく。

断固として卍山を批判

面山は損翁を失ってのち、しばしば加賀《かが》(石川県金沢市)大乗寺《だいじょうじ》を訪れ、卍山門下と交わっている。卍山も、ときには面山を代理として講義させた。

その後、面山は源光庵《げんこうあん》(京都市)に卍山の病を見舞い、臨終の際には枕頭にあった。葬儀では侍真《じしん》をつとめている。

面山が題字と目次を書いた『正法眼蔵《しょうぼうげんぞう》』書写本　福井県・永福庵蔵

だから面山は卍山とは深く、その学統を濃厚に受け継いで、後世「卍《まん》面《めん》宗学」といわれた。

しかし面山は、ただ一点だけは断固として月舟・卍山を批判した。先師の損翁が批判したと同じく、月舟・卍山の古規復古における黄檗宗《おうばくしゅう》・臨済宗《りんざいしゅう》への包容的な立場が、間違っているというのだ。

古規復古とは、道元・瑩山《けいざん》のころの清規《しんぎ》(生活・修行規則)をもとに、乱れていた寺院規律を建て直そうとすること。

月舟は一六七四(延宝《えんぽう》二)年、大乗寺において久しく途絶えていた結制《けっせい》(九〇日間の集中坐禅)を行い、その最中、修行僧のために一日の行持《ぎょうじ》を定めた『雲堂常規《うんどうじょうき》』を制定した。確かに七年前、永平寺光紹智堂《こうしょうちどう》が埋もれていた『永平清規《えいへいしんぎ》』を刊行。『瑩山《けいざん》清規《しんぎ》』も、月舟が住する大乗寺の古《ふる》櫃《びつ》から発見しており(刊行は一六七八年)、これらの古規によったことは間違いない。

だが『雲堂常規』制定の二年前、黄檗宗から『黄檗清規』が刊行されており、『雲堂常規』が実は『黄檗清規』に範を求めたものということも間違いない。

月舟は大乗寺住職を卍山に譲るとき、『雲堂常規』よりさらによいものを制定するよう命じている。その結果一六八二(天和《てんな》二)年、卍山により『椙樹林清規《しょうじゅりんしんぎ》』二巻が制定された。しかし、これはさらに『黄檗清規』からの摂取の度合いが強いと、批判した急先鋒《きゅうせんぽう》が面山だった。

道元・瑩山の古規では、僧堂は坐禅・食事・睡眠の道場だった。それが『黄檗清規』では、坐禅は坐禅堂、食事は斎堂、睡眠は寮舎と、道場が別になっている。面山は、これが間違いだと批判する。だが全国の禅林では、僧堂を坐禅堂とする風潮が蔓《まん》延《えん》し、『椙樹林清規』はこれを容認していた。

一七九五(寛政《かんせい》七)年、永平寺五〇世の玄透即中《げんとうそくちゅう》は激しく大乗寺を攻撃する。

「『椙樹林清規』は『黄檗清規』の模倣だから破棄し、古規復古を実践せよ」

そして、関三刹《かんさんさつ》と寺社奉行に訴え、騒ぎがおさまったのち、ようやく曹洞宗独自の古規復古が完成する。

道元を見つめつづけた一生

面山の業績のうち、最大のものは『正法眼蔵渉典録《しょうぼうげんぞうしょうてんろく》』一六巻。これは道元の『正法眼蔵』九五巻の文字・成語・故事・出典・典拠などを、和漢の書・仏典・祖録を調べつくして明らかにしたもの。五十余年にわたる大事業だった。この作業のため、名刹可睡斎《かすいさい》（静岡県）や深草興聖寺《こうしょうじ》への入山を断っている。

『大般若経逐巻係賛《だいはんにゃきょうちくかんけいさん》』二巻も大労作。大般若経六〇〇巻の要点を抽出し賛をつけた。完成したのは一七五六（宝暦《ほうれき》六）年。八五歳になってもまだ書きつづけ、生涯に六十余部、数百巻の著述をした。

晩年、面山は好んで「老頑《ろうがん》」といった。まさに老いの一徹。道元を見つめつづけた一生だった。

一七六九（明和《めいわ》六）年九月一七日、京都建仁寺《けんにんじ》西来院《さいらいいん》で示寂《じじゃく》。世寿八七歳。弟子たちが遺偈《ゆいげ》を請うと、叱《しか》った。「吾《わ》れ生前多口、汝等《なんじら》なお少きを嫌うことあるか。止《や》みね。また言うこと勿《なか》れ」

福井県小浜《おばま》市の永福庵
近くの空印寺《くういんじ》を退き、59歳で隠棲《いんせい》。
膨大な数の著述を行った

【語録】

「肥谷寺《ひこくじ》終わりて帝寰《ていかん》に帰る、西来院《さいらいいん》静かなり洛東《らくとう》の山、蒲団《ふとん》一箇《いっこ》外《ほか》に覓《もと》めることなし、飽水飽柴老頑《ろうがん》を養う」

遷化《せんげ》する一年前の偈《げ》。「肥後永国寺《ひごようこくじ》の結制《けっせい》を終え京に帰ってきた。建仁《けんにん》寺《じ》の西来院《さいらいいん》はまことに静かで、蒲団《ふとん》さえあればほかに何もいらない。うまい水、炉の薪《たきぎ》が老いを養ってくれる」。やり終えた満足感が漂っている。

大愚良寛《だいぐりょうかん》

僧にあらず俗にあらず　道元禅を実践しつづけた「天真」

おとぎ草紙と詩人

良寛《りょうかん》といえば、子供らと遊ぶ姿がまず浮かぶ。

晴れた日は国上山《くがみやま》の五合庵《ごごうあん》を出て、蒲原《かんばら》平野の村々を托鉢《たくはつ》してまわったが、懐にはいつもおはじきや手まりがあった。

「霞《かすみ》立つ　長き春日《はるひ》を　子供らと　手まりつきつつ　今日もくらしつ」である。

かくれんぼをすると、子供らがみな帰ってしまったのに、真っ暗になってもまだじっと隠れていた。葬式ごっこで死人にさせられ、「息しちゃだめ」と落ち葉をかけられると、

良寛《りょうかん》像　宮川禄斎《みやがわろくさい》画　新潟県・良寛記念館蔵

大愚良寛プロフィール

1758〜1831年。江戸時代中期、越後《えちご》(新潟県)に誕生。名主山本以南《やまもといなん》の長男。18歳で出家。備中《びっちゅう》(岡山県)円通寺《えんつうじ》の大忍国仙《だいにんこくせん》のもとで修行し、印可《いんか》を得る。38歳、父の死を機に帰郷。五合庵《ごごうあん》に住み、半僧半俗の頭陀《ずだ》行《ぎょう》を行う。晩年は木村元右衛門《きむらもとえもん》の屋敷内に住む。74歳で永眠。貞心尼《ていしんに》との愛の贈答歌集『蓮《はちす》の露《つゆ》』、漢詩集『草堂集《そうどうしゅう》』などがある。

苦しくなるまで息を止めていた。

おとぎ草紙のような、懐かしさがあふれてくる。良寛の研究者で新潟県出身の相馬御風《そうまぎょふう》が集めた話がいくつも伝えられている。

一方、良寛の和歌・俳句・漢詩には見事な作が多い。

五合庵での暮らしを歌った秀歌。

あしひきの　岩間をつたふ　苔水《こけみず》の
かすかにわれは　すみわたるかも

また、人生観を吐露した詩。

生涯身を立つるに懶《ものう》く
騰々《とうとう》として天真に任《まか》す
嚢《のう》中三升の米
炉辺一束の薪《まき》
誰《たれ》か問はん　迷悟の後
何ぞ知らん　名利《みょうり》の塵《ちり》
夜雨《やう》　草庵《そうあん》の裡《うち》
双脚　等閑に伸《の》ぶ

内省、孤独、批判が行間に渦巻き、とぼけていた良寛の姿が、引き締まるのを覚える。

名主役を嫌って突然出家

大愚良寛《だいぐりょうかん》、幼名は栄蔵《えいぞう》。越後《えちご》(新潟県)出雲崎《いずもざき》の名主橘屋《たちばなや》の長男。一七五八(宝暦《ほうれき》八)年の誕生。

父は山本以南《やまもといなん》と号した蕉風《しょうふう》の俳人であり、石井《いしい》神社の神主として国学に通じた勤皇家だった。一七九五(寛政《かんせい》七)年、京都桂川《かつら》に入水《じゅすい》自殺している。

母の秀子《ひでこ》は佐渡《さど》相川《あいかわ》の人。やはり俳句をよくした。父方の祖父も俳人。弟妹や甥《おい》は歌人。良寛は文学一家の一員だった。

八歳、隣村の曹洞宗光照寺《こうしょうじ》で手習い。一一歳から北越《ほくえつ》の四大儒《じゅ》といわれた大森子陽《おおもりしよう》の塾で学んだ。近隣の名家の子弟と酒・女にも心を動かし、生涯の友人となる原田鵲斎《はらだじゃくさい》にも出会い、楽しい一時期だったようだ。

一六歳で、儒学を学ぶかたわら名主見習いとなる。しかし、政治世界には不向きだった。死罪の現場で縮みあがり、漁民のトラブルで代官所と板ばさみになって、代官に戒告された。一八歳のとき、突然、光照寺の玄乗破了《げんじょうはりょう》のもとで剃髪《ていはつ》する。痛飲した翌日だったとか、妓楼《ぎろう》で遊んだ翌日だとか、駆けこみの逸話が伝えられるように、名主役が嫌だっただけで、僧となる厳しい覚悟があったわけではない。

正式に得度式《とくどしき》を上げたのは、二二歳。玄乗の師大忍国仙《だいにんこくせん》が光照寺の晋《しん》山《ざん》江湖会《ごうこえ》に訪れた際に直弟子《じきでし》となって、備中《びっちゅう》(岡山県)玉島《たましま》の円通寺《えんつうじ》へ行く。国仙は円通寺一〇世。光照寺で趣味学問をしていた良寛に、厳しい禅林での修行が不可欠であることを説き、良寛もやっと覚悟を決めて国仙に従ったのだ。

道元『正法眼蔵』との出会い

円通寺は〝規矩大乗《きくだいじょう》〟といわれた

新潟県出雲崎《いずもざき》町の良寛堂　生家橘屋《たちばなや》の屋敷跡に建つ

加賀《かが》(石川県金沢市)の大乗寺《だいじょうじ》の伝灯を引き、勅額を賜った格式の高い寺院で、修行僧は五〇人、冬夏《とうげ》二期の結制《けっせい》が定められていた。

　国仙の家風を良寛が質問すると、〝一に石を曳《ひ》き、二に土を搬《はこ》ぶ〟日常の作務《さむ》こそ大切で、実践を離れた禅はないというのだ。

　円通寺での良寛は、一二年間生真《きま》面目《じめ》に修行に励む。が、周囲とは必ずしも一致しない。大半の修行僧は葬式・法事を執り行う職業的な将来のためにいた。石を曳き土を搬ぶ日常的な修行が、どこまで真剣に行われていたか。

　道をきわめようと托鉢に歩き『黄《おう》檗版《ばくばん》大蔵経《だいぞうきょう》』にとりくむ良寛は浮きあがり、職業僧・教団に対する不信がふくらむ。

　こうしたとき、国仙の提唱《ていしょう》(講義)で開祖道元《どうげん》の著書『正法眼蔵《しょうぼうげんぞう》』に出合う。とくに拝読を願って許され、道元の思想・宗教的体験がすべて詩篇のごとく、一句一言みな珠玉となって感動を呼んだ。

　良寛は、道元禅の実践を決意した。学識や形式はどうでもよい。正面から自己と向きあい、無我となる修行のなかに悟りがある。

　これまでの自分の修行は無駄な努力だったと気づき、諸国行脚《あんぎゃ》に出る。一七八七(天明七)年から翌年にかけ

扇面に書かれた良寛の書
新潟県・良寛記念館蔵
「この宮の
森の木下《こした》に　子供らと
遊ぶ春日《はるひ》は
暮れずともよし」
とある

てのことだ。

師の国仙が示寂《じじゃく》したのは一七九一(寛政《かんせい》三)年。その前年、国仙は良寛に印可《いんか》証明の偈《げ》を与えている。良寛三三歳。「良寛庵主《あんじゅ》に附《ふ》す」とある、行脚のための山藤の杖《つえ》を一本手渡された。

良や愚の如《ごと》く　道　転《うた》た寛《ひろ》し
騰々任運《とうとうにんうん》　誰《たれ》か看《み》ることを得《え》む
為《ため》に附《ふ》す　山形爛藤《さんぎょうらんとう》の杖《つえ》
到る処《ところ》　壁間午睡《へきかんごすい》の閑《かん》あり

国仙は自分の大忍の一字をとって、良寛に「大愚」という道号を与えている。

〝良や愚の如く〟は、道心の自覚、一切を捨てた愚鈍ということ。〝騰々任運〟とは、無我の境地で自由自在ということ。「道は広い、お前なりの自己探究を徹底してやってみよ。午睡する閑《ひま》ぐらいあるだろう、肩ひじ張らずのんびり自然にいけ」というのだ。

清貧に甘んじる

一七九五(寛政《かんせい》七)年七月、父以南の訃報《ふほう》に接し、帰郷を決意する。京都で亡父の中陰《ちゅういん》法要(四十九日《しじゅうくにち》の法要)に列席し、紀州《きしゅう》(和歌山県)高野《こうや》山《さん》で冥福《めいふく》を祈ったあと、越後出雲崎に戻ったが、弟の由之《ゆうし》に譲った実家は家運が傾き、「来てみれば　吾《わ》が故郷は　荒れにけり　庭もまがきも落葉《おちば》のみして」。

歓迎されるはずもない。三九歳の良寛は浜の塩焼き小屋に住む。大森子陽塾の同学で藩医となった原田鵲斎のつてで国上山中の五合庵へ入るが、寺泊《てらどまり》の密蔵院《みつぞういん》、牧ヶ花《まきがはな》の観照寺《かんしょうじ》、国上《くがみ》の本覚院《ほんがくいん》、野積《のづみ》の西生寺《さいせいじ》などの空庵《くうあん》を転々とした。

実家の橘屋が台頭してきた京屋との訴訟に敗れ、弟が家財没収、所払いの処分を受けたのは良寛五三歳、一八一〇(文化《ぶんか》七)年のことだ。

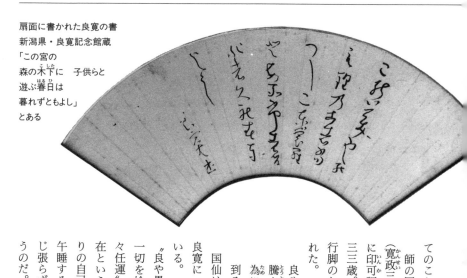

良寛は六〇歳になって寒さに勝てず、山をおり、乙子《おとご》神社の庵《いおり》に身を置く。深い孤独な精神生活、托鉢の日々が続く。子供たちとも遊んだ。僧にあらず、俗にあらず。

六九歳の秋、後援者であった島崎《しまざき》村の豪農《ごうのう》木村元右衛門《きむらもとえもん》邸の離れに移る。その年、はじめて貞心尼《ていしんに》の訪問を受け、示寂するまで詩を通じた心の交流が続く。

また、藩医原田鵲斎や大庄屋《だいしょうや》の解《け》良《ら》叔問《しゅくもん》・阿部《あべ》定珍《さだよし》らとの交遊を深めた。文化人の彼らと時に集まって句を読み、江戸や京都から文人墨客《ぼっかく》が訪ねてくると、数日彼らの家に泊りこんだりした。良寛の書と漢詩は、江戸の亀田《かめだ》鵬斎《ほうさい》によって名品の誉れを高くしていた。

死ぬ時節には死ぬがよく

七一歳、大地震が越後を襲った。良寛が与板《よいた》に住む俳人山田《やまだ》杜皐《とこう》にあてた見舞状には、

「災難に逢《あう》時節には災難に逢がよく候《そうろう》。死ぬ時節には死ぬがよく候。是《これ》はこれ災難をのがるゝ妙法にて候」

とある。

その意味は「災難や死からは逃れられない。避けられない事態にあったときは、あるがままに受け入れ、そのときを精一杯生き、乗り越えるための努力をすべきだ」と心がまえを述べている。

七四歳、一八三一（天保《てんぽう》二）年一月六日、貞心尼と元右衛門にみとられて永眠。

最後の言葉はただひと言「死にとうない」。

辞世の歌は「形見とて　何か残さん　春は花山ほととぎす　秋はもみじ葉」。自然のなかに溶けこんでいった。

【語録】

「君看《み》よや　双眼の色
語らざれば　憂《うれ》いなきに似たり」

「見てくれ、私のこの眼を。憂いを語らないからといって、心に何もないわけではないのだ」深い孤独を訴えた詩句。良寛が好んで書いた。本来の自己に出会えない憂いの深さが、読む者に迫ってくる。

第6章

ぜひ訪ねたい「曹洞宗ゆかりの名刹」

永平寺
總持寺
興聖寺
永光寺
大乗寺
宝慶寺
大慈寺
妙厳寺（豊川稲荷）
最乗寺（道了尊）　ほか

大本山永平寺

大本山總持寺

吉祥山《きちじょうざん》 永平寺《えいへいじ》

曹洞宗大本山

＊日本曹洞第一道場

データ

住所＝福井県吉田郡永平寺町志比《えいへいじちょうしひ》

高祖道元の境地をたどる越前の巨刹

永平寺《えいへいじ》は三方を深い山に囲まれ、少し開けた一方を永平寺川が流れる。約一〇万坪ある寺域には樹齢七〇〇年を超える老杉がうっそうと茂り、そのなかに山門・仏殿・法堂《はっとう》・僧堂・庫院《くいん》・浴室・東司《とうす》の七堂伽藍《がらん》をはじめ、承陽殿《じょうようでん》・孤雲閣《こうんかく》・吉祥閣《きちじょうかく》・傘松《さんしょう》閣《かく》・祠堂殿《しどうでん》など大小七十余の諸堂が並び建つ。

権勢名利を離れて、雪深いこの地を修行道場とした道元《どうげん》の心がしのばれるが、さすがに大本山だけあって、古格な伽藍の壮大さには圧倒される。主要な建物すべてが回廊によって結ばれているのが特徴だ。

永平寺は一二四四(寛元《かんげん》二)年、波《は》多野義重《たのよししげ》のすすめによって、道元が波多野氏の領地越前志比庄《えちぜんしひのしょう》に傘松峰《さんしょうほう》大仏寺《だいぶつじ》を建立したのがはじまり。二年後に寺名を永平寺に改め、一二四八(宝治《ほうじ》二)年には山名も吉祥山《きちじょうざん》に改めた。全国から参じた修行僧に厳しく只管打坐《しかんたざ》を説き、道元《どうげん》は示寂《じじゃく》する年まで『正法眼蔵《しょうぼうげんぞう》』を書きつづけた。一三七二(応安《おうあん》五)年、後円融《ごえんゆう》天皇から「日本曹洞第一道場」の勅額を賜る。

何度か兵火に遭い、創建当時の建物は残っていない。山門は総桧《ひのき》造りの重層楼門で、見上げると、山名を改めたときに書かれた道元の「吉祥の額」が掛かる。一七四九(寛延《かんえん》二)年の改築で、永平寺最古の建物だ。

僧堂は修行僧たちの根本道場。約九〇名が坐禅できる単《たん》が設けられている。坐禅のみならず、二時(朝食・

昼食）の粥《しゅく》・飯《はん》も、睡眠もここでとる。生活すべてが禅である。

仏殿は二重屋根の壮麗巧緻《こうち》をきわめた総桧造り。本尊の釈迦牟尼仏《しゃかむにぶつ》・阿弥陀仏《あみだぶつ》・弥勒仏《みろくぶつ》がまつられ、現在・過去・未来をあらわす。法堂は一八四三（天保《てんぽう》一四）年改築。一〇〇〇名の衆僧《しゅそう》を収容できる堂々たる建築物だ。貫首《かんしゅ》（本山住職）の説法、朝課《ちょうか》（朝の勤行《ごんぎょう》）、各種法要儀式が行われる。大庫院（台所）の玄関には永平寺名物「大すりこぎ」が掛かっている。

承陽殿は開山道元の遺骨をまつる霊廟《れいびょう》である。幽寂の気に満ちたお堂で、拝殿と土蔵造りの本殿に分かれる。一八七九（明治一二）年に焼失し、一八八一（同一四）年の改築。

古刹《こさつ》だけに寺宝や古文書は数えきれない。聖宝閣《しょうぼうかく》に収められた道元真筆の『普勧坐禅儀《ふかんざぜんぎ》』は国宝。後円融天皇宸翰《しんかん》や、懐奘《えじょう》書写『正法眼蔵《しょうぼうげんぞう》』などは国指定重要文化財である。

諸嶽山《しょがくさん》 總持寺《そうじじ》 曹洞宗大本山

＊壮大な鉄筋製の大伽藍

データ
住所＝神奈川県横浜市鶴見区鶴見

太祖瑩山の進歩性が薫《かお》る都市型修行道場

總持寺《そうじじ》は横浜市の郊外、鶴見ケ丘《つるみがおか》に約五万坪の寺域を有し、広大な山内に鉄筋コンクリート製を主とする三十余の伽藍《がらん》が建ち並ぶ。太祖瑩山《けいざん》紹瑾《じょうきん》の進歩性を受け継いだ、都市型の修行道場だといえる。ほとんどの建物は地下にめぐらされた回廊によって結ばれている。

總持寺はもと能登国櫛比庄《のとのくにくしびのしょう》（石川県輪島市門前町）にあった。一三二一（元亨《げんこう》元）年、永光寺《ようこうじ》住職だった瑩山が夢告によって、諸嶽寺《しょがくじ》観音堂を定賢《じょうけん》から譲り受けて總持寺を開山した。

しかし一八九八（明治三一）年四月一三日の夜、不慮の火災によって伽藍を焼失。貫首石川素童《いしかわそどう》の英断で一九一一（同四四）年一一月五日、都市近郊の現在地に移った。移動の当日は天気晴朗、鶴見一帯は軒並み旗を掲げ、花火を上げ、東京・横浜の信徒が何万となく境内に詰めかけ、大変なにぎわいだったという。もとの總持寺は祖院《そいん》と呼ばれる。

新しい大本山は瑩山の教え「師檀《しだん》和合《わごう》」（内なる師僧、外なる檀越《だんのつ》の和合）の精神によって建設された。

鉄筋製重層楼門の三門をくぐれば、巨大な檀信徒研修道場の三松閣《さんしょうかく》がある。地上四階、地下二階。エレベーターを備えた超近代的建物だ。団体参詣者《さんけいしゃ》に食事を出す天真閣《てんしんかく》には二五〇畳の広間がある。

百間廊下の西側は教育部門である。大僧堂は修行僧の根本修行道場。朝夕の坐禅・食事、睡眠はすべてここ

でとる。衆寮《しゅりょう》は修行僧の学問所だが、いまは一般参禅者の坐禅道場に開放されている。伝光閣《でんこうかく》には老師たちの控室、修行僧の勉強部屋、講堂などがある。檀信徒の位牌を安置する放《ほう》光堂《こうどう》、納骨堂の常照殿《じょうしょうでん》もある。

仏殿は大雄宝殿《だいゆうほうでん》ともいう。二重屋根の総欅《けやき》造りで本尊の釈迦牟尼仏《しゃかむにぶつ》・摩訶迦葉尊者《まかかしょうそんじゃ》・阿難尊者《あなんそんじゃ》をまつっている。大祖堂《だいそどう》は法堂《はっとう》にあたる。二世峨山韶碩《がさんじょうせき》の六〇〇回大遠忌《だいおんき》である一九六五(昭和四〇)年に建立された山内最大の鉄筋コンクリート製建物。建坪一二一三坪、一〇〇〇畳の道場をもち、建物の高さ三六メートル。壮大さに圧倒される。地下は瑞応殿《ずいおうでん》で、多目的に使用できるよう、大小さまざまな部屋を備えている。

寺宝も数えればきりがない。国指定重要文化財に、瑩山真筆『總持寺《そうじじ》中興縁起《ちゅうこうえんぎ》』『瑩山紹瑾禅師頂相《けいざんじょうきんぜんじちんぞう》』『刺《し》繍獅子吼文大法被《しゅうししくもんおおはっぴ》』などがある。

仏徳山《ぶっとくさん》 興聖寺《こうしょうじ》

曹洞宗

＊宇治一二景のひとつ

データ

住所＝京都府宇治市宇治山田

道元が布教を開始した由緒ある古刹

宇治川の西岸、朝日山《あさひやま》の山麓に位置する閑寂の地。興聖寺《こうしょうじ》の表門（石門）から山門（楼門）にいたる二〇〇メートルあまりの参道を琴坂《ことざか》といい、大書院裏の池を水源とする流れに沿ってつつじ・山吹《やまぶき》・楓《かえで》・桜が折々の風情を楽しませてくれる。宇治一二景のひとつ。

前身は興聖宝林禅寺《こうしょうほうりんぜんじ》。道元《どうげん》が一二三三（天福《てんぷく》元）年、深草《ふかくさ》の極楽寺《ごくらくじ》跡に創建したが、住職を高弟の詮慧《せんね》に譲って越前《えちぜん》（福井県）に移ったのち、四代で廃絶した。一六四五（正保《しょうほう》二）年、淀《よど》城主永井尚政《ながいなおまさ》が父直勝《なおかつ》と、直勝に討たれた池田恒興《いけだつねおき》の冥福を祈るため、菩提寺として宇治に再興。中興開山には、万安英種《ばんなんえいしゅ》を招いている。

永井氏は寺地を寄進し、山門・法《はっ》堂《とう》・僧堂・庫裡《くり》・方丈・開山堂・鐘楼などを建立した。一〇八の末寺をもつ堂々たる本山であり、山城《やましろ》・大和《やまと》・和泉《いずみ》・河内《かわち》四カ国（京都府・奈良県・大阪府）の触頭《ふれがしら》だった。しかし、永井氏が丹後《たんご》（京都府）・大和と移封《いふう》されるうち、寺領は幕府に没収となり、一七四七（延享《えんきょう》四）年、幕府の命により永平寺《えいへいじ》の末寺となった。

一七五〇（寛延《かんえん》三）年に開山堂を建立。一八四一（天保《てんぽう》一二）年から一八四六（弘化《こうか》三）年にかけて山門・庫裡・僧堂・寮舎が新改築された。

庭園が見事で、法堂《はっとう》の前庭は江戸中期の枯山水、開山堂の近くに枯滝、方丈の近くに明治期の池庭がある。

貴重な古文書が多く『宇治興聖寺文《こうしょうじぶん》書《しょ》』として刊行されている。梵鐘《ぼんしょう》の銘は林羅山《はやしらざん》の自撰自書。平安期の木《もく》造聖観世音菩薩立像《ぞうしょうかんぜおんぼさつりゅうぞう》がある。

洞谷山《とうこくさん》 永《よう》光《こう》寺《じ》 曹洞宗

データ
住所＝石川県羽咋《はくい》市酒井町《さかいまち》

瑩山が開いた足利将軍ゆかりの禅刹

はるかに日本海を遠望できる境内は、およそ一万坪。一三一二(正和《しょうわ》元)年、地頭酒匂頼親《さかわよりちか》の娘祖忍尼《そにんに》と夫から土地の寄進を受けた瑩山紹瑾《けいざんじょうきん》が、この地を生涯幽棲《ゆうせい》の地と定めた閑寂静謐《せいひつ》の気が漂う。杉などのうっそうと茂った山中には、山門・法《はっ》堂《とう》・庫裡《くり》・書院・伝燈院《でんとういん》(開山堂)・僧堂・鐘楼などが甍《いらか》を並べている。これらの建物は江戸寛永《かんえい》以降の再興で、それぞれを回廊で結ぶ伽藍《がらん》配置は永光寺《ようこうじ》方式と呼ばれる。その最奥にある五老峰《ごろうほう》は、曹洞宗の法燈を伝える霊場だ。

寺の歴史はけして平坦ではない。峨山韶碩《がさんじょうせき》のころ、足利尊氏《あしかがたかうじ》・直義《なおよし》兄弟の発願《ほつがん》で、南北朝の戦に倒れた戦没者の冥福を祈るため、国ごとに安《あん》国寺《こくじ》と利生塔《りしょうとう》を置くことになり、永光寺には三重の利生塔が建立された。寺運は隆盛の一途をたどり、三十余の堂塔と二十余の支院を数えたが、応仁《おうにん》の乱の兵火に遭い、全山ことごとく焼失した。その後、後土御門《ごつちみかど》天皇の発願により再興されたが、今度は上杉《うえすぎ》勢の能登《のと》攻略にあって再度炎上、總持寺《そうじじ》の末寺となった。伽藍は寛永以降再興され、現在にいたっている。

＊貴重な寺宝の数々

貴重な寺宝が多い。瑩山紹瑾筆『洞谷山尽未来際置文《とうこくさんじんみらいさいおきぶみ》』ほか六点が国指定重要文化財になっている。また、県指定文化財の徹通義介《てっつうぎかい》・瑩山紹瑾・明峰素哲《めいほうそてつ》・峨山韶碩の木像のほか伝光録外典籍《でんこうろくがいてんせき》二五七点、市指定文化財には水晶瑠璃《るり》製の仏舎利《ぶっしゃり》容器《ようき》のほか、山岡鉄舟像《やまおかてっしゅうぞう》、鉄舟筆襖書《ふすまがき》などがある。

東香山《とうこうざん》 大乗寺《だいじょうじ》 曹洞宗

＊加賀藩家老の祈願寺

データ
住所＝石川県金沢市長坂町《ながさかまち》

宗門三代の霊骨をまつる北陸の名刹

杉や栂《つが》の老木が生い茂る約六〇〇〇坪の境内は森閑と静まりかえり、山門・仏殿・法堂《はっとう》・僧堂・庫裡《くり》・開山堂・経蔵・鐘鼓楼《しょうくろう》などの諸堂が影を落としている。いかにも禅の修行道場らしい風趣である。

大乗寺《だいじょうじ》は、永平寺《えいへいじ》三世徹通義介《てっつうぎかい》が加賀国《かがのくに》守護富樫《とがし》家の帰依《きえ》を受け、一二八九（正応《しょうおう》二）年、石川郡《いしかわごおり》野々市《ののいち》に開かれた。加賀の地における初の曹洞宗寺院である。

義介のあとを瑩山《けいざん》が嗣《つ》ぎ、のちに室町将軍家の帰依を受け、後柏原《ごかしわばら》天皇勅願寺ともなった。しかし、一向《いっこう》一揆《いっき》によって富樫家が没落すると寺勢が衰え、柴田勝家《しばたかついえ》の兵火に遭って全山灰塵《かいじん》に帰した。ひととき金沢市内あたりに転居を余儀なくされたが、復古運動の中心人物、月舟宗胡《げっしゅうそうこ》・卍山道白《まんざんどうはく》が住するにおよび、厳正な修行道場として全国に「規矩大乗《きくだいじょう》」の名をとどろかせる。

一六九七（元禄《げんろく》一〇）年、加賀藩家老本多政均《ほんだまさちか》の外護《げご》により現在地に再建された。寺領二〇〇石を認められ、本多家の祈願寺となり、独立本山として隆盛を極めたが、明治維新を境に伽藍《がらん》を三分の一に縮小され、現在にいたる。由緒ある寺だけに、加賀《かが》藩家老本多家《はんかろうほんだけ》歴代、その前には金沢版「忠臣蔵《ちゅうしんぐら》」として語りつがれる十二義士の墓がある。

開山堂の聯芳堂《れんほうどう》には、宗門三代（高祖道元《どうげん》・懐奘《えじょう》・徹通義介）の遺骨が収められている。寺宝は多く、国指定重要文化財に『三代嗣法書《しほうしょ》』『仏果碧巌破関撃節《ぶっかへきがんはかんきゃくせつ》』『韶州曹渓山六祖壇経《しょうしゅうそうけいざんろくそだんきょう》』『五山十刹図《ござんじっさつず》』などがある。

薦福山《せんぷくざん》　宝慶寺《ほうきょうじ》　曹洞宗

データ
住所＝福井県大野市宝慶寺

中国僧寂円が開いた峻厳な禅風

宝慶寺《ほうきょうじ》は清滝川《きよたきがわ》の上流、銀杏峰《げなんぽ》の麓《ふもと》にある。寺域はそれほど広くないが、深山静寂。明治以降に再建された本堂(法堂《はっとう》)・僧堂・庫裡《くり》・山門・開山堂が建つ。宿坊を備えた修行道場だ。永平寺《えいへいじ》に次ぐ「日本曹洞第二道場」と称し、峻厳《しゅんげん》な修行は開山の寂円《じゃくえん》以来の伝統である。

寂円は中国宋《そう》代の僧だった。道元《どうげん》とともに天童山景徳寺《てんどうざんけいとくじ》の如浄《にょじょう》のもとで学んだ。帰国した道元を慕って、一二二八(安貞《あんてい》二)年に来日。道元に師事し、二世懐奘《えじょう》から印可《いんか》を得た。悟後《ごご》の修行のため銀椀峰《ぎんなんぽう》(現在の銀杏峰)にわけ入り、石上に坐禅すること一八年。地元の領主伊自良《いじら》氏が帰依《きえ》して寂円を招いたのが宝慶寺のはじまりだ。

伝説もある。寂円が入寺して坐禅をしていると犬と牛がそばを離れず、托鉢《たくはつ》のときも首に頭陀袋《ずだぶくろ》をかけてお供をし、お使いもしたという。その頭陀袋は寺宝として保存されている。

一二七八(弘安《こうあん》元)年、七堂伽藍《がらん》が建立された。寂円が遷化《せんげ》した一二九九(正安《しょうあん》元)年と、一三六五(貞治《じょうじ》四)年の二回にわたる伊自良氏からの寺領寄進状が残されている。また、三代相論で荒れ果てた永平寺を建て直すため、宝慶寺二世義雲《ぎうん》が永平寺五世として入寺している。宝慶寺は大いに栄えたが、天正《てんしょう》の一向一揆《いっこういっき》で全山灰塵《かいじん》に帰した。

県指定文化財には「観月の像」と呼ばれる道元禅師図像《どうげんぜんじずぞう》、伝如浄禅師《でんにょじょうぜんじ》図像《ずぞう》・釈迦三尊像《しゃかさんぞんぞう》・雲居道膺和尚図《うんごどうようおしょうず》像《ぞう》・伝道元筆法語《でんどうげんひっぽうご》など、貴重なものが多い。

＊有名な道元禅師観月の像

大梁山《だいりょうざん》 大慈寺《だいじじ》 曹洞宗

*南国の陽差しに輝く七堂伽藍

データ
住所＝熊本県熊本市野田

順徳帝の皇子が開いた県内最古の曹洞禅刹

南国の伸びやかな陽差しの下、大《だい》慈《じ》寺の七堂伽藍《がらん》が輝いている。戦後の寺領没収で荒廃極に達したが、一九六七(昭和四二)年より仏殿・山門・大講堂などを修復。さらに法《はっ》堂《とう》・坐禅堂・鎮守堂・鐘楼を新築。近年は回廊の増設、境内の整備を行い、約六〇〇〇坪の寺域が見違えるようになった。

大慈寺は一二七八(弘安《こうあん》元)年、地《じ》頭河尻泰明《とうかわじりやすあき》の外護《げご》により道元《どうげん》の弟子の寒巌義尹《かんがんぎいん》が開創。熊本県で最古の曹洞宗寺院だ。

義尹は承久《じょうきゅう》の乱に連座することになる順徳《じゅんとく》天皇(一説に後鳥羽《ごとば》天皇)の第三皇子《みこ》といわれ、「法皇長老」と呼ばれた。二度の入宋《にっそう》ののち九州各地に禅寺を創建し、当時白川《しらかわ》と合流し九州一の難所といわれた緑川《みどりかわ》に大《だい》渡橋《ときょう》を架け、およそ五五ヘクタールの開拓を行った。その恩を今日に伝える川尻一円の人々は、春秋のお彼《ひ》岸《がん》に「回向袋《えこうぶくろ》」に米や布施《ふせ》を入れてそなえるという。

大慈寺は、亀山《かめやま》上皇より紫衣《しえ》を賜った勅願寺として歴代皇室の尊崇が厚く、再三の兵火に炎上したが綸旨《りんじ》により再建。常住の僧侶は一〇〇人あまり。領主の加藤清正《かとうきよまさ》や細川忠利《ほそかわただとし》は寺領五〇石を認めていた。一六九六(元禄《げんろく》九)年、独立本山から永平寺《えいへいじ》の末寺とされたが、いまも門葉三八〇ほどを数えるという。

国指定重要文化財に義尹作成の梵《ぼん》鐘《しょう》と文書、県指定文化財に義尹の墓塔と伝えられる宝篋印塔《ほうきょういんとう》、室町期につくられた本尊の木造釈迦如来坐像《もくぞうしゃかにょらいざぞう》および脇侍立像《わきじりゅうぞう》などがある。

円福山《えんぷくざん》 妙厳寺《みょうごんじ》（豊川稲荷《とよかわいなり》） 曹洞宗

＊霊験あらたか吒枳尼天

データ
住所＝愛知県豊川市豊川町《とよかわちょう》

将軍も名奉行も帰依した東海一の稲荷信仰

豊川閣妙厳寺《とよかわかくみょうごんじ》ともいう。商売繁盛・家内安全・福徳開運の神として知られ、初詣《はつもうで》や春秋の大祭、月例祭は、三万一一五一坪の境内が全国からの参詣者《さんけいしゃ》でにぎわう。

一四四一（嘉吉元《かきつ》）年、寒巌義尹《かんがんぎいん》の六代目の法孫東海義易《とうかいぎえき》が開山。本尊は法祖義尹が宋《そう》より請来《しょうらい》した千手観《せんじゅかん》音《のん》だが、豊川稲荷とは本殿に鎮守としてまつられる吒枳尼天《だきにてん》をさす。

一二六七（文永《ぶんえい》四）年、義尹が二度目の入宋《にっそう》から帰国の途中、船上に白《びゃっ》狐《こ》にまたがった霊神が出現。「私は吒枳尼天である。これからあなたの法を護《まも》り、あなたの教えに服する者を護って、安楽を授ける」という神《しん》呪《じゅ》を感得した。義尹は帰国後、自らその姿を木に彫り、護法の善神として肥後《ひご》（熊本県）の大慈寺《だいじじ》にまつった。

のちに義易が妙厳寺を開創する際、大慈寺からこの吒枳尼天像を拝請《はいしょう》して山門の鎮護としたのである。

以来、参詣者が絶えず、戦国期には今川義元《いまがわよしもと》が山門を造営して寺領を寄進し、九鬼嘉隆《くきよしたか》は伊堯丸《いぎょうまる》と名づけた乗船のひとつに吒枳尼天をまつって戦勝を祈った。徳川家康《とくがわいえやす》も関ヶ原戦の戦勝を祈った。また江戸の名奉行大岡忠相《おおおかただすけ》も屋敷内に吒枳尼天を勧《かん》請《じょう》し庶民の参詣が続いたが、一八八七（明治二〇）年、赤坂表町《あかさかおもてまち》に奉祀《ほうし》して豊川稲荷別院とした。

本殿にかかる「豊川閣」の扁額《へんがく》は有栖川宮熾仁親王《ありすがわのみやたるひとしんのう》の真筆《しんぴつ》だ。境内の堂塔は九十余、江戸初期の池泉式庭園、祈願成就のお礼に奉納された霊《れい》狐塚《こづか》、寺宝には国指定重要文化財の木造地蔵菩薩立像《もくぞうじぞうぼさつりゅうぞう》二体がある。

大雄山《だいゆうざん》 最乗寺《さいじょうじ》（道了尊《どうりょうそん》） 曹洞宗

＊樹齢六〇〇年の境内山林

データ
住所＝神奈川県南足柄市大雄町

天狗信仰をもつ関東有数の巨刹

最乗寺《さいじょうじ》は一三九四（応永《おうえい》元）年、峨《が》山韶碩《さんじょうせき》門下五哲のひとり通幻寂霊《つうげんじゃくれい》の弟子了庵慧明《りょうあんえみょう》によって開かれた。一般に道了尊《どうりょうそん》と呼ばれ、諸願成就の信仰を集めている。道了尊とは、了庵に仕えた相模坊道了《さがみぼうどうりょう》のことだ。修験道満位の行者で、近江《おうみ》（滋賀県）の三《み》井寺《いでら》勧学《かんがく》の座にあったとき、法名を妙覚《みょうかく》といった。

了庵は相模国大住郡《さがみのくにおおすみごおり》（神奈川県伊勢原市）の生まれ、通幻の法を嗣《つ》いだのち五〇代で相模に帰った。そして、大鷲《おおわし》が袈裟《けさ》をつかんで足柄《あしがら》山中に飛び、大松の枝に掛けた奇瑞《きずい》から最乗寺を開創する。

これを知った妙覚は空を飛んで了庵に参じ、伽藍《がらん》建設を助けた。一四一一（応永一八）年、了庵が遷化《せんげ》すると、当山を鎮護しようと誓い、両肩に羽を生じ大天狗《おおてんぐ》となって白狐《びゃっこ》の背にまたがり、天地の鳴動とともに山中深く身を隠したという。以後、道《どう》了大薩埵《りょうだいさった》と称され、御真殿《ごしんでん》にまつられる。御真殿の前には、天狗の九葉の羽団輪《はうちわ》と大小の鉄製の下駄《げた》が置かれている。道了大薩埵は実は十一面《じゅういちめん》観音菩薩《かんのんぼさつ》の化身とされ、奥の院には本地仏《ほんじぶつ》の十一面観音がまつられる。

約三万九〇〇〇坪の境内山林は長年伐採が禁じられてきたおかげで、樹齢四五〇～六〇〇年の老杉がうっそうと茂り、霊気がみなぎる。全体が県指定天然記念物となっている。堂塔は三十余。何度も火災で焼失するが、そのたびに再建された。大本山總持寺《そうじじ》の直末《じきまつ》で、いまも四千余の門葉をもつ。宗門の若い僧侶を教育する専門僧堂である。

松前山《しょうぜんざん》 法源寺《ほうげんじ》 曹洞宗

＊道内最古の山門

データ

住所＝北海道松前郡松前町松城《まつまえちょうまつしろ》

松前藩の伸長とともにあった北海道の禅林

法源寺《ほうげんじ》は、松前城跡《まつまえじょうし》公園と藩公歴代墓所のすぐ近くにある。

一四六九（文明《ぶんめい》元）年、若狭《わかさ》（福井県）の僧随芳《ずいほう》が奥尻島《おくしりとう》に奥尻山《おくしりさん》法源寺を開創したのにはじまり、一四九〇（延徳《えんとく》二）年、大館《おおだて》に移った。一五一四（永正《えいしょう》一一）年、大館に入場した蠣崎《かきざき》氏二代光広《みつひろ》が菩提寺とし、山号を改めた。五代慶広《よしひろ》のとき松前《まつまえ》氏と改姓し、松前城《まつまえじょう》を築く。一六一九（元和《げんな》五）年、現在地に移った。戊辰《ぼしん》戦争で伽藍《がらん》が焼け、山門と経蔵のみ残った。山門は北海道最古の建築で国指定重要文化財だ。宗教・文化史上貴重な文書も多い。「松前応挙《まつまえおうきょ》」といわれた蠣崎波響《かきざきはきょう》の墓碑もある。

恐山《おそれざん》菩提寺《ぼだいじ》 曹洞宗

＊荒涼たる地獄

データ

住所＝青森県むつ市田名部宇曽利山《たなぶうそりやま》

死者の霊場に只管打坐《しかんたざ》する下北の禅

恐山《おそれざん》は日本三大霊場のひとつ。釜《かま》臥山《ふせさん》から朝比奈岳《あさひなだけ》にいたる諸堂をまとめて菩提寺《ぼだいじ》と称する。平安時代に慈覚大師円仁《じかくだいしえんにん》によって開かれた。もとは天台宗の修行道場であったが、一五三〇（享禄《きょうろく》三）年に田名部《たなぶ》の曹洞宗円通寺《えんつうじ》の宏智聚覚《こうちじゅがく》が再興して以来、円通寺を別当所（管理所）とする。

入山期間は毎年五月一日〜一〇月三一日。恐山は宗派にとらわれない地蔵信仰の地で、夏の大祭と秋詣りには県内のイタコが集まって口寄せ（ホトケオロシ）が行われ、にぎわう。地蔵堂には、本尊の地蔵菩薩《じぞうぼさつ》像をはじめ、十一面観音像《じゅういちめんかんのんぞう》・阿弥陀如来像《あみだにょらいぞう》・薬師如来像《やくしにょらいぞう》などが奉納されている。

大梅拈華山《だいばいねんげざん》 圓通《えんづう》 正法寺《しょうぼうじ》 曹洞宗

＊日本一壮大な茅葺きの本堂

伊達家が帰依した奥羽地方の名刹

峨山韶碩《がさんじょうせき》門下二十五哲のひとり、無底良韶《むていりょうしょう》が一三四八（貞和《じょうわ》四）年に開いた。両大本山に次ぐ「曹洞第三の本山」と称し、一四四一（嘉吉《かきつ》元）年、後花園《ごはなぞの》天皇より「賜紫出世道場《ししゅっせどうじょう》」の許しを得、奥羽二州に一〇〇〇の末寺を数えた。国指定重要文化財の法堂《はっとう》と庫裡《くり》の壮大さは驚くべきもので、とくに法堂は茅葺《かやぶ》きとして日本最大級。伊達《だて》家の帰依《きえ》で諸堂の寄進も受け、寺領七五石。いまも七三ほどの直末《じきまつ》を有する修行道場だ。

寺宝も多く、秘仏本尊の如意輪観《にょいりんかん》音坐像《のんざぞう》、木造僧形坐像《もくぞうそうぎょうざぞう》三体、『正法眼蔵《しょうぼうげんぞう》』二七冊、雪村《せっそん》の飛龍《ひりゅう》観音図などもある。

データ

住所＝岩手県奥州市水沢黒石町《みずさわくろいしちょう》

龍澤山《りゅうたくさん》 善寶寺《ぜんぽうじ》 曹洞宗

＊曹洞宗三大祈禱寺のひとつ

龍神信仰の五重塔が建つ禅門道場

平安時代に天台宗の妙達《みょうたつ》が龍華寺《りゅうげじ》として建立し、『法華経《ほけきょう》』を読誦《どくじゅ》すると二龍が現れて聴聞したという。

鎌倉時代末、峨山韶碩《がさんじょうせき》が来山するとまた二龍が現れたので戒を授けた。一四四七（文安《ぶんあん》二）年、峨山の法孫太《たい》年浄椿《ねんじょうちん》が諸堂を再建し、曹洞宗に改宗改名したところ、三たび二龍が現れたため龍王殿《りゅうおうでん》を建立して山門の鎮護とした。霊験あらたかで古くから漁師・船乗りの尊崇を集め、龍神信仰と魚類供養のための五重塔が建立されている。稲荷信仰の妙厳寺《みょうごんじ》、天狗信仰の最乗寺《さいじょうじ》と並んで、曹洞宗三大祈禱寺《きとうじ》のひとつ。菱田春草《ひしだしゅんそう》筆『王昭君図《おうしょうくんず》』は国指定重要文化財。

データ

住所＝山形県鶴岡市下川《しもがわ》関根

太平山《たいへいざん》 大中寺《だいちゅうじ》 曹洞宗

＊徳川幕府関三刹のひとつ

『雨月物語』の舞台となった伝説の古刹

小山《おやま》城主小山成長《おやましげなが》が開基となり、真言宗の古寺を快庵妙慶《かいあんみょうけい》が再興。一四八九（延徳《えんとく》元）年のことだ。快庵の禅風を慕って二〇〇とも三〇〇ともいわれる修行僧が参集した。上田秋成《うえだあきなり》の怪奇小説『雨月物語《うげつものがたり》』の「青頭巾《あおずきん》」には快庵が登場する。寺には伝説が多い。油坂、枕返しの間、不開《あかず》の雪隠など〝大中寺《だいちゅうじ》の七不思議〟がある。歴史もある。六世快叟《かいそう》は上杉謙信《うえすぎけんしん》の叔父で、謙信と北条氏康《ほうじょううじやす》との和議はここで行われた。徳川幕府の治下では龍穏寺《りゅうおんじ》・總寧寺《そうねいじ》とともに大僧録《だいそうろく》として宗門を統《す》べ、「関三刹《かんさんさつ》」と称された。近年は澤木興道《さわきこうどう》が天暁禅苑《てんぎょうぜんえん》を開いて多くの門下を育てた。

データ
住所＝栃木県栃木市大平町《おおひらまち》西山田

青龍山《せいりゅうざん》 茂林寺《もりんじ》 曹洞宗

＊寺宝は分福茶釜

鄙《ひな》びた山門が茶釜伝説をしのばせる禅寺

分福茶釜《ぶんぶくちゃがま》の寺として知られる。一四六八（応仁《おうにん》二）年、青柳《あおやぎ》城主赤井正光《あかいまさみつ》が創建し、開山は大林正通《だいりんしょうつう》。大林の侍者守鶴《じしゃしゅかく》は大変長寿で、代々の住職に仕えた。七世月舟《げっしゅう》の一五七〇（元亀《げんき》元）年夏、千人法会《せんにんほうえ》が行われたとき、一〇〇〇人に茶をたてるほどの釜がない。守鶴は、いくらくんでも湯が尽きない茶釜を見つけてきた。時をへて一〇世岑月《しんげつ》が守鶴の眠る姿を見ると、幾千年をへたムジナであった。守鶴は寺を去る。茶釜は寺宝として残った。明治天皇も行幸の際、ご覧になっている。総門は創建当時のもの、山門は茅葺《かやぶ》き。いかにも逸話のありそうな寺だ。

データ
住所＝群馬県館林《たてばやし》市堀工町《ほりくちょう》

安国山《あんこくざん》 總寧寺《そうねいじ》 曹洞宗

＊徳川幕府関三刹のひとつ

データ

住所＝千葉県市川市国府台《こうのだい》

一〇万石の格式だった天下大僧録の名刹

一三八三(永徳《えいとく》三)年、近江国《おうみのくに》守護六角氏頼《ろっかくうじより》が通幻寂霊《つうげんじゃくれい》を開山として、近江寺倉《おうみてらくら》(滋賀県米原《まいばら》市)に建立したのが最初。その後、小田原城主北条《ほうじょう》氏政《うじまさ》によって下総関宿《しもうさせきやど》(千葉県)に移されたが、たびたび水害に遭ったため、徳川四代将軍家綱《いえつな》に願い出て一六六三(寛文《かんぶん》三)年、現在地に移転。

總寧寺《そうねいじ》は大中寺《だいちゅうじ》・龍穏寺《りゅうおんじ》とともに曹洞宗大僧録《だいそうろく》として「関三刹《かんさんさつ》」と称され、住職は毎年正月一六日には将軍に伺候《しこう》し、一〇万石の大名と同じ格式だった。寺領は一二八石。三千余の末寺を有し、本堂・開山堂・山門・中門などを備え、いまも山門横に下馬石が残る。

長昌山《ちょうしょうざん》 龍穏寺《りゅうおんじ》 曹洞宗

＊徳川幕府関三刹のひとつ

データ

住所＝埼玉県入間郡越生町龍ケ谷《おごせまちたつがや》

足利将軍や太田道灌ゆかりの古刹

龍穏寺《りゅうおんじ》は徳川家康《とくがわいえやす》によって、「関《かん》三刹《さんさつ》」のひとつと定められた曹洞宗大僧録《だいそうろく》。足利《あしかが》六代将軍義教《よしのり》が相模《さがみ》(神奈川県)最乗寺《さいじょうじ》から無極慧徹《むごくえてつ》を請じて開山したのがはじまりで、一四七二(文明《ぶんめい》四)年、太田道真《おおたみちざね》・道灌《どうかん》父子が泰叟《たいそう》を請じて再興。一五〇四(永正《えいしょう》元)年、五世雲崗《うんこう》のとき現在地に移転。伽藍《がらん》は関東大震災で焼失し、再建された。太田父子の墓碑がある。

寺宝の梵鐘《ぼんしょう》は県指定文化財で、朝鮮様式の銅鐘という。

「龍穏寺の着生植物群」として県指定天然記念物のひとつ、セッコクの花は夏が見頃。また、付近一帯は野鳥の森に指定されている。

萬松山《ばんしょうざん》 泉岳寺《せんがくじ》 曹洞宗

＊曹洞宗江戸三カ寺のひとつ

浅野内匠頭と赤穂義士の墓所がある名所禅寺

泉岳寺《せんがくじ》には浅野内匠頭長矩《あさのたくみのかみながのり》と夫人、赤穂《あこう》義士の墓所があり、国の史跡に指定されている。遺品・古文書を展示する赤穂義士記念館や、吉良上野《きらこうずけの》介義央《すけよしひろ》の首を洗った井戸もある。

一六一二（慶長《けいちょう》一七）年、徳川家康《とくがわいえやす》が今川義元《いまがわよしもと》の菩提を弔うため、門庵《もんなん》宗関《そうかん》を開山として外桜田《そとさくらだ》に建立したのが最初。関府《かんぷ》六カ寺、曹洞宗江戸《えど》三カ寺のひとつに数えられ、二本松《にほんまつ》城主丹羽《にわ》氏の外護《げご》で曹洞宗の学寮が置かれた名刹《めいさつ》だった。一六四一（寛《かん》永《えい》一八）年の火災により現在地に移った。江戸天保《てんぽう》年間建築の山門を除き、伽藍《がらん》は空襲で焼失。諸堂は戦後のものだ。

データ
住所＝東京都港区高輪

大本山《だいほんざん》永平寺《えいへいじ》東京別院《とうきょうべついん》（補陀山《ふださん》 長谷寺《ちょうこくじ》） 曹洞宗

＊奈良・鎌倉の長谷観音にゆかり

観音信仰と禅が習合する修行道場

「麻布大観音《あざぶだいかんのん》」の名で親しまれる。旗本山口重政《やまぐちしげまさ》の屋敷内に観音堂があって、奈良長谷寺《はせでら》や鎌倉長谷寺《はせでら》の観音像と同木の徳道《とくどう》彫刻である四寸の像が安置されていた。一五九八（慶《けい》長《ちょう》三）年、重政はお堂を修復して寺とし、門庵宗閑《もんなんそうかん》を請じて開山とした。

その後、二丈六尺の十一面観音像を安置し、その宝冠内に四寸像を収めて多くの信仰を集めた。空襲で伽藍《がらん》は全焼したが、現在、諸堂は復興し、大観音像も仏師大内青圃《おおうちせいほ》によって復元された。一九一〇（明治四三）年から永平寺《えいへいじ》東京別院となり、戦後は住職を永平寺貫首《かんしゅ》が兼務。約三〇名の修行僧が修行している。

データ
住所＝東京都港区西麻布《にしあざぶ》

萬頂山《ばんちょうざん》 高岩寺《こうがんじ》（とげぬき地蔵） 曹洞宗

＊延命・諸病平癒にご利益

地蔵信仰でにぎわう庶民の寺

高岩寺《こうがんじ》の本尊は、一七一三（正徳《しょうとく》五）年に檀徒《だんと》が夢で延命地蔵菩薩《えんめいじぞうぼさつ》から授った霊印（秘仏）である。その二年後、毛利《もうり》家の女中が針を誤って呑《の》んでしまい、出入りの僧がこの地蔵尊の御影《おみかげ》（紙札）を服用させたところ御影を貫いた針を吐きだし、江戸中の評判になった。以来、「とげぬき地蔵」と呼ばれ、人間の罪科《とが》を抜いて万病を治すと信仰を集めている。

一五九六（慶長《けいちょう》元）年に神田明神《かんだみょうじん》の東側に創建されたが全焼し、当時は上野《うえの》の下谷車坂《したやくるまざか》下にあった。一八九一（明治二四）年、現在地に移った。四のつく日が縁日で参詣者《さんけいしゃ》があふれ、普通の日でもお参りが絶えない。

データ
住所＝東京都豊島区巣鴨

福地山《ふくちざん》 修禅寺《しゅぜんじ》 曹洞宗

＊弘法大師独鈷《とっこ》の湯伝説の地

源氏暗殺史の舞台となった山中の古刹

修禅寺《しゅぜんじ》には源氏の暗い歴史がある。鎌倉将軍源頼朝《みなもとのよりとも》の弟範頼《のりより》は異心ありと頼朝に疑われて修禅寺に幽閉され、一一九三（建久《けんきゅう》四）年、梶原景時《かじわらかげとき》に攻められて自刃。また、頼朝の子で二代将軍頼家《よりいえ》は北条時政《ほうじょうときまさ》によってやはり修禅寺に幽閉され、一二〇四（元久《げんきゅう》元）年に暗殺された。

開山は八〇七（大同《だいどう》二）年、弘法大《こうぼうだい》師空海《しくうかい》と伝えられる。真言宗だったが、鎌倉中期、宋僧蘭渓道隆《らんけいどうりゅう》が住して臨済宗となり、一四八九（延徳《えんとく》元）年、北条早雲《ほうじょうそううん》の叔父隆渓繁紹《りゅうけいはんじょう》が住して曹洞宗となった。本尊は開山の縁により木造大日如来坐像《もくぞうだいにちにょらいざぞう》で、国指定重要文化財。

データ
住所＝静岡県伊豆市修善寺《しゅぜんじ》

萬松山《ばんしょうざん》 可睡斎《かすいさい》（秋葉総本殿《あきはそうほんでん》） 曹洞宗

＊火防の神、秋葉三尺坊

データ

住所＝静岡県袋井市久能《くのう》

家康が名づけた東海きっての名刹

可睡斎《かすいさい》は、一四〇一（応永八《おうえい》）年、如仲天誾《じょちゅうてんぎん》の開山。寺名にはいわれがある。一一世仙麟等膳《せんりんとうぜん》は、今川義元《いまがわよしもと》の人質だった徳川家康を助け、国に返させた恩人。家康は浜松城主になると等膳を招いて旧恩を謝したが、老齢の等膳は席上居眠りをした。家康は叱《しか》らず「和尚《おしょう》、睡《ねむ》る可《べ》し」といたわったことから寺名になった。のち、伊豆《いず》・駿河《するが》・遠江《とおとうみ》・三河《みかわ》四カ国（静岡県・愛知県）の僧録司《そうろくし》とし、一〇万石の格式を与えた。

一八七三（明治六）年、火防《ひぶせ》の神と名高い秋葉三尺坊大権現《あきはさんじゃくぼうだいごんげん》を秋葉山《あきはさん》（浜松市）から移し、秋葉総本殿《あきはそうほんでん》を建立した。牡丹《ぼたん》の名所でもある。

橘谷山《きっこくさん》 大洞院《だいとういん》 曹洞宗

＊森の石松の墓所

データ

住所＝静岡県周智郡森町《もりまち》 橘《たちばな》

関東に太源派の教線を伸ばす大禅刹

石松寺《いしまつでら》ともいわれる。幕末の博徒《ばくと》森の石松の墓所と、親分清水次郎長《しみずのじろちょう》の碑がある。どちらも実在の人物だ。

大洞院《だいとういん》は、一四一一（応永一八《おうえい》）年、如仲天誾《じょちゅうてんぎん》によって開かれたが、師の總持寺《そうじじ》一一世梅山聞本《ばいざんもんぽん》を開山として、自らは二世となった。如仲は峨山《がさん》門下五哲の筆頭太源派《たいげん》の流れをくみ、東海地方に教線を伸ばした。

大洞院の本尊は地蔵菩薩。如仲が山中で迷ったとき、麻の種を蒔《ま》いていた老人に助けられ、のちに老人は地蔵菩薩の化身だったと気づく。以来、「麻蒔き地蔵」と呼ばれる。

可睡斎《かすいさい》を含む末寺三千余をもつ大寺院。いまも厳正な修行道場だ。

大《だい》本《ほん》山《ざん》永《えい》平《へい》寺《じ》名《な》古《ご》屋《や》別《べっ》院《いん》（奉安殿《ほうあんでん》 護国院《ごこくいん》） 曹洞宗

＊道元・懐奘の木像を奉安

データ

住所＝愛知県名古屋市東区代官町《だいかんちょう》

尾張徳川家ゆかりの禅林

波瀾《はらん》の歴史があった。一八二一（文政《ぶんせい》四）年、尾張《おわり》藩主徳川斉朝《とくがわなりとも》が瑞《ずい》岡珍牛《こうちんぎゅう》を迎え、慶運軒《けいうんけん》と号したのがはじまり。二世は黙室良要《もくしつりょうよう》が嗣《つ》いで尾張徳川家《おわりとくがわけ》祈願所とした。三世円爾《えんに》が、永平寺《えいへいじ》五十七世載庵禹隣《さいあんうりん》を勧請《かんじょう》開山として護国院《ごこくいん》となる。

八世大英俊道《だいえいしゅんどう》は明治末、永平寺六四世大休悟由《だいきゅうごゆう》の配慮で京都の道正庵《どうしょうあん》から道元《どうげん》・懐奘《えじょう》の木像を拝請《はいしょう》し、仁《に》王山奉安殿護国院《おうざんほうあんでんごこくいん》として再興。諸堂が完成、舎利塔《しゃりとう》もできたが、大戦の戦火で全山灰塵《かいじん》に帰した。一九五八（昭和三三）年、大本山永平寺別院に昇格後、法堂《はっとう》・庫院《くいん》・不老閣・坐禅堂・開山堂などが復興された。

黄梅山《おうばいさん》 正法寺《しょうぼうじ》（愛知専門尼僧堂） 曹洞宗

＊六畳二間で発足

データ

住所＝愛知県名古屋市千種区《ちくさ》城山町《しろやまちょう》

一二〇年の歴史をもつ尼僧の修行道場

正法寺《しょうぼうじ》は、尼僧の修行道場「愛知《あいち》専門尼僧堂《せんもんにそうどう》」と尼師家《にしけ》養成の道場「特別尼僧堂《とくべつにそうどう》」といったほうが通りがいい。苦難の歴史があった。水野《みずの》常倫《じょうりん》が提起した尼僧教育の私立尼僧《しりつにそう》学林《がくりん》として一九〇三（明治三六）年、高蔵寺村《こうぞうじむら》（愛知県春日井市《かすがいし》）に発足。六畳二間の薬師堂で二一名の雛僧《ひなそう》が修行生活を始めた。第一回卒業式は一九〇七（同四〇）年。以来、関西尼《かんさいに》学林《がくりん》、第一尼学林《だいいちにがくりん》、曹洞宗高等尼学《こうとうにがく》林《りん》、現在名と変遷し、高蔵寺村から柳原《やなぎはら》（名古屋市北区）、現在地へと移った。空襲で諸堂が全焼したが、現在は伽藍も整い、清華な雰囲気のなかで尼僧たちが修行に励んでいる。

五合庵《ごごうあん》 曹洞宗

＊うっそうと茂る老杉

データ
住所＝新潟県燕《つばめ》市国上《くがみ》（国上寺境内）

良寛が住した六畳一間の簡素な庵

国上山《くがみやま》の南腹に真言宗の古寺、国《こく》上寺《じょうじ》がある。良寛《りょうかん》が備中《びっちゅう》（岡山県）玉《たま》島《しま》の円通寺での修行を終え、諸国行《あん》脚《ぎゃ》の末たどりついた故郷の五合庵《ごごうあん》は、この国上寺の山内、国上集落から国上寺へ登る西参道の途中にある。間口二間、奥行一間半、寄棟造《よせむねづく》り、茅《かや》葺《ぶ》きの簡素な庵《いおり》だ。良寛はここに約二〇年住し、天気の良い日は蒲原《かんばら》平野の村々を托鉢《たくはつ》してまわり、子らと遊んだ。冬ともなれば、豪雪が脚腰を没した。『正法眼蔵《しょうぼうげんぞう》』を読みつづけて涙がやまず、漢詩や和歌をつくり、文人と交わり、生涯を閉じた。現在の建物は一九一四（大正三）年の再建。県の史跡に指定されている。

高岡山《たかおかざん》 瑞龍寺《ずいりゅうじ》 曹洞宗

＊国宝・重文の七堂伽藍

データ
住所＝富山県高岡市関本町《せきほんまち》

加賀一〇〇万石の威風示す藩主菩提寺

瑞龍寺《ずいりゅうじ》は加賀《かが》一〇〇万石の威風が薫《かお》る壮大な伽藍《がらん》である。広山恕陽《こうざんじょよう》を開山とし、三代藩主前田利常《まえだとしつね》が先代利長《としなが》の菩提を弔《とむら》うため、五〇回忌の一六六三（寛文《かんぶん》三）年まで約二〇年かけて建設した。中国の径山万寿寺《きんざんまんじゅじ》を模した七堂伽藍は、総門・山門・仏殿・法堂《はっとう》を力強く一直線に配し、左右に禅堂と大庫裡《だいくり》、周囲に回廊をめぐらして諸堂を結ぶ禅宗独特のもの。一七四六（延享《えんきょう》三）年、火災で諸堂を焼失したが、まもなく再建。山門・仏殿・法堂が国宝、総門・禅堂・大庫裡・大茶堂・高廊下・回廊が国指定重要文化財。法堂には、烏瑟沙《うすさ》摩明王《まみょうおう》がまつられている。

大本山總持寺祖院《そうじじそいん》

曹洞宗

＊前田家寄進の八角回転式経蔵

データ

住所＝石川県輪島市門前町《もんぜんまち》門前

往時の盛況をしのぶ太祖瑩山の故地

真言宗諸嶽寺観音堂《しょがくじかんのんどう》の定賢《じょうけん》が一三二一（元亨《げんこう》元）年、瑩山紹瑾《けいざんじょうきん》を請じて諸嶽山《しょがくさん》總持寺と改めた。一八九八（明治三一）年の火災で七十余の堂塔を焼失、大本山は神奈川県横浜市鶴《つる》見《み》区に移った。總持寺《そうじじ》跡には新たに諸堂を再建して祖院とした。能登半島の閑寂の地、約二万坪の境内には重層楼門の三門や、仏殿・法堂《はっとう》・僧堂・経蔵・慈雲閣・客殿などが甍《いらか》を並べ、ほとんどが国登録有形文化財。

一七四三（寛保《かんぽう》三）年に前田家が寄進した八角回転式経蔵《はっかくかいてんしききょうぞう》は明治の火災をまぬがれ、金銅五鈷鈴《こんどうごこれい》・水墨《すいぼく》浪龍《はりょう》図《ず》など、見るべきものも多い。いずれも県指定文化財。

平田山《へいでんざん》 龍《りゅう》澤《たく》寺《じ》

曹洞宗

＊太源派梅山聞本が開山

データ

住所＝福井県あわら市御簾尾《みすのお》

貴重な古文書が伝わる越前の古刹

龍澤寺《りゅうたくじ》は一三八二（永徳《えいとく》二）年、地元の領主小布施正寿《おぶせせいじゅ》が愛妾《あいしょう》お笹《ささ》の供養のため一堂を建立し、梅山聞本《ばいざんもんぽん》を請じて開山とした。本尊は小便仏と称す土仏聖観音菩薩像《どぶつしょうかんのんぼさつぞう》で、御前立《おまえだち》様として子安観音《こやすかんのん》像が安置されている。

一四五八（長禄《ちょうろく》二）年、足利《あしかが》将軍家の祈願所となり、七堂伽藍《がらん》を備えて盛況だった。寺領一万二〇〇〇坪、分米《ぶんまい》六六五石。しかし、室町・戦国時代に三度も兵火にかかり、再建は困難をきわめた。その後、寺領も没収となる。明治初期に再興され、全国に門葉四〇〇カ寺を数える。中世からの古文書四三点が伝えられ、『越前龍澤寺史《えちぜんりゅうたくじし》』を発刊した。

無量山《むりょうざん》 永興寺《ようこうじ》 曹洞宗

＊七〇〇年もの流転

ようやく再興なった道元荼毘地《だびち》の古刹

永興寺《ようこうじ》は当初、高祖道元《どうげん》が一二五三（建長《けんちょう》五）年示寂《じじゃく》し、その荼毘所《だびしょ》となった〝谷川ノホトリ祇園林《ぎおんりん》トイフナル松並木ノツラナル赤築地花園ノスミナル地〟に、嗣法《しほう》の弟子詮慧《せんね》により永興庵《ようこうあん》として開創された。

宗門にとって大切な寺だが、二世経豪《きょうごう》ののちは廃れ、各地を転々とした。江戸中期、面山瑞方《めんざんずいほう》によって中興されたものの、一八七二（明治五）年に廃寺となる。

永興寺の復興を志した村上素道《むらかみそどう》により、一九一六（大正五）年に永平寺《えいへいじ》の協力のもと、永平寺別院永興寺《ようこうじ》として現在地を購入。一九九六（平成八）年に山門と本堂が再建された。

データ

住所＝京都府京都市山科《やましな》区御陵《みささぎ》大岩

青原山《せいげんざん》 永澤寺《ようたくじ》 曹洞宗

＊関西花の寺

活埋坑の跡が残る壮絶な禅修行

室町幕府管領《かんれい》細川頼之《ほそかわよりゆき》が後円融《ごえんゆう》天皇の命《めい》により一三七〇（応安《おうあん》三）年、峨山《がさん》門下五哲《ごてつ》のひとり通幻寂霊《つうげんじゃくれい》を開山として開創。通幻の禅修行は壮絶なもので、境内に活埋坑《かつまいこう》の跡が残る。粗忽《そこつ》で粗漏《そろう》の多い弟子は、この坑《あな》に蹴り落とされたという。天皇は南北朝期の戦没者のため、永澤寺に一七〇〇人の僧を集め、一〇〇カ日の追善供養を行った。

永澤寺《ようたくじ》は古くから花菖蒲《はなしょうぶ》の名所として知られ、近年は関西花の寺二十五カ所霊場第一一番札所としても親しまれている。また、玉兎門《ぎょくともん》の先の妙高閣《みょうこうかく》には、観音堂、坐禅堂、ガンダーラ彫刻展示室がある。

データ

住所＝兵庫県三田《さんだ》市永沢寺《えいたくじ》

仏国山《ぶっこくざん》 瑞《ずい》應《おう》寺《じ》 曹洞宗

データ

住所＝愛媛県新居浜市《にいはまし》山根町《やまねちょう》

住友家ともゆかり四国瀬戸内の古刹

瑞應寺《ずいおうじ》は別子山《べっしさん》の北麓にあり、境内から瀬戸内の島々がよく見える。

一四四八（文安《ぶんあん》五）年、生子山《しょうじさん》城主松木景村《まつきかげむら》が月担《げったん》を請じて開山としたのが最初である。豊臣秀吉《とよとみひでよし》の四国征伐のとき、兵火によって諸堂が焼け落ちたが、一六六〇（万治《まんじ》三）年、西《さい》条《じょう》藩主一柳直興《いちやなぎなおおき》の外護《げご》により、分外《ぶがい》恩鉗《おんとつ》が入寺して再興。別子銅山を通じて住友家ともつながりが深い。諸堂・金比羅殿《こんぴらでん》が建ち、一八九七（明治三〇）年に専門僧堂を開設し、一般参禅者も受けいれている。

本堂裏の大銀杏《いちょう》は、樹齢八〇〇年の県指定天然記念物。一切経《いっさいきょう》二千余巻を収める大転輪蔵《だいてんりんぞう》も県指定文化財。

＊樹齢八〇〇年の大銀杏

耆闍崛山《ぎしゃくつせん》 羅《ら》漢《かん》寺《じ》 曹洞宗

データ

住所＝大分県中津市本耶馬渓町跡田《ほんやばけいまちあとだ》

青の洞門の苦闘をしのぶ耶馬渓の禅刹

羅漢山《らかんざん》の中腹に位置する羅漢寺《らかんじ》。付近は耶馬渓《やばけい》と呼ばれる景勝の地。奇岩で知られ、新緑・紅葉が美しい。六四五（大化《たいか》元）年、法道仙人《ほうどうせんにん》が開いたと伝えられる。鎌倉末期、円龕昭《えんがんしょう》覚《がく》と中国僧逆流建順《げきりゅうけんじゅん》が来山し臨済宗の道場とした。足利《あしかが》三代将軍義満《よしみつ》から「羅漢護国禅寺《らかんごこくぜんじ》」の号を賜り、管《かん》領《れい》細川頼之《ほそかわよりゆき》が諸堂を寄進した。一六〇〇（慶長《けいちょう》五）年、曹洞宗に改められて、いまにいたる。

青の洞門を切り開いた禅海《ぜんかい》の廟所禅海堂があり、禅海の苦闘をしのぶノミやツチなどが展示されている。無漏窟《むろくつ》の五百羅漢《ごひゃくらかん》ほか三七〇〇体以上の石仏群は国指定重要文化財。

＊奇岩景勝の秘境

仏壇のまつり方
日常のおつとめ
おつとめの作法
坐禅のしかた
葬儀のしきたり
法要のしきたり
お墓のまつり方
お寺とつきあい方
曹洞宗の年中行事
お彼岸とお盆のしきたり

第7章

知っておきたい

「曹洞宗の仏事作法・行事」

涅槃図《ねはんず》　東京国立博物館蔵

仏壇のまつり方

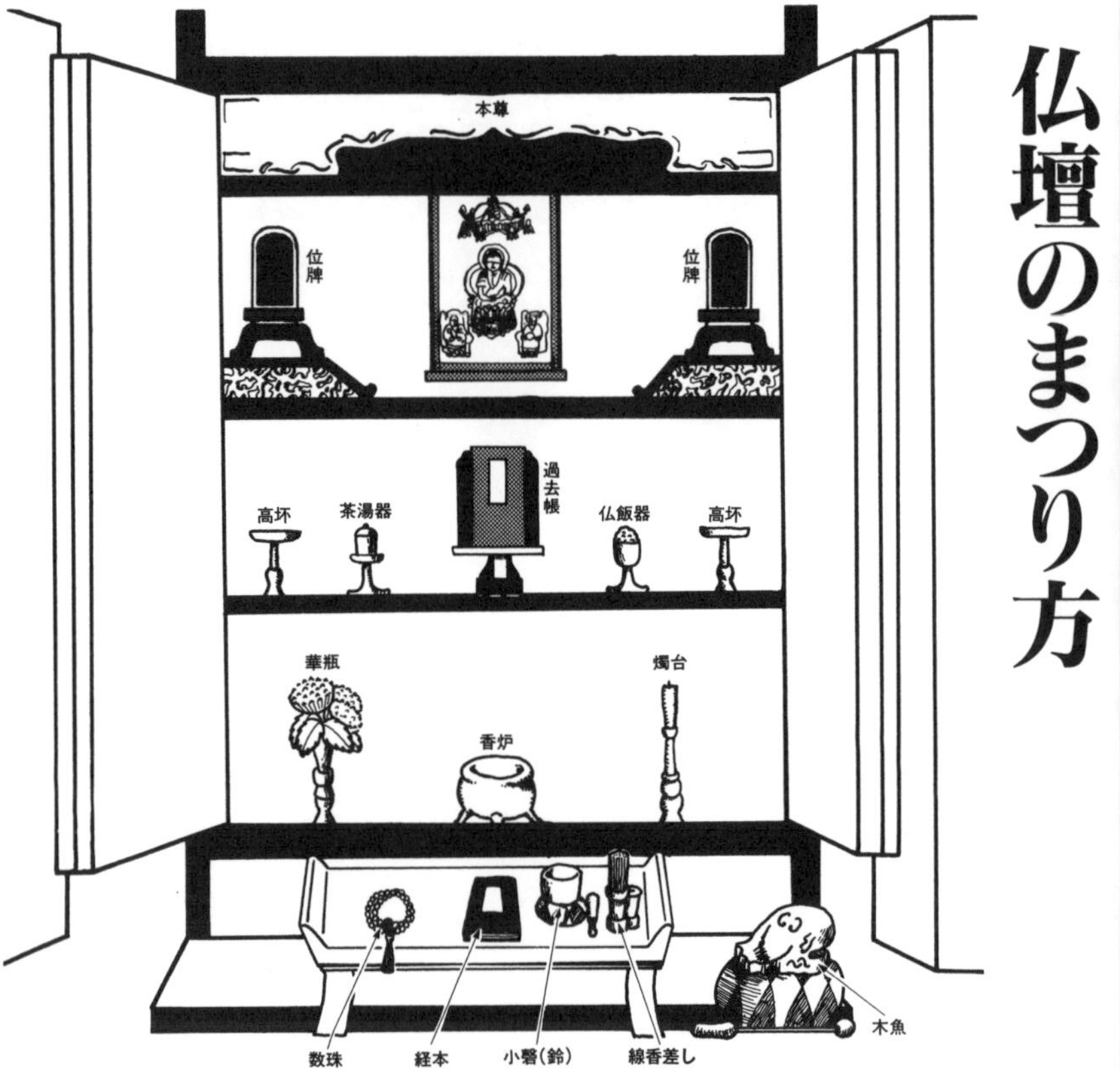

本尊のまつり方

仏壇とは、お寺の本堂を小さくしたようなものだから、本尊をまつることが基本であり、なによりも大切である。

仏壇には位牌も安置するが、原則として本尊が主で、位牌は従という関係になる。

曹洞宗では釈迦如来《しゃかにょらい》（釈迦牟尼仏《しゃかむにぶつ》）を本尊としてまつる。本尊は木像・金像・画像いずれでもかまわない。

また、曹洞宗では三尊仏として「一仏両祖《いちぶつりょうそ》のお絵像」をまつることをすすめている。これは、釈迦如来を中心に、向かって右に高祖道元禅師《こうそどうげんぜんじ》、左に太祖瑩山禅師《たいそけいざんぜんじ》が描かれた掛軸である。本尊や三尊仏は、仏壇上段の中央にまつる。

「一仏両祖のお絵像」や本尊をまつることについては、菩提寺に聞いてみるとよいだろう。

仏壇を安置する場所

仏壇を安置する場所についてはさまざまな説や言い伝えがある。なかでも有名なのは次の三つの説である。

「南面北座説」＝仏壇の正面が南に向き、背が北向きに安置すること。

「本山中心説」＝仏壇の前に手を合わせたときに、その延長線上に所属している宗派の本山があるように安置する。

「西方浄土説」＝仏壇の正面を東向きに安置。その前で手を合わせるたびに西方浄土を礼拝できる。

曹洞宗では仏壇を安置する場所について特別な決まりはないが、曹洞宗のお寺は北を背に南向きに建てられている場合が多いので、これにならうのがよいだろう。

しかし、住宅事情もあるので向きについてはそれほどこだわる必要はない。「神棚と向かい合わせにならない」「低い位置、高い位置をさける」「静かで落ち着いた場所に安置する」これらのポイントを最低限注意しておけばよい。

仏壇を新しくしたら

仏壇は位牌や本尊の単なる置き場所ではない。仏壇はその家族の心のよりどころであり、家庭のなかにあるお寺といってもよい。

それだけに、新しい仏壇を購入したときや本尊をまつるときには、菩提寺にお願いして開眼《かいげん》法要をしてもらう必要がある。

開眼法要は、御霊《みたま》(魂)入れともお性根《しょうね》入れともいわれるように、仏壇や本尊に生命を吹きこみ、本来の働きができるようにすることである。この開眼法要によって、仏壇ははじめて聖域となる。

開眼法要は、仏壇を新しくしたときだけでなく、仏像や仏画、お守り、お札、石塔、塔婆《とうば》、位牌《いはい》などを新しくしたときや、それらを改修したときにも、本来は行なわなければならないものなのである。

仏像の開眼法要は、あまり重視されないこともあるようだが、一周忌や三回忌などの法要以上に大切な儀式である。

また、仏壇を買い替えた場合には、新しい仏壇の開眼法要と同時に、古い仏壇の御霊抜きの儀式を行う。

古くなって処分しなければならない仏壇の処理には困るものだが、御霊抜きをしたうえで、新しい仏壇を買った店に相談して、お焚《た》きあげを頼むとよいだろう。

仏具とお供え

仏壇はふつう三段になっており、その上段に本尊(または三尊仏)を、本尊の左右に先祖の位牌を安置する。位牌は報恩感謝をささげるべき先祖の戒名《かいみょう》(仏さまの弟子になった証としてつけてもらう称号)が書かれている大切なものである。

位牌には大きく分けて札位牌《ふだいはい》と繰り出し位牌がある。どちらを使ってもよいが、先祖がたくさんいるような場合は繰り出し位牌のほうが仏壇がスッキリする。

さて、その安置の場所だが、向かって右側に古い位牌、左側に新しい位牌を置く。

親戚の位牌をまつるときは右側に、親しくしていた縁者の位牌は左側に置く。過去帳があれば、中段の中央に安置する。

お供物は中段へ。茶湯器《ちゃとうき》を向かって左に、仏飯器《ぶっぱんき》を右に置く。過去帳を中央に安置する場合は、茶湯器と仏飯器の間に安置する。両脇には高坏《たかつき》を置き、お菓子や果物などをのせてそなえる。命日や法要のときは、その位牌を本尊の下にくるように中段中央に置く。

過去帳やお供物については仏壇の幅や奥行きなどの条件により臨機応変に工夫するとよい。

下段には、香炉《こうろ》、燭台《しょくだい》(ロウソク立て)、華瓶《けびょう》(花立て)をそなえるが、それぞれが一つずつの場合は三具足《みつぐそく》、燭台、華瓶が一対ずつの場合は五具足《ごぐそく》と呼ばれる。さらには、五具足に前香炉と線香差しを加えて七具足という場合もある。

三具足の場合は、香炉を中心に右に燭台、左に華瓶を配置し、五具足の場合は香炉を中心に内側に燭台一対を、外側に華瓶一対を配置する。

さらに経机に数珠、経本、鈴《りん》、線香差し、などを置く。木魚《もくぎょ》は経机の向かって右側の下に置く。

仏壇の下の台(下台《しもだい》)は、引き出しか戸袋になっており、予備の線香やロウソクを入れておいたり、法要の記録などをしまっておくとよい。

また、命日やお盆などのときには、仏壇の前に小机を置いて、ご飯・汁もの・煮もの・あえもの・香のものをのせた霊供膳《れいぐぜん》をそなえる。

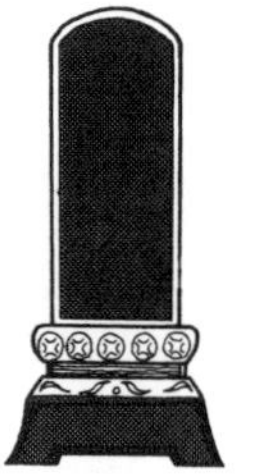

札位牌《ふだいはい》(本位牌)

故人1人につき1つ。表に戒名《かいみょう》を、裏に命日《めいにち》・俗名《ぞくみょう》・享年《きょうねん》を書く。

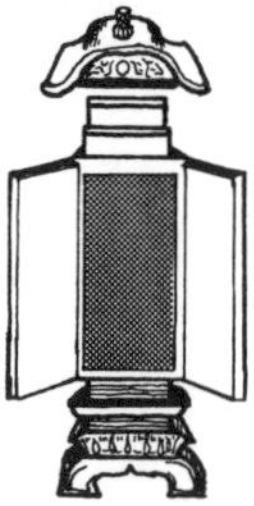

繰《く》り出《だ》し位牌《いはい》

位牌の札板が複数入り、いちばん手前のものが見える。

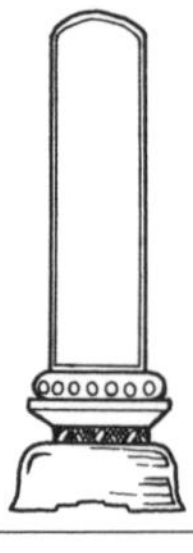

白木《しらき》の位牌《いはい》

四十九日忌までのもの。仏壇にまつる位牌は、金または黒塗りの本位牌を用意する。

仏飯器《ぶっぱんき》

ご飯をそなえる器。必ず炊きたてをそなえること。本来は毎朝だが、朝はパン食の家庭なら、夜でもよい。

茶湯器《ちゃとうき》

お茶や湯、水などを入れる器。生きている人が食事後にお茶を飲むのと同じように、仏前にも必ずご飯と一緒にお茶などをそなえる。

高坏《たかつき》

菓子や果物などをそなえる器。半紙を敷いてのせる。足の数が偶数の場合は2本が正面を向くように、奇数なら1本を前に出すように置く。

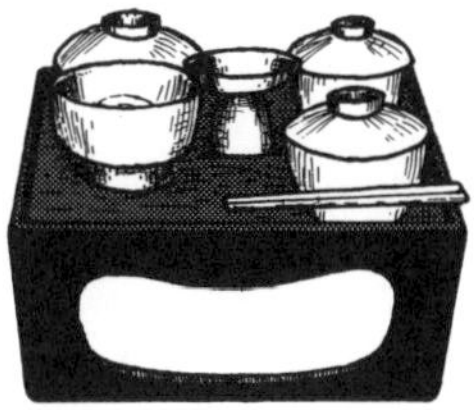

霊供膳《れいぐぜん》

霊膳《れいぜん》ともいう。お盆や法要のときに仏前にそなえる小型の本膳《ほんぜん》。手前に箸、左に飯椀《めしわん》、右に汁椀、奥左に平椀(煮もの)、右に腰高坏(香のもの)、中央に壺《つぼ》(あえもの)を並べ、一汁三菜の精進料理を盛りつけたら仏前に箸が向くようにそなえる。

過去帳《かこちょう》

霊簿《れいぼ》ともいい、故人の戒名や俗《ぞく》名《みょう》、命日、享年《きょうねん》などを記したもの。

経机《きょうづくえ》

仏壇の前に置き、経本、数珠、線香差し、鈴などをのせる。

小磬《しょうけい》(鈴《りん》)

毎日のおつとめのときに叩く。澄んでいつまでも鳴り響く音色が邪念を払ってくれるといわれる。

木魚《もくぎょ》

読経や念仏のときに拍子をとるために叩く。

華瓶《けびょう》(花立て)

三具足では向かって左に、五具足ではいちばん外側に対《つい》にして置く。

香炉《こうろ》

線香や抹香を焚《た》くための道具。家紋付のものは紋が正面に向くように置く。三具足、五具足ともに中心に配置する。

燭台《しょくだい》(ロウソク立て)

灯明《とうみょう》ともいう。三具足では向かって右に、五具足では華瓶の内側に対《つい》にして置く。

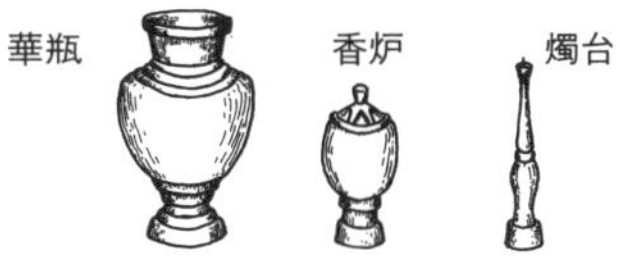

三具足《みつぐそく》

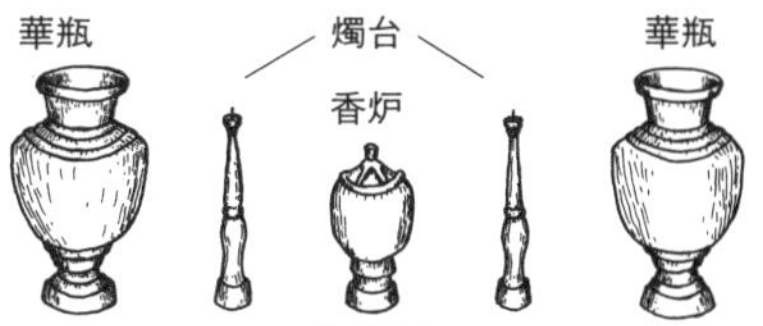

五具足《ごぐそく》

お寺の本堂や大きな仏壇では五具足や七具足が用いられるが、一般家庭では三具足で十分。

日常のおつとめ

おつとめとは

おつとめには、一切時・六時・四時・三時・二時の五種類がある。この「時」は時間ではなく、回数のこと。一般の家庭では二時、つまり朝夕一日二回行うのがよいだろう。

昔から「信は荘厳《しょうごん》から」といわれ、おつとめはお供物を整えることから始まる。朝起きて洗顔を終えたら、仏壇の扉を開き、花立ての水を替え、仏飯、茶湯をそなえ、ロウソクに火をともし、線香に火をつける。

鈴を鳴らして合掌礼拝《らいはい》し、一日の誓いと仏さまの加護を祈る。読経を終えたら、再び合掌する。そしてロウソクの火を消す。

夜は寝る前に手を合わせ、今日一日の無事を仏さまに感謝する。そして、仏飯、茶湯を下げ、ロウソクや線香などの火が消えていることを確認してから、仏壇の扉を閉める。

仏壇は仏さまをまつる一家の大切なよりどころ。おつとめのあとは掃除をして、毎日きれいにしておきたいもの。旅行などで長期間留守にするときは、仏壇の扉を閉めておく。

灯明と線香のあげ方

ロウソクをともすのは、単に仏壇を明るくするためではない。ロウソクの火は灯明と呼ばれ、智慧の徳をあらわしている。明かりが闇を開くように、仏の智慧が迷いの闇を開くことを願ってのことである。

最近では防火のためもあって電気式の灯明も増えてきているようだが、やはりロウソクの清らかな光が望ましい。

ロウソクに火をともしたら、その火で線香に火をつけて、香炉に立てる。直接マッチで火をつける人もいるようだが、ロウソクから線香に火をつけるのが正しい方法だ。

線香は何本も立てる必要はなく、

一本でよい。

香炉は灰が散らかっていることのないようにいつも掃除を心がけ、ときどきは灰も替えたほうがよい。また、マッチの燃えかすなどは、香炉に立ててはいけない。

ロウソクや線香の火を消すときは、必ず手や団扇《うちわ》であおいで消す。決して息を吹きかけて消してはいけない。神聖な仏壇の前で、食べ物の生臭さの混じった息を吹きかけて消すことは無作法だからである。

消えにくいときのために、ロウソク消しなどの道具を用意しておくと便利だ。

お供物のあげ方

毎日そなえるものとしては、ご飯とお茶の二つがあれば問題はない。毎月の命日、祥月命日《しょうつきめいにち》(亡くなった月の同じ日)、年忌法要には、果物や菓子、あとは故人が生前に好きだったものをそなえればよい。

ただし、いくら好物といっても、生魚やステーキなど、生臭さを感じさせるものは避けるべきだ。

また、ニンニク、ニラ、ショウガ、ネギ、ラッキョウなど、においの強いものも避ける。これらは精進料理でも使われることのない材料なのである。

最近の家庭では、仏壇にそなえたものを捨ててしまうところも少なくないようだが、本来は家族で食べるものだった。いただきものがあったときには、まず仏壇にそなえ、それから家族が食べるという習慣が残っているところもある。果物や菓子は傷まないうちに早めにおろして食べるとよいだろう。

お供物はふつう礼拝者のほうに向けてそなえるが、霊供膳だけは本尊に向ける。

花を礼拝者のほうに向けて飾るのは、仏さまの慈悲を意味している。それは、花を見ると人は喜び、悲しみや苦しみがやわらぐからである。

花を枯らしてはいけないと造花をそなえている家庭もあるようだが、一本でもよいからできるだけ生花をあげるようにしたい。仏壇にあげる花は野の花でもかまわないが、刺《とげ》のあるもの、毒々しい色のもの、悪臭のあるものなどは避けるのが常識である。

また、花を毎日替える必要はないが、花を長持ちさせる意味でも、水だけは毎日替えるべきだ。そなえた水は清められた水ということで浄水《じょうすい》と呼ばれ、植木や花などにかけるとよいといわれる。

合掌のしかた

合掌は仏前における基本的な動作である。右手は悟りの世界である仏さまを、左手は迷いの世界、つまり私たち人間をあらわしているといわれ、合掌することは仏さまと一体になることをあらわす。

合掌の仕方は、両方の手のひらをぴったりとつけて、両手の指が自然に合うようにする。このとき、指がゆるんだり、指と指のあいだが広がらないように注意が必要だ。

合掌をするとき、中指の先が鼻の高さにくるようにし、ひじをややはりぎみにするとよい。

合掌のときには、きちんと正座をすることが基本である。正座をして、背筋を伸ばし、顎《あご》をひくことで姿も美しくなり、気持ちも引き締まってくる。

礼拝のしかた

仏教の聖地といわれるインドのブッダガヤーには、現在でもチベット巡礼者たちが参拝している。

彼らは両手を伸ばし体を地につけ

合掌

座拝

立拝

て礼拝《らいはい》している。これは、五体投地《ごたいとうち》の礼拝といい、膝・腹・胸・面・頂を地につける最上の礼拝といわれており、仏さまに身も心もおあずけし、おまかせするという意味がある。これはおもに僧侶の礼拝である。

　檀信徒はつぎのような立拝や座拝をする。

立拝《りつぱい》……立ったまま合掌し、四五度の礼をする。

座拝《ざはい》……合掌し、座ったままで礼をする。

　法要の前後では、導師の鐘の音にあわせて三回つづけて座拝をする。これを普同三拝《ふどうさんぱい》という。

数珠の持ち方

　数珠《じゅず》は念珠《ねんじゅ》ともいい、仏前に礼拝するときの必需品である。数珠の玉一つひとつが人間の煩悩をあらわしているといわれるように、一〇八個のものが正式で、本連と呼ばれる。しかし、一〇八個では大きく、しかも重くなり、一般の人には持ちにくいということで、半連と呼ばれる五四個のもの、さらにその半分の二七個の四半連などが多くなってきた。ほかにも、二一個のもの、一八個のものなど、最近ではさまざまな玉数のものがある。

　数珠のかけ方は、ふつうは左手の四指にかけて合掌する。経本を持っている場合は左の手首にかけておく。数珠をすりあわせて音をたてるのは美しい礼拝とはいえない。

　なお、数珠を手に持つときは、二環にして左手で持つのが基本だ。

　葬儀や法事のときにあわてて人に借りることもあるようだが、数珠は毎日のおつとめでも大事なものである。できれば自分専用のものをもっておきたいものだ。

　数珠を求めるときは、曹洞宗のものを指定するとよい。

曹洞宗で用いられる数珠

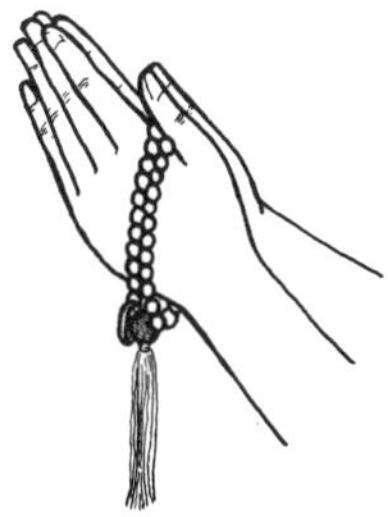

合掌するときは、
左手の親指と人差し指のあいだにかけ、
房を下にたらすようにする。
短いものは一環で長いものは二環にしてかける。

持つときは左手で持ち、
房を下にたらすようにする。

おつとめの作法

曹洞宗のおつとめ

おつとめとは正式には勤行《ごんぎょう》というが、梵語《ぼんご》ではビーリヤ＝パーラミターといって、つとめて善法を行う意味だ。

曹洞宗の基本は、お釈迦さまが悟りを菩提樹の下で開いたときの追体験としての坐禅である。毎日のおつとめもこれと同じで、仏前では坐禅をするときと同じ気持ちで心をととのえて静かに坐る。

曹洞宗では「朝は合掌、昼は汗、夜は感謝で眠りましょう」と教えている。おつめの回数は、朝夕二回が原則だが、むずかしいときはどちらか一回でもおつとめしたいものだ。

以下に毎日のおつとめの一例を参考としてあげておく。

一、合掌礼拝《がっしょうらいはい》

鈴を二回鳴らし、普同三拝する。

二、唱礼《しょうらい》

経本（『曹洞宗日課経典』など）をうやうやしくおしいただいて、鈴を一、二回鳴らす。『開経偈《かいきょうげ》』『懺悔《さんげ》文《もん》』『三帰礼文《さんきらいもん》』『三尊礼文《さんぞんらいもん》』をとなえ、鈴を三回鳴らす。

三、本尊回向《ほんぞんえこう》

回向とは、自身の坐禅やお経の読《ど》誦《じゅ》による功徳を先祖の供養や一般の多くの人々のためにめぐらし向けること。

『般若心経《はんにゃしんぎょう》』『本尊上供回向文《ほんぞんじょうぐえこうもん》』をとなえる。夕のおつとめではよまない。『般若心経』は、数あるお経のなかでもっとも有名。全二六二字のなかに仏教思想の真髄である「空《くう》」の境地を説いている。おつとめの最初に『般若心経』をとなえて空の境地になる。

四、先亡回向《せんもうえこう》

『修証義《しゅしょうぎ》』または『観音経《かんのんぎょう》』をとなえ、ついで回向文をとなえる。

『修証義』は道元禅師の著書『正法《しょうぼう》眼蔵《げんぞう》』の大意を短くまとめたもの。『観音経』は『妙法蓮華経（法華経）』の第二五章の一部。観世音菩薩の名をとなえ念じることで幸福を約束すると説かれている。

五、四弘誓願

『四弘誓願文《しぐせいがんもん》』（仏道をめざす者の決意をわずか四行にまとめたもの）を三回となえ、普同三拝し、鈴を鳴らす。夕のおつとめのときは『普回向《ふえこう》』をとなえる。

鈴や木魚の鳴らし方、お経や回向文をとなえるときの声の出し方などは、意外にむずかしいものなので、菩提寺のご住職に要点を教えていただくとよいだろう。

坐禅のしかた

坐禅の仕方①

足のくみ方

結跏趺坐《けっかふざ》と半跏趺坐《はんかふざ》がある。結跏趺坐は、あぐらの状態から右足を左の太ももの付根にのせ、つぎに左足を右の太ももの付根にのせる。半跏趺坐は、左の足をのせる。

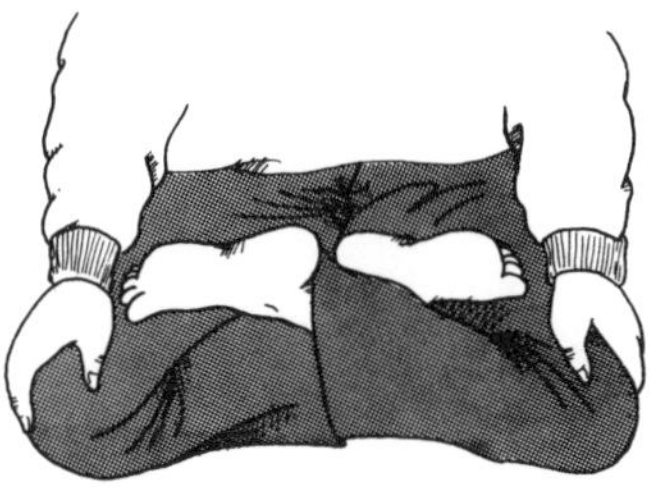

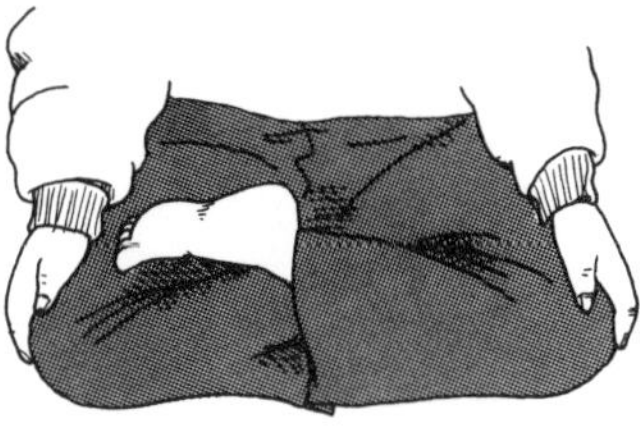

手のくみ方

法界定印《ほっかいじょういん》と呼ばれるくみ方をする。まず右手をくまれた足の上におき、左の手のひらを右の手のひらの上におく。そして左右の親指の先をかすかに触れさせる。できた輪の中が卵形になるくらいがよい。このとき、力を入れてはいけない。

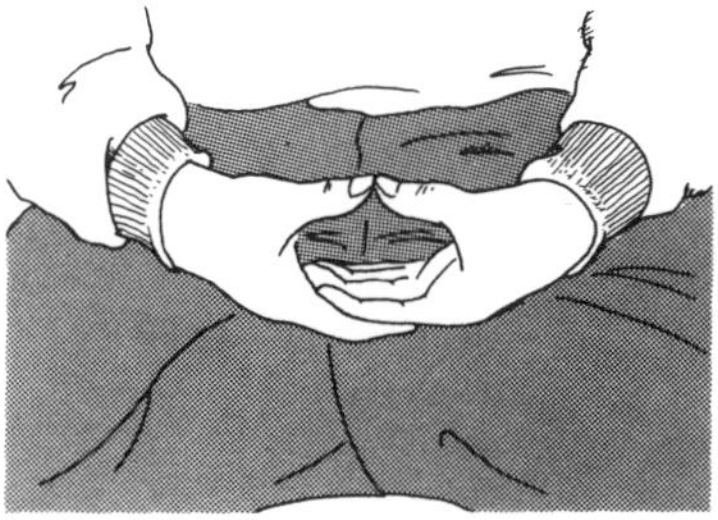

坐禅の意味

坐禅は、忍耐力や精神力をつけるものと思っている方も多い。しかし、坐禅の本来の目的は、心を落ち着けて人間らしい生き方を静かに考えるものである。道元禅師はさらに一歩進めて、考えることも、効果を期待することもせずただひたすら坐る「只管打坐《しかんたざ》」を教えている。

坐禅はとにかく実行することが大切。まずはご家庭で実際に坐ってみてはいかがだろう。その手順を簡単に解説する。

家庭での坐禅のしかた

心を落ち着けて坐るには、心身ともに健康であることが大切だ。坐禅の前日は睡眠不足あるいは睡眠のとりすぎをさける、満腹や空腹の状態で坐らない、などといったことは最低限守るべきことだ。体調がすぐれ

坐禅の仕方②

体の調え方

足をくんだら体を左右、前後に揺すってしっかりと腰の位置を決める。そしてお尻を動かさずに、上体だけをまっすぐに起こし、あごを引く。眼は閉じず、自然に軽く開け、視線は１メートル前方の地上に落とす。

ないときは、体調を整えてから行う。

服装はゆったりとしたものがよい。坐禅中は素足になり、時計、ネックレスなどの装身具はつけない。

坐禅をする場所は、静かで落ち着ける場所がよい。坐蒲団《ざぶとん》は二枚用意しておく。

場所が決まったら、そこに坐蒲団を敷く。一枚はそのまま敷き、もう一枚は二つ折にしてお尻のしたにくるように置く。坐る前に、まず坐蒲団の方に合掌し礼をする。そして坐り、図の手順で坐禅を組む。

坐禅の時間は決まっていない。一〇分や一五分でも毎日続けることが大切だ。坐禅を終えるときは静かに合掌して、体を前後左右にゆすってから足をとく。そしてゆっくりと立ち上がり、合掌・礼をして終わる。

お寺などの坐禅会に参加して、坐禅の実践法を体験してみるのもよいだろう。

葬儀のしきたり

曹洞宗の葬儀の意味

葬儀は、故人との別れを惜しみ、死後の幸せを祈る厳粛な儀式である。同時に、故人を送る者たちが死と直面することによって、生きていることの本質をみきわめるための大切な場でもあるのだ。

曹洞宗の葬儀では、菩提寺の住職が、仏さまと故人との橋渡し役（導師）をつとめ、故人を悟りの世界へ導く。そして故人は、いつまでも仏さまの世界から私たちを見守る存在となる。つまり、葬儀は故人へ対する儀礼であると同時に、参列者への導きでもある。

臨終

本来、末期《まつご》の水とは死にゆく人に最期の水を飲ませること。現在では臨終確認後に、葬儀社の用意した先端に脱脂綿のついた割り箸で口を湿らせる。樒《しきみ》の葉を使う地方もある。

●湯潅・死化粧

仏弟子となる儀式を受けるために全身をふいて心身を清めることを湯《ゆ》潅《かん》という。死化粧《しにけしょう》は、男性なら髭《ひげ》をそり、女性は薄化粧をして、美しい死に顔に整えてあげる。

●死装束

湯潅が終わったら、死装束《しにしょうぞく》をつける。死装束は真の安楽土への旅にでるための衣装として着せるものである。経帷子《きょうかたびら》を左前に着せ、頭巾をつけて、六文銭《ろくもんせん》、米、血脈《けちみゃく》などの入った頭陀袋《ずだぶくろ》を首にかけ、手甲《てっこう》、脚絆《きゃはん》、白足袋《しろたび》、わらじをはかせて杖をかたわらに置く。

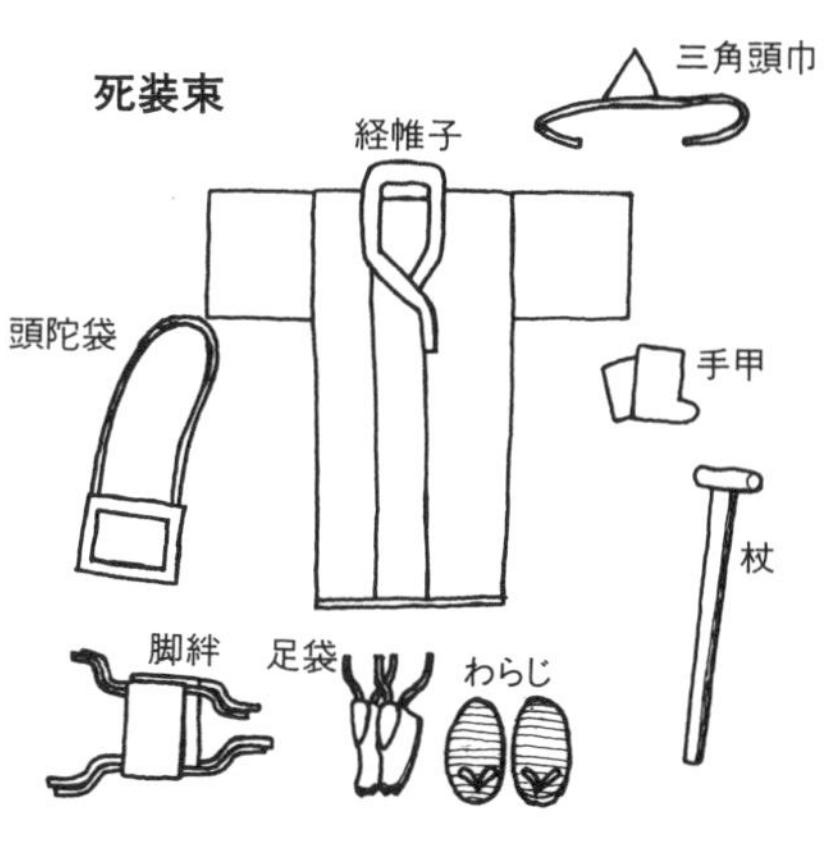
死装束
三角頭巾
経帷子
頭陀袋
手甲
杖
脚絆
足袋
わらじ

死装束をつけない場合は、愛用していた服または浴衣を着せる。

●遺体の安置

仏間または座敷などに頭を北に向けて寝かせ（北枕）、顔は白布で覆い、枕元か胸元に守り刀を置く。

●枕飾りと枕経

故人の枕元に供養のための壇を設けるのが枕飾りだ。小さな机に白い布をかけ、右から燭台《しょくだい》・香炉《こうろ》・華瓶《けびょう》

枕飾り

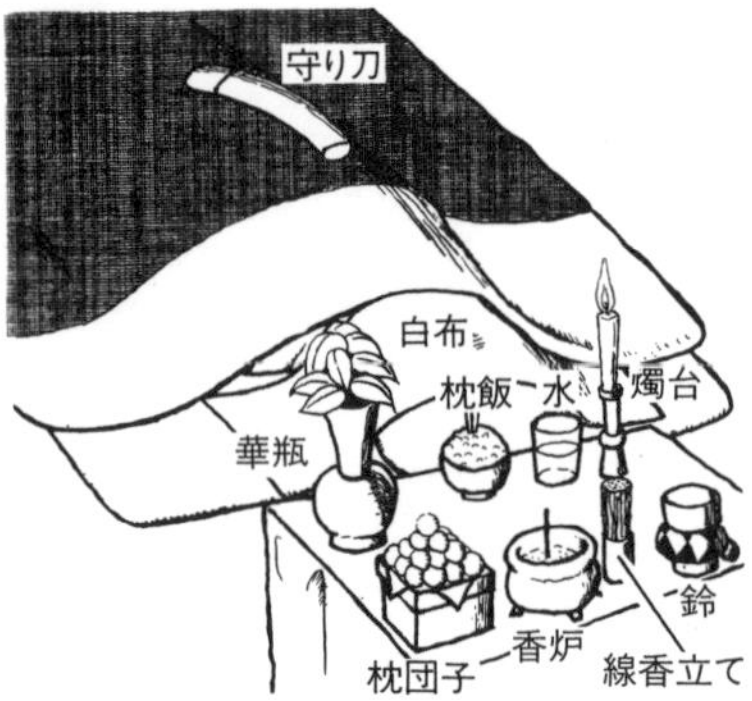

の三具足《みつぐそく》を置く。そして、右手前に鈴《りん》を置く。ロウソクの火と線香は絶やさないようにする。

枕飾りを整えたら、菩提寺の住職を招いて、読経してもらう。これを枕経《まくらぎょう》(臨終諷経《りんじゅうふぎん》)という。

枕経のときは、遺族は普段着のままでかまわないが、なるべく地味な服にするべきである。

●戒名

戒名は法号、法名ともいい、仏弟子としての名前である。本来は生前に受けておくものだが、故人となってから授与されることも多い。

まだ、戒名を受けていないときには、枕経が終わったときに、菩提寺の住職にお願いするとよいだろう。

●通夜

通夜とは、親族や知人が夜を徹して遺体のそばで過ごし、霊を慰める法要のこと。以前は近親者だけが出席するものだったが、最近は葬儀に出席できない人が出席するようになったこともあって、半通夜《はんつや》といって、午後六時ころから二〜三時間で終わることが多くなっている。

しかし、午前〇時を過ぎるまでは交代でだれか起きていて、灯明や線香を絶やさないようにしたほうがよいだろう。

死亡から葬式まで二日おく場合は、死亡当日は枕経、二日目に通夜が営まれる。枕経では喪服でなくてもか

通夜の進行例

一、一同着座

二、導師(僧侶)入堂

三、読経・焼香

喪主、遺族、親戚、弔問客の順に行う。部屋が狭い場合は、回し焼香にすることもある。

四、法話(省略されることもある)

五、導師(僧侶)退堂

六、喪主あいさつ

故人にかわって感謝の気持ちを伝え、導師の紹介をする。通夜ぶるまいの準備があるときは、その旨を知らせる。

七、通夜ぶるまい

導師が辞退されたときは、折詰をお寺に持参するか「御膳料」を包む。

まわないが、通夜のときには遺族は喪服を着用するのが礼儀である。

　喪主は弔問客のあいさつを受ける際に、答礼は短く済ませ、話しこむことなどがないよう注意が必要だ。

葬儀・告別式

　葬儀は、故人の徳をたたえ、霊山《りょうぜん》浄土へと旅立たせる儀式である。

　曹洞宗の葬儀では、故人を仏弟子として導き、仏の悟りの世界に送るための引導法語《いんどうほうご》が中心となる。

　そのため、式次第では本来であれば生前にしておかなければならない仏弟子となるための儀式も含まれている。

　なお告別式とは、故人の友人や知人が最後の別れをする儀式である。葬儀と告別式は本来違う意味の儀式であるため、別々に行うものであったが、最近は葬儀と告別式を兼ねることも多い。

曹洞宗の葬儀・告別式の進行例

一、一同着座
遺族は一般の会葬者よりも早めに席についておく。

二、導師(僧侶)入堂
会葬者は正座か、椅子席の場合は起立して導師を迎える。

三、開式の辞

四、読経(剃髪《ていはつ》・授戒、入龕《にゅうがん》、諷経《ふぎん》、大夜念誦《たいやねんじゅ》、挙龕念《こがんねん》誦《じゅ》、引導法語)

五、弔辞拝受・弔電披露
読み終えた弔電と弔辞は、必ず祭壇にそなえる。

六、読経(山頭念誦)

七、焼香(読経中)
喪主、遺族は会葬者のほうを向いて座り直し、一人ひとりに黙礼する。

八、回向

九、導師(僧侶)退堂

一〇、喪主あいさつ
会葬者に参列、焼香のお礼を述べる。

一一、閉式の辞

＊内容・順序は、葬儀により異なる。

焼香の作法

　葬儀や法要の焼香には、数種類の香木を刻んで調合した抹香《まっこう》が使われる。日常使われる線香は、長持ちすることからお墓参りなどで使われるようになった略式のものだ。

　焼香の作法は、通夜も葬儀のときも変わらない。僧侶から合図があったら、喪主を先頭に血縁の順番に焼香を行っていく。親族のあと、知人、一般会葬者となる。

焼香の回数については、仏・法・僧の三宝に供養するという意味から、三回ともいわれているが、必ずしもそうではない。あくまでも本来の目的は故人への供養である。

曹洞宗のお寺でもお寺によってさまざまな伝えがあるが、二回するところが多いようだ。一回目は主香といい故人の冥福を祈ってするもので、二回目は従香といい主香が消えないように抹香を加える目的でするものである。ただ、実際の葬儀では会葬者の人数や時間の問題で一回で済ませることが多くなっているようだ。焼香は回数の問題ではなく、どれだけ真心をこめてするかがもっとも大切なことである。

香炉を順送りして自分の席で焼香する回し焼香の場合も、基本は同じである。

焼香の手順

①数珠を左手に持って
祭壇の前に進み、僧侶に一礼、
仏前に合掌礼拝する。

②抹香を右手の浄指
（親指、人差し指、中指）の
３本で軽くつまむ。

③左手をそえて、
抹香を額の前に軽くささげる。

④香炉に入れる。
２回目の従香は、額にささげずに
そのまま香炉へ入れる。

⑤もう一度、
仏前に合掌礼拝する。

⑥僧侶に一礼し、
自分の席に静かに戻る。

出棺・火葬

葬儀が終わると、棺《ひつぎ》が祭壇からおろされ、近親者や親しい友人が遺体を花で飾る。これが遺体との最後の対面となり、棺は親族によって運ばれ、霊柩車《れいきゅうしゃ》で火葬場へ向かう。

火葬場に行くのは原則として、遺族、親族、親しい友人だが、同行してもらいたい人には、まえもってその旨を伝えておくべきである。また、僧侶にもまえもって依頼しておいて、同行してもらい、読経してもらうとよい。

火葬場に持っていかなければならないものは、火葬許可書、白木の位牌、遺影などである。火葬証明書は火葬が済むと執行済みの印が押され、これが埋葬許可書となる。

火葬場につくと、棺はかまどに安置され、その前の小机に位牌、遺影、香炉、燭台、花などが飾られて、一同焼香して最後の別れをする。

火葬が終わると収骨《しゅうこつ》(拾骨)となる。箸渡し《はしわたし》といって、長い竹の箸でお骨を拾い、順にはさんで渡し、最後の人が骨壺《こつつぼ》に入れる。男女一組で竹と木の箸で骨を拾って骨壺に納めていく方法もある。なお、収骨の儀式は地方によって違いがある。骨壺は白木の箱に入れ、白布で包んで自宅に持ち帰るが、分骨する予定があれば、このとき一部を小さな骨壺に分け入れ、錦の袋に入れて持ち帰る。

遺骨を迎える

出棺後にも弔問者の応対と遺骨を迎える準備のために、遺族のなかからも留守番を残しておかなければならない。留守番の人は葬儀社の人の指示に従い、四十九日の中陰《ちゅういん》明《あ》け(忌《き》明《あ》け)までまつる中陰壇《ちゅういんだん》の準備をするとともに、玄関や門口に小皿に盛った清めの塩と手を洗う水を用意しておく。

火葬場から帰った人は、清めの塩で身を清め、水で手を洗う。お清めが済んだら、遺骨を中陰壇に安置して、僧侶に還骨勤行のお経をあげてもらう。最近では、続けて初七日《しょなのか》の法要を行うことも多い。

そのあと、精進《しょうじん》落《お》としといって、会葬者に酒食の接待をする。あくまで僧侶や手伝ってくれた人たちを接待する席であるから、喪主・遺族は末席に座り、喪主は葬儀がぶじ終了したことのお礼とあいさつをする。

中陰壇

中陰明け（忌明け）と納骨

故人が亡くなった日から四十九日めまでを中陰《ちゅういん》（忌中）といい、四十九日の法要で中陰明け（忌明け）となる。

納骨は、四十九日の法要とあわせて行われることが多い。しかし、地方によっては、火葬のあとすぐに納骨するところもあるし、収骨のあとお骨をそのままお寺に預けてそれから納骨するところもある。

墓地をまだ用意していない場合は、お寺や霊園などの納骨堂に一時的に預かってもらい、一周忌から三周忌をめどとして墓を建て納骨する。

近年は、墓地の相続が大変なことからお寺や霊園が一定期間管理・供養してくれる永代供養墓や合祀墓の選択肢もある。

墓地に埋葬するときには、菩提寺または自宅で納骨法要をしていただいてから、墓地に移動して納骨式を行う。

また、そのとき墓地に立てる卒塔《そとう》婆《ば》は、まえもって菩提寺に頼み、法号（戒名）を書いておいてもらう。

中陰明けとともにしなければならないことが香典返しだ。

香典返しはもともと中陰明けの知らせであり、香典をもらったすべての人に会葬礼状と品物を送る。ふつう、半返し、三分の一返しといい、もらった香典の半額から三分の一の金額の品物を返すのが目安となっている。表書きは「志」または「粗供養」とし、黒白の水引を使う。

お布施・謝礼

葬儀をつとめていただいた僧侶への謝礼は、葬儀の翌日あらためてお寺へ出向いて渡してもよい。

正式には奉書紙で中包みしてさらに奉書で上包みし、筆で「御布施」と表書きするが、一般の不祝儀袋を使ってもかまわない。水引は黒白のものにする。

お布施を渡すときは、直接手渡すよりも、小さなお盆などにのせて差しだすと、よりていねいなかたちになる。

また、お車代や御膳料は、お布施とは別にそのつど渡すようにする。

香典と表書き

香典は薄墨で「御香資《ごこうし》」と表書きし、遅くとも四十九日までに届くようにする。連名で包むときには、表に姓名を書くのは三名まで。それ以上のときには「○○一同」「○○有志」などと記して、別紙に全員の名前を書いて、中包みに入れておくようにする。

市販の不祝儀袋を用いる場合は「御霊前」とし、「御仏前」は法事の際に用いる。

法要のしきたり

法要とは

一般的には法事と呼ばれ、この世に残ったものが故人が霊山浄土で安楽になるようにと行う追善供養である。また、故人を供養することを通して、祖先たちの恩をしのび、自分たちがいまあることに感謝するという意味もある。

死亡から四十九日までは中陰《ちゅういん》または中有《ちゅうう》といわれる。これは輪廻転生《りんねてんしょう》の考え方からきているもので、死から次に生まれ変わるまでの期間と考えられている。七日ごとに七人の仏さまに守護を願って、追善法要をするようになった。

これが中陰忌法要で、初七日、十四日目(二七日《ふたなのか》)、二十一日目(三七日《みなのか》)、二十八日目(四七日《よなのか》)、三十五日目(五七日《ごなのか》)、四十二日目(六七日《むなのか》)、満中陰の四十九日(七七日《なななのか》)は親戚を招いて行われる。

地方によっては、四十九日が三カ月目にわたる場合は「始終苦《しじゅうく》が身《み》につく」といわれ、三十五日できりあげる習慣がある。

また関西などではお逮夜《たいや》といって、前夜にこれらの法要が営まれるところもある。

次が百カ日法要で、四十九日まではあわただしく、悲しみのなかで過ごした遺族も、このころになると落ちつきや気持ちのゆとりもでてくるということから、悲しみの終わる日として供養する。卒哭忌《そっこくき》ともいわれる。

毎月の命日に仏壇に故人の好物をそなえ、家族でお参りするのを月忌法要という。死亡した日と同月同日は祥月命日《しょうつきめいにち》と呼ばれ、年忌法要が行われる。

年忌法要は、一周忌、三回忌、七回忌、十三回忌、十七回忌、二十三回忌、二十五回忌、二十七回忌、三十三回忌、五十回忌、そのあとは五〇年ごととなる。

一般的には、三十三回忌をもって弔い上げとし、そのあとは祖先の霊に合祀される。

一周忌は親族はもちろん、友人、知人などにも参列してもらって盛大に営まれることが多いが、三回忌以降は故人と血縁の濃い親族やとくに親しかった人を招くか、家族だけで営まれる。

年忌法要がたまたま同じ年に重なるときには、あわせて行うこともある。これを併修《へいしゅう》または合斎《がっさい》という。

しかし、併修ができるといっても、七回忌までは、できるだけ故人一人について行いたいものである。また、中陰忌法要と年忌法要は、同時に行わないのが昔からの習わしだ。

法事の準備

法事はどの程度盛大に執り行うのかによっても違ってくるが、早めに準備をしておくことが大切だ。お寺や僧侶、招待者の都合もあるから、できれば半年前、最低でも三カ月前には準備を始めたい。

法事の日取りは、故人の祥月《しょうつき》命日《めいにち》にあわせて行うのがいちばんだが、休日などとの兼ね合いもあって、多少日をずらすこともある。ただ、その場合は命日よりも遅らせずに、早めるようにする。

実際に日取りを決める際には、菩提寺に相談するのが最初である。会場の決定と予約、招待客への案内状、料理、引き物、供物など、準備は数多くある。料理や引き物の手配をするためにも、早めに招待者を決定し、案内状に返信用の葉書を同封するなど出席の有無をあらかじめ知らせてもらうようにしたい。

会場は、家族だけで営むような場合は自宅で、多人数のときにはお寺や催場を借りて行う。菩提寺にお墓がある場合には、お墓参りのことも考えて、お寺にお願いすることが多いようだ。

また、忘れてはならないのは経費である。確実に計算にいれておかなければならないのは、会場費、会食費、引き物、供物代、お布施、案内状の印刷費などだ。このほかにも、招待客の送迎の車代や場合によっては宿泊費なども考えなければならないこともある。

基本的に法事の費用は施主が負担することになるが、最近では、兄弟などで分担するということも多くなっている。

法事の進行例

一、導師(僧侶)を出迎える
施主が玄関まで必ず迎えにでて、控室まで案内する。

二、一同着座
故人との血縁の深い人から順に着席する。

三、施主《せしゅ》のあいさつ
省略することもある。

四、導師着座

五、読経
導師の礼拝にあわせて、参会者一同が合掌礼拝する。経本があるときは、参会者もあわせて読経する。

六、焼香

七、法話

八、施主のあいさつ
お墓参りも行う場合は、施主から説明し、お墓へ向かう。

九、お墓参り・塔婆供養

一〇、お斎《とき》
会食が終わったら参会者に引き物を渡す。

お墓参りと卒塔婆供養

法事が終わったら、お墓参りをする。法事の前にはあらかじめお墓の掃除をしておくことが大切だ。

年忌法要の際には板塔婆《いたとうば》をあげて供養する。この塔婆供養は、一切の不浄を除いてその場を浄土とし、霊の安住地とする意味があり、必ず行われる。お釈迦《しゃか》さまの入滅後、弟子たちが遺骨を分骨して、塔を建てて供養したのがはじまりで、この塔をインドではストゥーパといい、それが日本語の卒塔婆《そとうば》となって三重塔や五重塔を意味するようになった。

そののち、五重塔を模して五輪塔が建てられるようになり、さらにその形をまねて板塔婆がつくられ、お墓の後ろに立てられるようになった。板塔婆には、経文を書いて、その下に戒名を記して供養する。

塔婆は、まえもってお寺に依頼しておけば、法要当日までに用意してくれる。依頼するときには、電話連絡で済ませるのではなく、建立者などの名前などが間違わないように、必ず紙に書いて渡すようにする。

塔婆料はお寺によって決まっているので、依頼のときにたずねてかまわない。

卒塔婆を立てて先祖の霊を供養することの功徳は、お釈迦さまに拝して供養をささげる功徳と同じ意味だ。よって年忌法要にかぎらず、志に応じて立てたいものである。

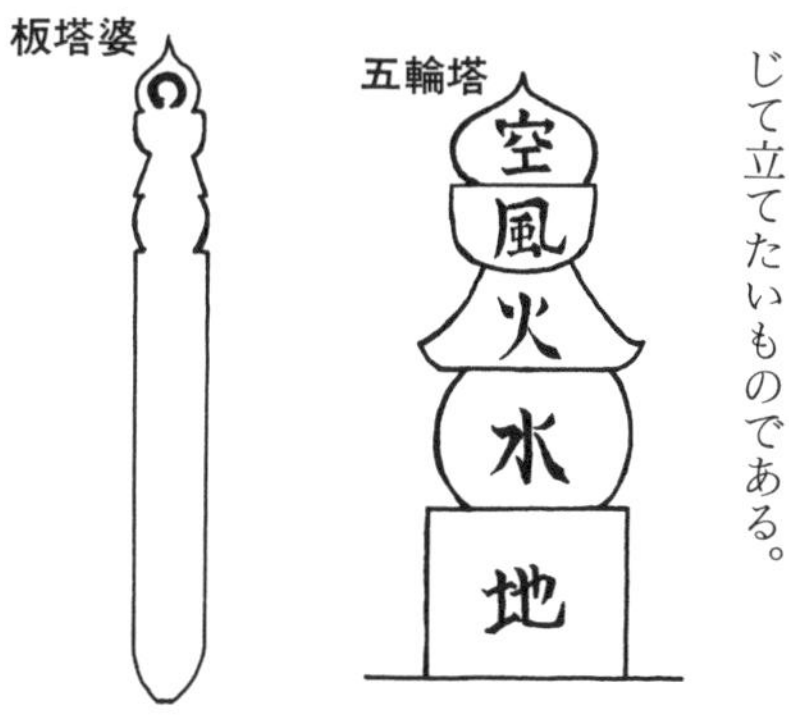

板塔婆には、法要により経文が書かれる

お斎と引き物

お墓参りが終わったら、僧侶や参会者に食事をふるまうが、これをお斎と呼ぶ。

自宅か、お寺の一室を借りて、仕出し料理をとる場合もあるが、料理屋やレストランなどを借りることも多い。料理は精進《しょうじん》料理《りょうり》が望ましいといわれるが、鯛など慶事に出されるものを除けば、精進料理にこだわる必要はない。

施主および家族は末席に座り、施主は下座から参会者へのお礼を述べ、あいさつする。お斎の正客は僧侶であるから上座に座っていただき、お膳やお酒などは、必ず僧侶から先にだすようにする。

参会者へのお礼と記念として、引き物の用意も大切だ。遠来の人のことも考え、かさばるもの、重いものは避ける。以前は菓子、海苔、お茶

お斎の席次

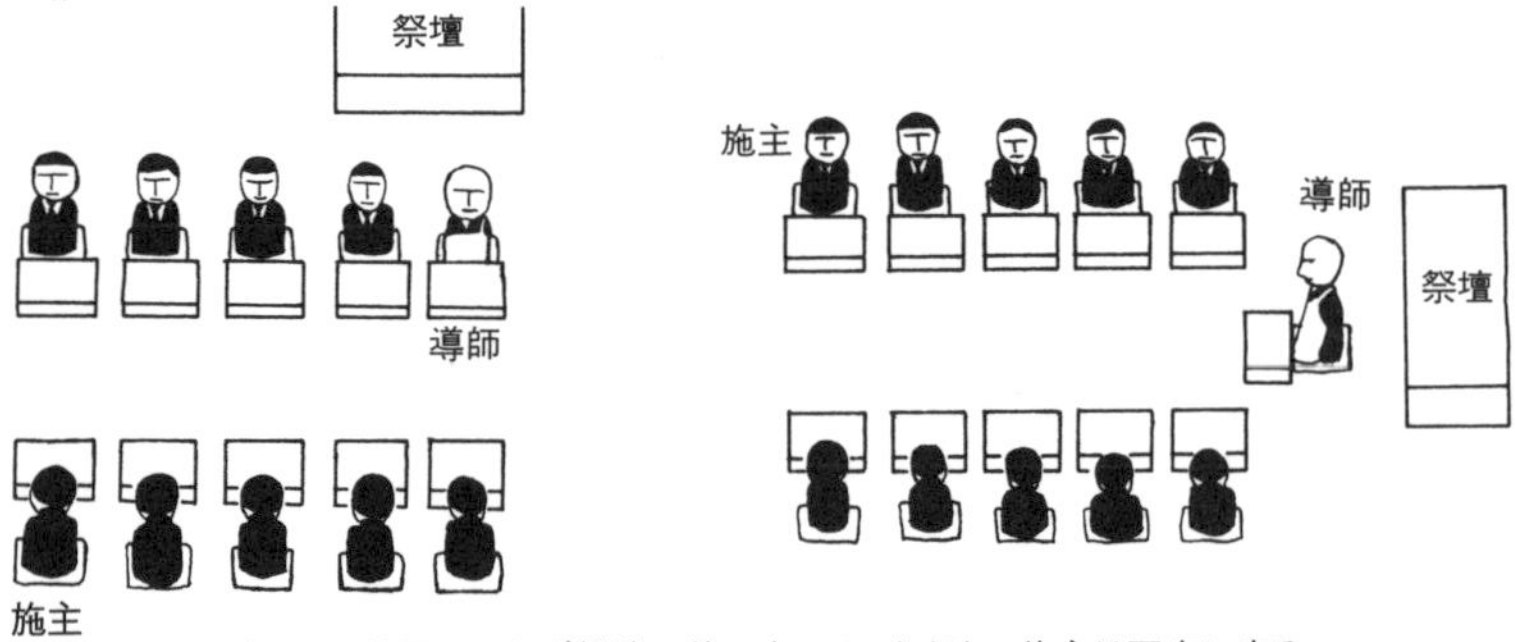

正客となる僧侶には必ず祭壇の前に座っていただき、施主は下座に座る

などが一般的だったが、最近ではブランドもののハンカチ、プリペイドカードなど多様化してきた。

引き物の表書きは「粗供養」または「志」とする。

また、都合でお斎をしないときは、引き物と一緒に料理の折詰やお酒の小瓶を用意して手渡す。

僧侶への謝礼

法事の際の僧侶への謝礼は、お布施として渡す。

不祝儀袋に「御布施」と表書きし、施主の名前、もしくは「○○家」と記せばよい。読経が終わったあと、別室で渡すようにする。

金額は地域、お寺の格式、僧侶の人数、故人の戒名などによって違ってくる。

僧侶に自宅などに出向いてもらったときには、送迎の有無にかかわらずお車代を用意する。また、お斎を省略したときや僧侶が列席されないときには御膳料を包む。

供物料と表書き

法事に招かれたときには、供物料を持参する。

不祝儀袋に「御仏前」「御花料」「御供物料」などと表書きし、水引の色は黒白よりも銀、白と水色などのほうがよい。

または、生花、菓子、果物、線香などのお供物を持参してもよい。

卒《そ》塔《とう》婆《ば》供養をしたいときは、法事の案内状の返事をするときにその旨を伝え、当日、供物料とは別に「御塔婆料」と書いて施主に渡す。

お墓のまつり方

お墓とは

日頃、我々は深く考えずに遺骨を埋葬するところという意味で「お墓」といっているが、お墓というと土地がつきものというイメージもある。しかし最近、大都市圏などでは、マンションのような土地つきでないお墓も一般的になりつつある。

また、お墓について誤解されやすいのが、「お墓を買う」という言い方だ。お墓を建てる土地を買うかのように聞こえるが、実際は半永久的に借りるという意味。つまり、墓地の永代《えいたい》使用料を一度に払うのである。

墓地と納骨堂

墓地にも、経営形態の違いなどによって、いろいろな種類がある。

●寺院墓地

お寺の境内にある墓地で、もともとそのお寺の檀家のためにあるものだ。寺院墓地をもとうとすれば、そのお寺の檀家にならなければならない。当然、法要などはそのお寺の宗派のやり方に則《のっと》って行われるから、故人や家の宗派と同じお寺を見つけなければならない。

●公営墓地

都道府県、市町村などの自治体が経営している墓地である。宗派に関係ないうえに、永代使用料が安く、管理もしっかりしているので、人気が高い。公営墓地の有無や申込方法などは、住んでいる自治体に問い合わせてみるとよい。

●民営墓地

財団法人や宗教法人が経営し、郊外に大規模な墓地を造成しているケースが多い。公営墓地と同じく、宗派に関係のないところがほとんどである。

●納骨堂

もともとは墓地に埋葬するまで遺骨を一時預かりする目的でつくられたものだったが、最近は永代使用ができるものも増えてきた。ロッカー形式のものと、仏壇があってその下に遺骨を納めるスペースが設けられたものと二タイプある。経営も寺院、民営、公営といろいろだ。

納骨堂

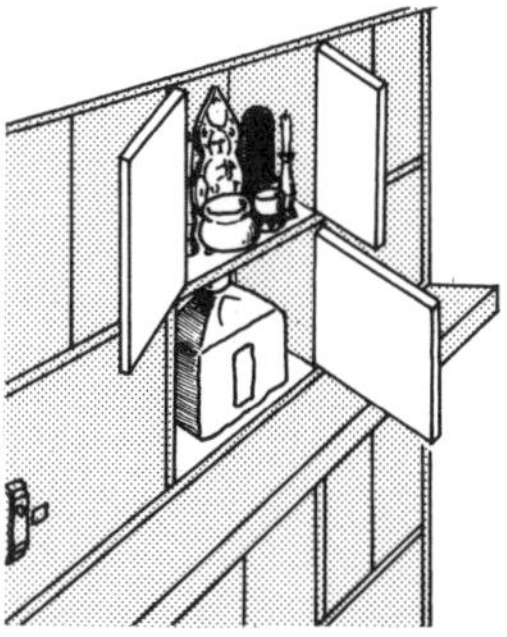

逆修と永代供養

生きているうちに自分で自分のお墓を建てることを逆修《ぎゃくしゅ》といい、長生きできるといわれている。

こうした生前墓を逆修墓《ぎゃくしゅぼ》あるいは寿墓《じゅぼ》などという。墓石に刻んだ自分の名前や戒名は、朱色に塗っておく。そして、亡くなったときに朱色を取り除く。

お墓のことで家族に迷惑をかけたくない、自分の眠る墓は自分の手で建てたいなどの理由から、このごろではこうしたケースも珍しくなくなっている。

また、あとを継ぐ子供がいない、海外で暮らすからなどの理由で、寺院や霊園に永代供養を頼む人も増えてきているようだ。

三回忌や七回忌を機に規定の金額を支払って依頼するが、できるかぎりは施主が供養するほうがよい。

お墓の種類

●家墓《いえばか》

現在、もっとも多いのがこの形式のお墓で、一つの墓石に「○○家代々之墓」または「南無釈迦牟尼仏」などと刻まれている。一族が一つのお墓に入り、子孫へと代々受け継がれていくものである。

●個人墓《こじんばか》

一人に一つずつ墓石を立てていくもの。正面に戒名を刻み、側面または裏面に俗名、没年月日、業績などを刻む。かつてはよく見られたが、最近は土地不足などから減っており、とくに功績のあった人など、限られたケースのみになっている。

●比翼墓《ひよくぼ》

夫婦二人のためのお墓で、ふつうはどちらかが亡くなったときに建てる。戒名を刻む場合は、残された人も戒名を授けてもらい、逆修のときと同様に朱色に塗っておく。

●合祀墓《ごうしぼ》

事故や災害などで一度に大勢の人が亡くなったときに建てる。慰霊碑的色彩が強く、石碑に名前を刻み、名簿を納めたりする。

●一墓制《いちぼせい》

お寺に一基だけお墓があって、檀家の人が亡くなると、すべてそのお墓に入るというもの。ごく少数派であったが、最近では地縁血縁をこえた仲間同士による、新しいかたちの一墓制が生まれつつある。

お墓の構成

お墓には最低限、墓石とその前に花立て、線香立て、水鉢が必要だ。墓石の下には、遺骨を納めるカロート(納骨室)がある。

家墓では、埋葬者が多くなると戒名や没年月日などを墓石に刻みきれなくなってしまうため、墓誌を立て

一般的なお墓のつくり

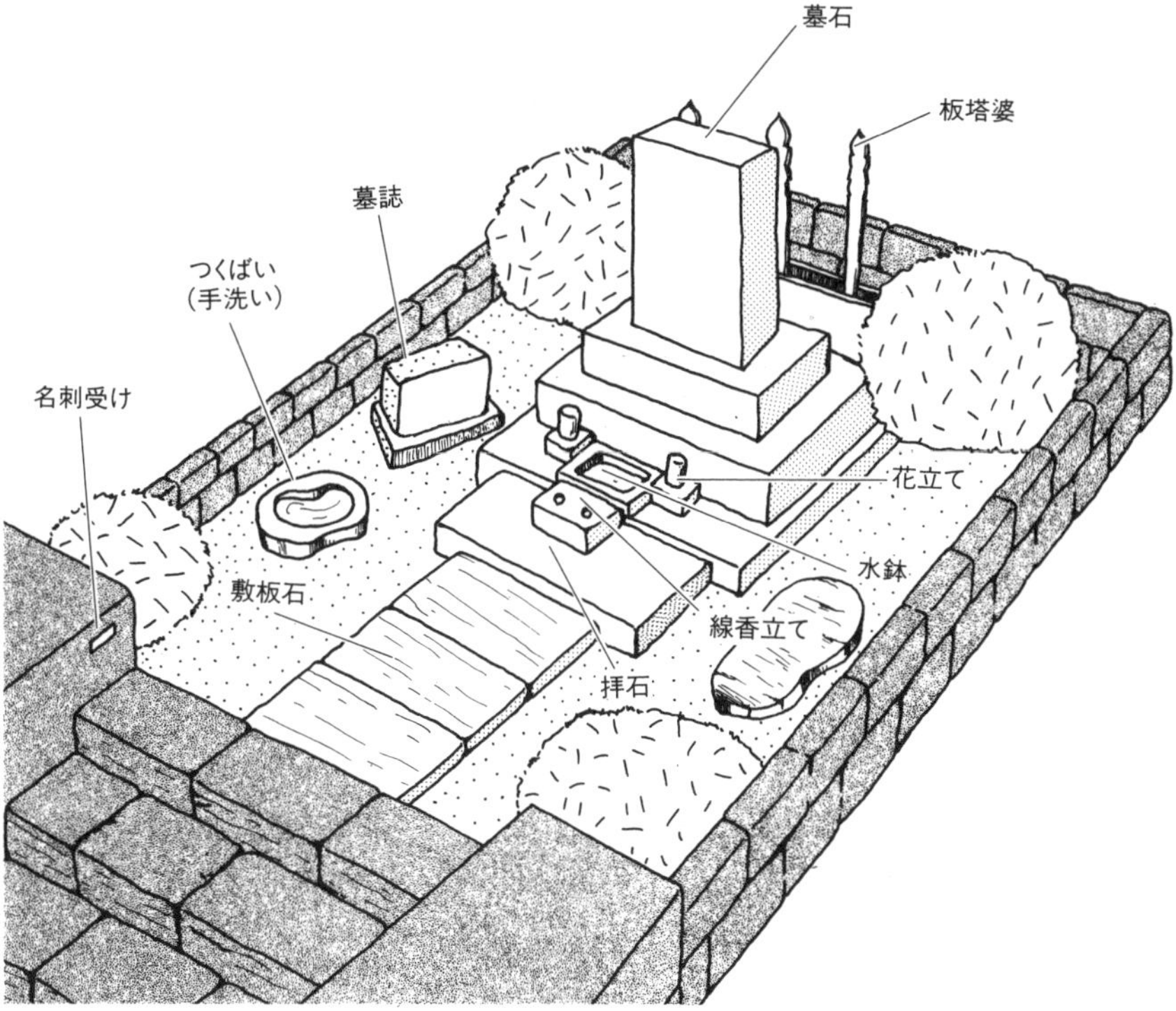
墓石
板塔婆
墓誌
つくばい
(手洗い)
名刺受け
花立て
水鉢
敷板石
線香立て
拝石

ることが多い。

また、墓石はふつう角石塔が多いが、そのほかにも、自然石型、五輪塔型など、いろいろな形がある。

墓石の文字は、家墓の場合「○○家先祖代々之墓」などが多いが、曹洞宗をはじめとする禅宗系では「南無釈迦牟尼仏」と刻む場合もある。菩提寺にたずねてみるとよいだろう。

そして、側面に建立年月日・建立者・戒名などを刻む。家紋を入れる場合は、花立てや水鉢などに刻む。

なお、墓石に刻む文字は略字は使わず、旧字体のほうがよいといわれている。家紋なども間違いのないよう石材店に正確に注文することが大切だ。

建墓と改葬

お墓を建てたり、墓石を新しくしたときには、開眼《かいげん》法要をしなければならない。

また、単独墓を整理して、家墓にしたり、故郷から離れて暮らしているため、お墓を近くに移したいなどの理由から改葬することがある。古い墓石はお寺や霊園に頼んで処分していただくが、その前に御霊《みたま》(魂)抜きの儀式が必要である。

それぞれの儀式の行い方については、菩提寺の住職に相談すれば教えてくれる。

お墓参りの作法

故人の命日や年忌法要、お盆、お彼岸などにでかけることが多いが、入学、進学、就職、結婚など、人生の節目に報告を兼ねて、お墓参りをするのもよい。

お墓参りのときに注意しなければならないのは、お供物を必ず持って帰ることだ。そのままにしておくと、腐ったり、動物や鳥が食い荒らし、汚れの原因になる。

お墓参りの手順

① お寺の住職または霊園の管理事務所にあいさつし、必要なものを借りる。
② 手を洗い清め、手桶に水をくんでお墓に向かう。
③ 合掌礼拝してから、お墓の掃除をする。落ち葉やゴミを拾い、雑草を抜き、墓石を洗う。花立てのなかのゴミ、香炉の灰も始末する。
④ 花立てに生花を飾り、お供物をそなえる。菓子や果物は二つ折りの半紙の上にのせる。
⑤ 線香をあげる。
⑥ 墓石に水をかけるときは、線香を消さないように注意する。
⑦ 合掌礼拝し、数珠を持って1人ずつ手を合わせる。
⑧ 花以外のお供物は持ち帰る。

●墓参りに持っていくもの

ほうき、たわし、雑巾、バケツ、ひしゃく、手桶、マッチ、ロウソク、線香、半紙、数珠、お供物の花・果物・菓子など

*掃除用具などは、お寺や霊園事務所で借りられるところもある。

お寺とのつきあい方

菩提寺とは

死者の冥福を祈って、追善供養を行うことを「菩提《ぼだい》を弔《とむら》う」というが、菩提寺とは、祖先の霊の安住地であり、供養するところである。

檀那寺《だんなでら》ともいわれ、それに対し、お寺を守っていくのが檀家《だんか》である。檀那という言葉は、梵語のダーナに由来し、施《ほどこ》しをする人という意味だ。

檀家はお寺や僧侶に衣食を布施し、僧侶は檀家の人たちに仏法を説き、法を施す関係にある。

お布施には法施《ほうせ》・財施《ざいせ》・無畏施《むいせ》の三つがあるといわれている。

法施とは、人間が正しい生き方をするための教えを伝える精神的な施しであり、僧侶のつとめである。

財施とは、僧侶の法施に対して感謝の気持ちをあらわすために金品を施すことをいう。

無畏施というのは、不安や恐れを抱いている人々に対して、広く慈悲を行うことである。これは僧侶でなくても一般の人でもできることだ。

このようにお布施というのは、まわりまわって功徳をお互いに施すということに意義がある。

また、お寺には檀家すべての過去帳がまつられている。その多くの檀家をまとめるためには、お寺と檀家のパイプ役となる世話役が必要である。世話役が行事の連絡や役割分担など、こまごました仕事を行う。

檀家を代表するのが総代である。総代は檀家を代表する篤志家であるから、戦前までは経済力のある地主や資産家が総代をつとめていた。

現在のような檀家制度が確立したのは、江戸時代初期のことである。

いまでいえば、住民票や戸籍に該当する宗門人別帳《しゅうもんにんべつちょう》を提出させることによって、江戸幕府は住民の把握を行っていたのである。

現在はお寺と檀家の関係が、葬儀や法事のみのつきあいとなっている場合が多い。

かつてのように菩提寺とのあいだに精神的な絆など、強いつながりがなくなりつつある。その意味では、葬儀や法事だけでなく、もっと日常的なつながりをもつようにお寺の行事に積極的に参加することが必要だろう。

菩提寺を探す

独立して一家をかまえたり、郷里を離れて暮らしている場合など、菩提寺を新たに探すことも必要となってくる。

かつては、結婚すると嫁ぎ先の宗派になるのが常識だったが、現在では長男長女同士の結婚や信仰の自由から、夫婦で別々の宗教、宗派になることもある。

その場合は、葬儀やお墓について、生前に夫婦で十分話しあっておきたいものである。

特定の宗教、宗派の信仰をもっていないときは、実家の菩提寺と同じ宗派で、家から近いところにあるお寺を探すのがいちばんである。

ただ、曹洞宗のお寺も多数あるので、実家の菩提寺や本山にたずねて紹介してもらうとよいだろう。

また、近所の人の話を聞いたり、お寺の行事を見学してみれば、だいたい様子がわかってくるものだ。お寺とは長いおつきあいになるのだから多少時間がかかっても納得できるまで探したい。

不幸があってから、あわてて菩提寺を探そうとしても間に合わない。何もない平穏なときこそ、菩提寺を見つけるチャンスなのである。

新たに檀家になる

ここだというお寺が見つかり、そこを菩提寺にするためには、そのお寺の檀家として認められなければならない。

一般的には、そのお寺が管理する墓地にお墓をもつと檀家として認められる。しかし、墓地をもたなくても、事情を説明して、お寺の許可がもらえれば檀家になることができる。

檀家として認められたら、お寺で開催される年中行事には、なるべく家族で参加することだ。

その際には、お布施を包む。年中行事、建物の修繕など、お寺の運営費は檀家からのお布施に負っている部分も大きい。もし、都合で行事に参加できないことがたび重なるときは、年末にまとめて志《こころざし》を届けるように心がけておくとよいだろう。

お寺とのつきあいで頭を悩ますのがお布施の金額だろう。

お布施は本来、金銭に限らず、自分が精一杯できるものなら、なんでもよかったのである。それぞれの人が自分の能力に応じて、できる範囲の金額を包めばよい。

多くのお寺で施餓鬼会《せがきえ》や説法会などが開かれているので、毎回は無理でも、ときどきは参加して、宗派の教えに日頃から親しんでおきたいものだ。そうすれば、数多くの檀家の人と知り合うこともできるし、僧侶との絆も深くなる。

いろいろな機会をとらえてお寺とのつながりを深め、檀家の人たちとも親しくなっておけば、いざというときに、僧侶はもちろん、檀家の人たちもいろいろな面で力になってくれるはずである。

授戒会

一般的に戒名は死後に授けられるものととらえられている。しかし、戒名とは仏の弟子になった証《あかし》としていただく名前であり、生前にいただくのが本来の姿である。

授戒会《じゅかいえ》は、仏教徒として仏教に定められた生活規範（戒）を守って生きていくことを誓う儀式であり、檀信徒の代表的な修行である。そこで戒《かい》師《し》（戒法を授ける人＝僧侶）から戒弟《かいてい》（戒法を受ける人）へ、戒法を授けた証としていただくのが戒名である。

禅宗の初祖である達磨大師は、「授とは伝なり、伝とは覚なり、仏心を覚るを真の授戒と名付く」と、授戒の大切な心得を教えている。つまり、戒師は戒弟の心の奥底にそなわっている仏心を引き出し、戒弟は戒師の教えを守ることで自身にそなわっている仏心を自覚することだ。この授戒によってお釈迦さまの教えは脈々と受け継がれて行く。

曹洞宗の授戒会は毎年四月ごろ、大本山永平寺や大本山總持寺で一週間にわたって行われる。

この間は僧侶とともにお寺にこもっての生活となる。坐禅、仏や祖師への礼拝の繰り返し、施食会《せじきえ》や先祖供養を行う。

また、洒水灌頂《しゃすいかんじょう》を受け、一六の戒《かい》法《ほう》についての講義や法話をうかがう。さらに懺悔《さんげ》をし（第五日）、捨身供養《しゃしんくよう》、戒法を受け（第六日）、血脈《けちみゃく》を授けられる。

また、洗面・食事・就寝・入浴・用便などの行儀や坐禅・読経・写経・法話なども学ぶ、まさに仏の道を実践する一週間だ。

なお、大本山以外の寺院でも三〜五日の法脈会《ほうみゃくえ》（中授戒会《ちゅうじゅかいえ》）、一日の因《いん》脈会《みゃくえ》（小授戒会《しょうじゅかいえ》）が行われている。

授戒会は、一度参加して戒を授けていただくだけではなく、二度でも三度でも参加したいものである。

希望する方は菩提寺に相談し、応募するとよいだろう。

梅花流詠讃歌

仏教各宗派には祖師の徳や仏の教えをたたえる御詠歌が伝わり、仏事の中でとなえられている。

葬式や法要などではいうまでもなく、お寺での慶事や授戒会などで、そのときどきにふさわしい御詠歌がとなえられる。

曹洞宗では一般的に御詠歌と呼ばれるところを詠讃歌《えいさんか》と呼んでおり、詠讃歌に親しむ心を大切にするために、梅花《ばいか》流という詠讃歌をとなえる団体が組織されている。現在では全国で三〇万人を超す梅花流講員を数えている。梅花流詠讃歌については、菩提寺か曹洞宗宗務庁詠道課へたずねるとよい。

曹洞宗の年中行事

曹洞宗の年中行事には、仏教各宗派に共通した季節の行事やお釈迦さまにゆかりの行事のほか曹洞宗独自の行事もある。

曹洞宗の公式な行事としては、「二祖三仏忌《にそさんぶつき》」とよばれるものがある。二祖忌とは達磨忌《だるまき》と百丈忌《ひゃくじょうき》、三仏忌とはお釈迦さまに関連した灌仏《かんぶつ》会《え》、成道会《じょうどうえ》、涅槃会《ねはんえ》をいう。

また、両祖の降誕会や両祖忌も曹洞宗のお寺では大切な行事である。

修正会（一月一日〜三日）

修正とは、過ちをあらため、正しきを修めるということであるから、年はじめに去っていった年の反省をし、新たな年の決意をする新年初頭の法要をいう。

修正会《しゅしょうえ》は宗派を問わず行われ、世界の平和、人類の幸福、仏教の興隆などを祈る。

曹洞宗の各お寺では『大般若経《だいはんにゃきょう》』を転読《てんどく》（折本を翻転させる）して社会の平和、国土の安全、家内安全を祈る「大般若会《だいはんにゃえ》」が行われる。

全六〇〇巻から成る『大般若経』を訳した玄奘三蔵《げんじょうさんぞう》法師の徳に感謝して経典を転読する。

このときに仏前にそなえられる般若札は、家庭の幸福や平安などの祈りがこめられた御符である。法要後、この般若札は檀信徒に配られる。

百丈忌（一月一七日）

百丈懐海《ひゃくじょうえかい》禅師は西暦八〇〇年前後、唐代の中国に禅風をひろめた高僧だ。（29頁参照）

著作の『百丈清規《ひゃくじょうしんぎ》』によって禅宗寺院の生活規則をはじめて示し、中国の禅史上に大きな功績を残した。これが現在の禅宗の規則の基本になっている。

この百丈の祥月命日である一月一七日に行う報恩の法要である。

高祖降誕会（一月二六日）

高祖道元禅師の誕生を祝い、いっそうの精進を誓う法会。

涅槃会（二月一五日）

二月一五日は、お釈迦さまの入滅の日である。

最後の説法の旅に出たお釈迦さまは、クシナガラ郊外でついに動けなくなり、弟子に沙羅双樹《さらそうじゅ》のあいだに床を敷かせ、そこに頭を北にして、西向きに横たわった。そして、弟子や集まった人たちが嘆き悲しむのを慰めながら、その夜半に静かに涅槃《ねはん》に入ったといわれる。

涅槃図　東京国立博物館蔵

その光景を描いた涅槃図を掲げ、お釈迦さまの業績をたたえ、追慕、感謝するので涅槃会《ねはんえ》という。

花まつり（四月八日）

お釈迦さまの誕生した日を記念する法会。花で飾られた花御堂《はなみどう》に誕生仏がまつられ、甘茶をそそぎながら祝う。仏教各宗派共通の行事で、灌《かん》仏会《ぶつえ》、釈尊降誕会《しゃくそんごうたんえ》ともいわれる。

両祖忌（九月二九日）

両祖の偉大な恩徳をたたえ、感謝し、おたがいの幸せを祈る法会。

高祖道元禅師《こうそどうげんぜんじ》は一二五三（建長五）年八月二八日に、太祖瑩山禅師《たいそけいざんぜんじ》は一三二五（正中二）年八月一五日に亡くなったが、太陽暦ではともに九月二九日にあたるところから、この日を両祖忌としている。

達磨忌（一〇月五日）

中国禅宗の初祖である達磨大師《だるまだいし》の命日。達磨はお釈迦さまから数えて二八代目にあたり、インドで生まれて中国に渡り禅の教えを伝えた。

この徳にたいして深く感謝し、その教えを実践、後世に伝えることを誓う法要が達磨忌《だるまき》である。

この日、曹洞宗をはじめ禅宗系のお寺では、本堂の正面に達磨の掛軸をかけて法要を行う。

太祖降誕会（一一月二一日）

太祖瑩山禅師の誕生を祝い、いっそうの精進を誓う法会。

成道会（一二月八日）

お釈迦さまが悟りを開き、仏陀となられた日を記念して行われる。

お釈迦さまは六年間の苦しい修行の末、菩提樹の下で坐禅に入り、この日未明に悟りを開いた。

そこで、曹洞宗の各お寺では八日

の朝に出山仏《しゅっさんぶつ》という、修行を成就して坐をたったお釈迦さまを描いた掛軸を本堂にかけて法要を行う。

また、曹洞宗の両大本山、各地の専門僧堂をはじめとする諸寺院では、一二月一日から八日の早朝までの八日間にわたり、「摂心会《せっしんえ》」という坐禅に専念する厳しい禅修行を行って、お釈迦さまへの恩に報い、自覚を新たにする。

開山忌

各お寺の御開山様《ごかいさんさま》の命日に行われる。開山の功績をたたえ、この徳に感謝し、それに報いることを誓う法要である。

また、お寺には開山のほかに開基《かいき》（創建にあたり財を寄せた人）、中興《ちゅうこう》（荒廃したお寺を再建復興した人）などがいる場合もあり、そうしたお寺ゆかりの人の命日に、法要を行うお寺もある。

施餓鬼会（随時）

施餓鬼会《せがきえ》は、六道のひとつ餓鬼道《がきどう》に堕ちて苦しんでいる無縁仏を供養する法会である。

お釈迦さまの弟子の一人、多聞《たもん》第一の阿難陀《あなんだ》は餓鬼に死を予言されたが、お釈迦さまに教えられたありがたい陀羅尼《だらに》をとなえながら餓鬼に食を施したところ、福徳の寿命を増したという『救抜焔口餓鬼陀羅尼神呪経《くばつえんくがきだらにしんじゅきょう》』に由来する。

鎌倉時代に地獄思想が普及するにつれて、百カ日法要や先祖の霊を供養するお盆の行事の一環として行われることも多くなった。

曹洞宗をはじめとする禅宗では、生飯《さば》という施食作法《せじきさほう》がある。これは食事の際に七粒ほどの米粒を供養するもので、こうすることで供養されない亡者や、生前に犯した罪によって飢え苦しむ餓鬼に施す作法である。

餓鬼草紙（曹源寺本）　国宝／京都国立博物館蔵

お彼岸とお盆のしきたり

日本の国民的な行事であるお彼岸とお盆は、正式には「彼岸会《ひがんえ》」「盂《う》蘭盆会《らぼんえ》」と呼ばれる仏教行事がもとになっている。

彼岸会（三月・九月）

お彼岸は、春分の日と秋分の日を中日とする前後三日間の合計七日間をいう。国民の祝日に関する法律によれば、春分の日は自然をたたえ、生物を慈しむ日、秋分の日は祖先を敬い、亡くなった人をしのぶ日と定められている。

お彼岸に法要するのは、昼夜等分の日であるところから仏教の中道《ちゅうどう》の教えにちなんで行うという説ほか諸説ある。

彼岸は、梵語《ぼんご》のパーラミター（波羅《はら》蜜多《みた》）の漢訳「到彼岸《とうひがん》」からきた言葉で、「迷いの世界から、悟りの世界にいたる」という意味である。

大乗仏教では悟りへの道として、布施・持戒《じかい》・忍辱《にんにく》・精進《しょうじん》・禅定《ぜんじょう》・知恵の六波羅蜜《ろくはらみつ》がいわれる。

布施は人に施すこと、持戒は戒めを守ること、忍辱は耐えること、精進は努力すること、禅定は心を落ち着けること、知恵は真理にもとづく考え方や生き方をすることである。

お彼岸は、こうした仏教の教えを実践する仏教週間ともいえる。先祖をしのび、自分がいまあることを感謝して、先祖の供養をするとともに、自らも極楽往生できるよう精進するものである。

彼岸の入りには、家の仏壇をきれいにし、季節の花、初物、彼岸団子、春にはぼたもち、秋にはおはぎなどをそなえる。

中日には、家族そろってお墓まいりをし、お寺で開かれる彼岸会にも参加したいものである。

盂蘭盆会（七または八月）

盂蘭盆《うらぼん》とは梵語《ぼんご》のウランバナを音訳したもので、「逆さ吊りの苦しみを救う」という意味である。

お釈迦《しゃか》さまの弟子で神通力《じんづうりき》第一といわれた目連《もくれん》がその神通力で母親の姿を見た。そうすると、亡くなった母親は餓鬼道《がきどう》に堕《お》ちていることがわかった。目連は母親を救うため、お釈迦さまに教えられたとおり、僧たちをもてなし、その功徳によって母親を餓鬼道から救いだすことができたという『盂蘭盆経《うらぼんきょう》』の故事に由来している。

お盆は七月一三日から一五日または一六日だが、新暦、月遅れ、旧暦と地域によってさまざまである。

精霊棚

古くは精霊棚《しょうりょうだな》をつくり、蓮の葉の上に閼加《あか》とよばれる少量の水をたらしたり、刻んだナスと洗い米を清水に浸した水《みず》の子《こ》、十三仏にちなみ一三個の迎え団子、キュウリやナスでつくった馬や牛などをそなえ、先祖の霊を迎えた。

お盆の入りには迎え火を焚いて、先祖が帰ってくるときの目印に盆提灯をともす。そしてお盆のあいだは、家族と同様に一日三回、仏壇あるいは精霊棚に膳《ぜん》をそなえる。

また、棚経《たなぎょう》といって菩提寺《ぼだいじ》の僧侶が檀家《だんか》を訪問し、読経する。いつ来訪しても困らないようお布施をまえもって用意しておくとよい。読経中は、できるだけ家族そろって僧侶の後ろに座るようにしたい。

お盆の明けには、再び先祖の霊を浄土に送る道しるべとして送り火を焚く。

また先祖の霊を供養するお盆の行事の一環としてお寺では、施餓鬼会《せがきえ》が営まれ、三世十方法界の万霊《ばんれい》を供養する。

いまでは餓鬼棚《がきだな》をつくって施餓鬼供養をする家庭は多くないが、お盆の精霊棚にそなえる水の子は餓鬼へのお供えといわれている。

●新盆

四十九日の中陰明け(忌明け)後、はじめて迎えるお盆は新盆《にいぼん》または初《はつ》盆《ぼん》といって供養が営まれる。新盆には故人の好物をそなえ、白い提灯をともす風習があり、白い提灯はお盆が明けたら菩提寺に納める。

中陰明けが済まないうちにお盆を迎えたときは、次の年が新盆となる。

年回(年忌)早見表

没年＼回忌	一周忌	三回忌	七回忌	十三回忌	十七回忌	二十三回忌	二十五回忌	二十七回忌	三十三回忌
1992(平成4)年	1993	1994	1998	2004	2008	2014	2016	2018	2024
1993(平成5)年	1994	1995	1999	2005	2009	2015	2017	2019	2025
1994(平成6)年	1995	1996	2000	2006	2010	2016	2018	2020	2026
1995(平成7)年	1996	1997	2001	2007	2011	2017	2019	2021	2027
1996(平成8)年	1997	1998	2002	2008	2012	2018	2020	2022	2028
1997(平成9)年	1998	1999	2003	2009	2013	2019	2021	2023	2029
1998(平成10)年	1999	2000	2004	2010	2014	2020	2022	2024	2030
1999(平成11)年	2000	2001	2005	2011	2015	2021	2023	2025	2031
2000(平成12)年	2001	2002	2006	2012	2016	2022	2024	2026	2032
2001(平成13)年	2002	2003	2007	2013	2017	2023	2025	2027	2033
2002(平成14)年	2003	2004	2008	2014	2018	2024	2026	2028	2034
2003(平成15)年	2004	2005	2009	2015	2019	2025	2027	2029	2035
2004(平成16)年	2005	2006	2010	2016	2020	2026	2028	2030	2036
2005(平成17)年	2006	2007	2011	2017	2021	2027	2029	2031	2037
2006(平成18)年	2007	2008	2012	2018	2022	2028	2030	2032	2038
2007(平成19)年	2008	2009	2013	2019	2023	2029	2031	2033	2039
2008(平成20)年	2009	2010	2014	2020	2024	2030	2032	2034	2040
2009(平成21)年	2010	2011	2015	2021	2025	2031	2033	2035	2041
2010(平成22)年	2011	2012	2016	2022	2026	2032	2034	2036	2042
2011(平成23)年	2012	2013	2017	2023	2027	2033	2035	2037	2043
2012(平成24)年	2013	2014	2018	2024	2028	2034	2036	2038	2044
2013(平成25)年	2014	2015	2019	2025	2029	2035	2037	2039	2045
2014(平成26)年	2015	2016	2020	2026	2030	2036	2038	2040	2046
2015(平成27)年	2016	2017	2021	2027	2031	2037	2039	2041	2047
2016(平成28)年	2017	2018	2022	2028	2032	2038	2040	2042	2048
2017(平成29)年	2018	2019	2023	2029	2033	2039	2041	2043	2049
2018(平成30)年	2019	2020	2024	2030	2034	2040	2042	2044	2050
2019(平成31/令和元)年	2020	2021	2025	2031	2035	2041	2043	2045	2051
2020(令和2)年	2021	2022	2026	2032	2036	2042	2044	2046	2052
2021(令和3)年	2022	2023	2027	2033	2037	2043	2045	2047	2053
2022(令和4)年	2023	2024	2028	2034	2038	2044	2046	2048	2054
2023(令和5)年	2024	2025	2029	2035	2039	2045	2047	2049	2055
2024(令和6)年	2025	2026	2030	2036	2040	2046	2048	2050	2056
2025(令和7)年	2026	2027	2031	2037	2041	2047	2049	2051	2057
2026(令和8)年	2027	2028	2032	2038	2042	2048	2050	2052	2058
2027(令和9)年	2028	2029	2033	2039	2043	2049	2051	2053	2059
2028(令和10)年	2029	2030	2034	2040	2044	2050	2052	2054	2060
2029(令和11)年	2030	2031	2035	2041	2045	2051	2053	2055	2061
2030(令和12)年	2031	2032	2036	2042	2046	2052	2054	2056	2062
2031(令和13)年	2032	2033	2037	2043	2047	2053	2055	2057	2063
2032(令和14)年	2033	2034	2038	2044	2048	2054	2056	2058	2064
2033(令和15)年	2034	2035	2039	2045	2049	2055	2057	2059	2065
2034(令和16)年	2035	2036	2040	2046	2050	2056	2058	2060	2066

曹洞宗のおもな行事

一月

一日　修正会　各寺院
一七日　百丈忌　各寺院
二四日　初地蔵　東京都・高岩寺（とげぬき地蔵）ほか
二六日　高祖道元禅師降誕会　各寺院
二七・二八日　道了尊大祭　神奈川県・最乗寺

二月

立春の前日　節分会　各寺院
旧暦初午の日　豊川稲荷初午祭　愛知県・妙厳寺
一～七日　赤穂義士祭（春）　東京都・泉岳寺
一～八日　涅槃会報恩大摂心会　福井県・永平寺
一五日　涅槃会　各寺院

三月

春彼岸　春季彼岸会　各寺院

四月

八日　釈尊降誕会（花まつり）　各寺院
一〇～一六日　報恩大授戒会　神奈川県・總持寺
二三～二九日　報恩授戒会　福井県・永平寺
二九日　酒塚観音大祭　静岡県・可睡斎

五月

四・五日　豊川稲荷春季大祭（豊年祈願祭）　愛知県・妙厳寺
二四日　巣鴨とげぬき地蔵大祭　東京都・高岩寺
二七・二八日　道了尊大祭　神奈川県・最乗寺

六月

一日　ひとつやいと　富山県・瑞龍寺
一～二一日　眼蔵会　福井県・永平寺
中旬五日間　伝光会摂心　神奈川県・總持寺
一五日　羅漢講式　福井県・永平寺

七月

一日　ひとつやいと　富山県・瑞龍寺
二日　大布薩会　福井県・永平寺
一五日前後　盂蘭盆会　各寺院
一七日　慈雲閣観音大祭　石川県・總持寺祖院
一七～一九日　み霊まつり納涼盆踊り大会　神奈川県・總持寺
二〇～二四日　恐山大祭　青森県・恐山菩提寺
二七日　烏瑟沙摩明王大祭　富山県・瑞龍寺

八月

第一土曜　幽霊祭り　熊本県・永国寺
一五日前後　盂蘭盆会　各寺院
二八日　可睡斎奥之院不動尊大祭　静岡県・可睡斎
下旬二泊三日　夏季参禅講座　神奈川県・總持寺

九月

秋彼岸　秋季彼岸会　各寺院
二三～二九日　高祖御征忌　福井県・永平寺
二四日　巣鴨とげぬき地蔵大祭　東京都・高岩寺
二七・二八日　道了尊大祭　神奈川県・最乗寺
二九日　両祖忌　各寺院

一〇月

第一日曜　茶祭り・茶筅供養　京都府・興聖寺
上旬三連休　恐山秋詣り　青森県・恐山菩提寺
五日　達磨忌　各寺院
一二～一五日　御両尊（瑩山禅師・峨山禅師）御征忌会　神奈川県・總持寺

一一月

五日　御移転記念行事　神奈川県・總持寺
二一日　太祖瑩山禅師降誕会　各寺院
二二・三日　豊川稲荷秋季大祭（鎮座祭）　愛知県・妙厳寺
二七日　道了尊清浄鎮火祭　神奈川県・最乗寺

一二月

一～八日　臘八大摂心会　各寺院
八日　成道会　各寺院
一四日　赤穂義士祭（冬）　東京都・泉岳寺
一五日　火防大祭・秋葉の火まつり　静岡県・可睡斎
一五・一六日　秋葉寺火祭り　静岡県・秋葉寺
二四日　納めの地蔵尊　東京都・高岩寺（とげぬき地蔵）ほか
三一日　除夜の鐘　各寺院

曹洞宗年表

時代	西暦	年号	天皇	宗教関係	一般事項
平安時代	七九四	延暦一三	桓武		平安京遷都
	八〇一	延暦二〇			坂上田村麻呂、蝦夷を討伐
	八〇四	延暦二三		最澄・空海、入唐	
	八〇五	延暦二四		最澄、唐より帰国(翌年、天台宗を開く)	
	八〇六	大同元	平城	空海、唐より帰国(真言宗を開く)	
	八一六	弘仁七	嵯峨	空海、高野山(和歌山県)を開創	
	八二二	弘仁一三		最澄没(七六六〜)	
	八三五	承和二	仁明	空海没(七七四〜)	
	八九四	寛平六	宇多		菅原道真により遣唐使廃止
	九〇五	延喜五	醍醐		『古今和歌集』なる
	九三五	承平五	朱雀		承平・天慶の乱(〜九四一):平将門、東国で反乱。 藤原純友、西海で反乱 このころ『土佐日記』なる
	九三八	天慶元		空也、京都で念仏行脚。浄土教の流行	
	九七二	天禄三	円融	空也没(九〇三〜)	
	一〇〇〇	長保二	一条		このころ『枕草子』なる
	一〇〇六	寛弘三		南都(奈良)興福寺の僧徒強訴	
	一〇一〇	寛弘七			このころ『源氏物語』なる
	一〇一七	寛仁元	後一条		藤原道真、太政大臣となる。頼通、摂政となる
	一〇五一	永承六	後冷泉		前九年の役:安倍頼時の反乱(〜一〇六二)
	一〇五二	永承七		末法第一年といわれ、末法思想流行	

時代	西暦	年号	天皇	院	将軍	宗教関係	一般事項
平安時代	一〇五三	天喜元	後冷泉			藤原頼通、平等院鳳凰堂（京都府宇治市）を建立	
	一〇八三	永保三	白河	院			後三年の役：清原家衡の反乱（〜一〇八七）
	一〇八六	応徳三	堀河	白河			白河天皇、院政を開始。上皇となる
	一一〇一	康和三	堀河	白河			このころ『栄花（華）物語』なる
	一一〇七	嘉承二	鳥羽	白河			このころ『今昔物語集』なる
	一一二四	天治元	崇徳	白河		藤原清衡、中尊寺金色堂（岩手県平泉町）を建立	
	一一三一	天承元	崇徳	鳥羽			このころ『大鏡』なる
	一一五六	保元元	後白河				保元の乱：皇位継承争い。後白河天皇が勝利、上皇となる
	一一五九	平治元	二条	後白河			平治の乱：後白河上皇の近臣間（源義朝VS.平清盛）の対立
	一一六四	長寛二	二条	後白河		このころ平家納経がさかんに行われる	
	一一六七	仁安二	六条	後白河			平清盛、太政大臣となる。平氏全盛
	一一六八	仁安三	高倉	後白河		栄西、入宋・帰国（第一回）	
	一一七五	承安五	高倉	後白河		法然、浄土宗を開く	
	一一八〇	治承四	安徳	高倉		平重衡、南都を焼き討ちし、東大寺・興福寺など焼失	源頼朝・源義仲の挙兵。源平の争乱始まる
	一一八五	元暦二	後鳥羽	後白河			平氏、壇の浦に滅亡
	一一八七	文治三	後鳥羽	後白河		栄西、入宋（第二回。虚庵懐敞に参禅）	
	一一九一	建久二	後鳥羽	後白河		栄西、宋より帰国（臨済宗を伝える）	
	一一九二	建久三	後鳥羽		源頼朝		頼朝、征夷大将軍となる（鎌倉幕府の成立）
	一一九五	建久六	後鳥羽		源頼朝	東大寺大仏殿再建	
	一一九八	建久九	土御門	後鳥羽	源頼朝	**懐奘誕生**。栄西、『興禅護国論』を著す 法然、『選択本願念仏集』を著す	
	一一九九	建久一〇	土御門	後鳥羽			源頼朝没。頼家、家督相続
	一二〇〇	正治二	土御門	後鳥羽		**道元誕生**	
	一二〇一	建仁元	土御門	後鳥羽			このころ『平家物語』なる
	一二〇二	建仁二	土御門	後鳥羽	源頼家	執権 栄西、建仁寺（京都市）を開山	

鎌倉時代

一二〇三	建仁三	土御門	後鳥羽	源実朝	北条時政		頼家、修禅寺（静岡県）に幽閉される
一二〇五	元久二				北条義時		このころ『新古今和歌集』なる
一二一一	建暦元	順徳				栄西、『喫茶養生記』を著す	
一二一二	建暦二					**道元、比叡山横川で出家** 法然没（一一三三～）	
一二一三	建保元					**道元、天台座主公円のもとで得度**	
一二一四	建保二					**道元、建仁寺に入り、明全に師事（一二一七年説もある）**	
一二一五	建保三					**懐奘、比叡山横川で出家** 栄西没（一一四一～）	
一二二一	承久三	仲恭	後高倉院	（北条政子）			承久の乱：討幕計画に失敗した後鳥羽上皇ら三上皇流罪となる
一二二二	承久四	後堀河				日蓮誕生	
一二二三	貞応二					**道元、入宋（無際了派に参禅）** **懐奘、このころ日本達磨宗の覚晏に参じる**	
一二二四	元仁元					親鸞、『教行信証』を著す（浄土真宗を開く）	
一二二五	嘉禄元				北条泰時	**道元、如浄に参禅**	頼朝の妻北条政子没
一二二七	嘉禄三			藤原頼経		**道元、宋より帰国（曹洞宗を開く）**	
一二二八	安貞二					**懐奘、道元に参見。寂円、来日**	
一二三三	天福元	四条	後堀河			**道元、興聖寺（のちに京都府宇治市に再興）を創建。** **『正法眼蔵』の執筆開始**	
一二三四	文暦元					**懐奘、道元に参じる**	
一二四一	仁治二					**徹通義介・義演らが道元に参じる**	
一二四三	寛元元	後嵯峨			北条経時	**道元、越前（福井県）へ移る**	
一二四四	寛元二			藤原頼嗣		**道元、大仏寺（二年後、永平寺と改称）を創建**	
一二五三	建長五	後深草	後嵯峨	宗尊親王	北条時頼	**懐奘、永平寺二世となる。道元没（一二〇〇～）** 日蓮、鎌倉で布教開始（日蓮宗を開く）	
一二六〇	文応元	亀山			北条長時	日蓮、『立正安国論』を著す	

時代	西暦	年号	天皇	院	執権	宗教関係	一般事項
鎌倉時代	一二六二	弘長二	亀山	後嵯峨	北条長時	親鸞没（一一七三〜）	
	一二六八	文永五			北条時宗	**瑩山紹瑾誕生（一二六四年・一二六六年説もある）**	
	一二七四	文永一一	後宇多	亀山		一遍、念仏をひろめる（時宗を開く）	文永の役：元軍、九州に来襲
	一二七五	建治元				**瑩山紹瑾、比叡山で出家**	
	一二七六	建治二				**峨山韶碩誕生**	
	一二七八	弘安元				**寂円、宝慶寺（福井県）を創建**	
	一二八〇	弘安三				**瑩山紹瑾、懐奘のもとで得度。懐奘没（一一九八〜）**	
	一二八一	弘安四					弘安の役：元軍、九州に再度来襲
	一二八二	弘安五				日蓮没（一二二二〜）	
	一二八六	弘安九			北条貞時	**瑩山紹瑾、宝慶寺の寂円に参禅**	
	一二八九	正応二	伏見	後深草		徹通義介、大乗寺（石川県）を開創 一遍没（一二三九〜）	
	一二九一	正応四				峨山韶碩、比叡山で出家	
	一二九九	正安元	後伏見	伏見		峨山韶碩、瑩山紹瑾に参じる。寂円没（一二〇六〜）	
	一三〇〇	正安二					このころ『吾妻鏡』なる
	一三〇二	正安四	後二条	後宇多	北条師時	**瑩山紹瑾、『伝光録』を開示（一三〇〇年説もある）**	
	一三一三	正和二	花園	後伏見	北条熙時	**瑩山紹瑾、能登（石川県）に永光寺を開創**	
	一三二一	元亨元	後醍醐		北条高時	**瑩山紹瑾、總持寺（現在の總持寺祖院・石川県）を開創**	
	一三二四	正中元				**峨山韶碩、瑩山紹瑾の法を嗣ぎ、總持寺二世となる**	正中の変：後醍醐天皇の討幕計画、失敗
	一三二五	正中二				**瑩山紹瑾没（一二六八〜）**	
	一三三〇	元徳二			北条守時		このころ『徒然草』なる
北朝	一三三一	南朝：元弘元 北朝：元徳三	南朝：後醍醐 北朝：光厳				元弘の変：後醍醐天皇、隠岐流罪となる
	一三三三	南朝：元弘三 北朝：正慶二					鎌倉幕府の滅亡。後醍醐天皇、京都に戻る
	一三三四	南朝：建武元 北朝：建武元					後醍醐天皇、建武の新政
	一三三五	南朝：建武二 北朝：建武二					足利尊氏、新政権に反旗をひるがえす

戦国時代 / 室町時代

西暦	年号	天皇	将軍	曹洞宗	一般
一三三六	延元元 / 建武三	後醍醐 / 光明	足利尊氏		南北朝の対立：後醍醐天皇、吉野に移る
一三三八	延元三 / 暦応元	後醍醐 / 光明	足利尊氏		尊氏、征夷大将軍となる（室町幕府の成立）
一三四〇	興国元 / 暦応三	後村上 / 光明	足利尊氏	**峨山韶碩、永光寺に輪住する**	
一三四一	興国二 / 暦応四	後村上 / 光明	足利尊氏		尊氏、天龍寺船を元に派遣
一三五六	正平一一 / 延文元	後村上 / 後光厳	足利尊氏		『菟玖波集』なる。倭寇の活動さかん
一三六六	正平二一 / 貞治五	後村上 / 後光厳	足利義詮	**峨山韶碩没（一二七六〜）**	
一三七〇	建徳元 / 応安三	長慶 / 後光厳	足利義満		このころ『太平記』なる
一三九二	元中九 / 明徳三	後亀山 / 後小松	足利義満		南北朝の統一
一四〇〇	応永七	後小松	足利義持		このころ能楽なる
一四〇一	応永八	後小松	足利義持		義満、第一回遣明船派遣（明と国交樹立）
一四〇四	応永一一	後小松	足利義持		勘合貿易始まる（倭寇が再び活発になり一四一一〜三一中断）
一四二八	正長元	後花園			正長の土一揆
一四二九	正長二	後花園	足利義教		播磨の土一揆
一四四一	嘉吉元	後花園	足利義教		嘉吉の乱：足利義教、殺される。嘉吉の土一揆
一四六七	応仁元	後土御門	足利義政		応仁の乱（〜一四七七）：将軍家の相続争いと幕府の実権をめぐる争い
一四八五	文明一七	後土御門	足利義尚		山城の国一揆（〜一四九三）
一四八八	長享二	後土御門	足利義尚	加賀（石川県）の一向一揆（〜一五八〇）	
一五三二	天文元	後奈良	足利義晴	畿内各地に一向一揆、法華一揆さかん	
一五三六	天文五	後奈良	足利義晴	天文法華の乱：比叡山僧徒、京都の日蓮宗徒を破る	
一五四三	天文一二	後奈良	足利義晴		鉄砲伝来
一五四九	天文一八	後奈良	足利義輝	フランシスコ・ザビエル来日（キリスト教を伝える）	
一五六八	永禄一一	正親町	足利義栄		織田信長、足利義昭を奉じ、京都に入る
一五六九	永禄一二	正親町	足利義昭	織田信長、キリスト教の布教許可	
一五七一	元亀二	正親町	足利義昭	信長、比叡山を焼き討ち	
一五七三	天正元	正親町	足利義昭		信長、義昭を追放。室町幕府の滅亡

時代	西暦	年号	天皇	将軍	宗教関係	一般事項
安土・桃山時代	一五七五	天正三	正親町		信長、越前（福井県）の一向一揆を平定	
	一五七九	天正七			**鈴木正三誕生** 安土宗論：日蓮宗と浄土宗との論争	
	一五八二	天正一〇			天正遣欧使節：大友宗麟ら、ローマ教皇に使節を派遣（～一五九〇）	本能寺の変：信長没
	一五八五	天正一三				豊臣秀吉、関白となる。翌年、太政大臣となる
	一五八七	天正一五	後陽成		秀吉、バテレン追放令	
	一五八八	天正一六				秀吉、刀狩令
	一五九〇	天正一八				秀吉、全国統一。このころ千利休が茶道を完成
	一五九二	文禄元				文禄の役：秀吉、朝鮮に出兵。朱印船を発遣
	一五九七	慶長二				慶長の役：秀吉、朝鮮に再出兵
	一六〇〇	慶長五				関ヶ原の戦い
江戸時代	一六〇三	慶長八		徳川家康	このころ阿国歌舞伎始まる	徳川家康、征夷大将軍となる（江戸幕府の成立）
	一六〇八	慶長一三		徳川秀忠	江戸宗論：日蓮宗と浄土宗との論争	
	一六一二	慶長一七	後水尾		幕府、キリスト教禁止令（～一六一三）	
	一六一三	慶長一八			幕府、修験道法度を制定	
	一六一五	元和元			**幕府、諸宗本山本寺諸法度を制定（永平寺・總持寺両大本山制が成立）**	大坂夏の陣：豊臣氏滅亡。武家諸法度・禁中並公家諸法度の制定
	一六一六	元和二				幕府、欧州船の寄港地を長崎と平戸に制限
	一六二〇	元和六			**鈴木正三、出家**	
	一六二九	寛永六			このころ、長崎で絵踏みが始まる	
	一六三二	寛永九	明正	徳川家光	**関三刹を大僧録と定める** **鈴木正三、恩真寺（愛知県豊田市）を開創** 幕府、諸宗本山の末寺帳（寛永本末帳）を作成（～一六三三）	
	一六三五	寛永一二			幕府、寺社奉行の設置	幕府、参勤交代を制度化
	一六三六	寛永一三			**卍山道白誕生**	
	一六三七	寛永一四			島原の乱：キリスト教徒を中心とする農民一揆。寺請制度始まる	
	一六三九	寛永一六				鎖国の完成

江戸時代

一六四〇	寛永一七	明正	徳川家光	幕府、宗門改役の設置。宗門人別帳の作成	
一六四二	寛永一九	明正	徳川家光	**鈴木正三、肥後(熊本県)天草に曹洞宗寺院一三カ寺を創建** **卍山道白、出家**	
一六四九	慶安二	後光明	徳川家光		慶安の御触書:農民のぜいたくを禁じる
一六五四	承応三	後西	徳川家綱	隠元隆琦、来日(黄檗宗を伝える)	
一六五五	明暦元	後西	徳川家綱	**鈴木正三没(一五七九〜)**	
一六五七	明暦三	後西	徳川家綱		明暦の大火(江戸)
一六六五	寛文五	霊元	徳川家綱	幕府、各宗共通の諸宗寺院法度を制定	
一六七三	寛文一三	霊元	徳川家綱	隠元隆琦没(一五九二〜)	
一六八三	天和三	霊元	徳川綱吉	**面山瑞方誕生**	
一六八五	貞享二	霊元	徳川綱吉		徳川綱吉、生類憐みの令(〜一七〇九)
一六八九	元禄二	東山	徳川綱吉		松尾芭蕉、『奥の細道』の旅に出る
一六九二	元禄五	東山	徳川綱吉	幕府、全国的な寺院本末帳の作成	
一六九七	元禄一〇	東山	徳川綱吉	このころ、江戸三三観音霊場の成立	
一六九八	元禄一一	東山	徳川綱吉	**面山瑞方、出家**	
一七〇〇	元禄一三	東山	徳川綱吉	**卍山道白・梅峰笠信ら、宗統復古を幕府に訴える**	朱子学さかん
一七〇三	元禄一六	東山	徳川綱吉	**卍山道白・梅峰笠信ら、勝訴決定** **面山瑞方、卍山道白・損翁宗益らに参見**	
一七〇五	宝永二	東山	徳川綱吉	**面山瑞方、損翁宗益の法を嗣ぐ**	
一七一五	正徳五	中御門	徳川家継	**卍山道白没(〜一六三六)**	
一七一六	享保元	中御門	徳川吉宗		享保の改革(〜一七四五)
一七二二	享保七	中御門	徳川吉宗	幕府、諸宗僧侶法度を制定	
一七三二	享保一七	中御門	徳川吉宗		享保の大飢饉
一七五八	宝暦八	桃園	徳川家重	**大愚良寛誕生**	
一七六九	明和六	後桜町	徳川家治	**面山瑞方没(一六八三〜)**	
一七七五	安永四	後桃園	徳川家治	**大愚良寛、出家**	
一七七九	安永八	光格	徳川家治	**大愚良寛、大忍国仙の弟子となり、円通寺(岡山県)に入る**	
一七八二	天明二	光格	徳川家治		天明の大飢饉(〜一七八七)

時代	西暦	年号	天皇	将軍	宗教関係	一般事項
江戸時代	一七八七	天明七	光格	徳川家斉	**大愚良寛、諸国行脚**	天明の打ち壊し。寛政の改革(〜一七九三)
	一七九五	寛政七			**玄透即中、古規復古の願書を幕府に提出**	
	一七九七	寛政九			**大愚良寛、越後(新潟県)五合庵に隠棲**	
	一八〇〇	寛政一二				寺子屋、歌舞伎さかん
	一八二三	文政六	仁孝		このころ、おかげ参りが流行。巡礼さかん	このころ人情本が流行
	一八二五	文政八				幕府、異国船打払令(無二念打払令)
	一八三一	天保二			**大愚良寛没(一七五八〜)**	
	一八三三	天保四				天保の大飢饉(〜一八三九)
						安藤広重『東海道五十三次』刊行
	一八四一	天保一二		徳川家慶		天保の改革(〜一八四三)
	一八四二	天保一三			縁日・出開帳さかん	
	一八五三	嘉永六	孝明	徳川家定		米使節ペリー浦賀に来航
	一八五四	安政元				日米和親条約
	一八五八	安政五		徳川家茂		日米修好通商条約
	一八六七	慶応三	明治	徳川慶喜		大政奉還、王政復古の大号令 このころ、京阪一帯に「ええじゃないか」起こる
明治時代	一八六八	明治元			神仏分離令(廃仏毀釈運動起こる)	明治維新

●参考文献一覧（順不同・敬称略）

「わが家の宗教　曹洞宗」花山勝友　大法輪閣
「禅の世界　道元禅師と永平寺」読売新聞社
「別冊太陽　禅」平凡社
「禅仏教とは何か」秋月龍珉　法藏館
「禅とは何か」古田紹欽　日本放送出版協会
「目で見る坐禅入門」宝積玄承　東方出版
「道元思想のあゆみ1〜3」曹洞宗宗学研究所編　吉川弘文館
「禅の本」学研
「禅の智恵」学研
「曹洞宗」今枝愛眞　小学館
「曹洞宗のしきたりと心得」全国曹洞宗青年会監修　池田書店
「よくわかる仏事の本　曹洞宗」桜井秀雄　世界文化社
「心にしみる名僧名言逸話集」松原哲明監修　講談社
「図説　日本の仏教四　鎌倉仏教」新潮社
「図説　日本仏教の歴史　鎌倉時代」高木豊　佼成出版社
「図説　日本仏教の歴史　江戸時代」圭室文雄　佼成出版社
「図説　日本仏教の歴史　室町時代」竹貫元勝　佼成出版社
「先祖をまつる」村山廣甫著　ひかりのくに
「葬儀・戒名・ここが知りたい」大法輪閣
「東洋思想がわかる事典」ひろさちや監修　日本実業出版社
「日本の仏教」渡辺照宏著　岩波書店
「日本の仏教を知る事典」奈良康明著　東京書籍
「日本の仏教全宗派」大法輪閣
「日本宗教史Ⅰ・Ⅱ」笠原一男編　山川出版社
「日本仏教宗派のすべて」大法輪選書
「仏教宗派の常識」山野上純夫ら共著　朱鷺書房
「仏教早わかり事典」藤井正雄監修　日本文芸社
「仏教早わかり百科」ひろさちや監修　主婦と生活社
「仏事のしきたり百科」太田治編　池田書店
「仏事の基礎知識」藤井正雄著　講談社
「名僧百人一話①②古寺名刹百物語」青人社
「お寺料理を食べる」神戸新聞出版センター
「古都で味わう精進料理」婦人画報社
「曹洞宗　大本山總持寺」總持寺
「曹洞宗信行教典」東隆眞　鎌倉新書
「曹洞宗檀信徒読本」霊元丈法　三成書房
「坐禅のすゝめ」東郁雄　鴻盟社
「「正法眼蔵」のこころ」日本放送出版協会
「只管打坐」東京美術
「仏尊の事典」学研
「図説　佛教語大辞典」東京書籍

●写真提供・取材協力一覧（順不同・敬称略）

大本山永平寺
大本山總持寺
神奈川・最乗寺
神奈川・慈眼寺
長野・龍光院
愛知・恩真寺
愛知・正法寺
京都・源光庵
京都・誕生寺
京都・永興寺
京都・萬福寺
兵庫・永澤寺
石川・永光寺
福井・宝慶寺
福井・永福庵
福井・龍澤寺
徳島・城満寺
東京国立博物館
良寛記念館
新潟県出雲崎町役場
愛知県豊田市郷土資料館
石川県羽咋市歴史民俗資料館
石川県観光物産東京案内所
福井県東京事務所
青樹社
佐々木章格

STAFF

編集協力／中野優信（新潟市・高岩寺副住職）
漫画／多田一夫
イラストレーション／亀倉秀人・石鍋浩之
撮影／佐藤久・山本健雄
デザイン・図版／インターワークビジュアルセンター（ハロルド坂田）
編集制作／小松事務所（小松幸枝・小松卓郎）
制作協力／伊藤菜子・尾島由扶子・内田晃・森高裕実子
※所属・役職等は発刊当時のものです。

総監修　藤井正雄（ふじい・まさお）

昭和9年東京都出身。平成30年没。

大正大学文学部哲学科宗教学卒。同大大学院博士課程修了。昭和48年日本宗教学会賞受賞。日本生命倫理学会第6期代表理事・会長。

『仏事の基礎知識』（講談社）、『お経　浄土宗』（講談社）、『仏教再生への道すじ』（勉誠出版）、『戒名のはなし』（吉川弘文館）など著書多数。

わが家《や》の宗教《しゅうきょう》を知《し》るシリーズ
[新版《しんぱん》] うちのお寺《てら》は曹洞宗《そうとうしゅう》 *SOTOSHU*

2024年7月28日　第1刷発行

編著　小松事務所《こまつじむしょ》
発行者　島野浩二
発行所　株式会社双葉社
〒162-8540
東京都新宿区東五軒町3番28号
☎03-5261-4818（営業）
☎03-5261-4854（編集）
http://www.futabasha.co.jp/
（双葉社の書籍・コミック・ムックが買えます）
印刷所　中央精版印刷株式会社

ISBN978-4-575-31896-8　C0014